# 로빈슨 크루소의 사치

다시 읽기

명품 소비는 신분상승의 욕구

# 로빈슨 크루소의 사치
## 다시 읽기

박정자 지음

기파랑

# 젊음과 사치

디지털, AI, 가상현실 등의 발달로 세상 읽기만큼 짜릿하게 재미있는 것은 없다. 지금 여기 우리가 살고 있는 가장 현재의, 가장 지근(至近)한 곳에서 사람들은 무엇을 먹고 무엇을 입으며 무슨 생각을 하고 무슨 일을 하는가? 그 호기심이 언제나 나를 설레게 했다. 세상, 그것은 데카르트가 몽테뉴를 모방하여 말했듯이 하나의 거대한 책이다. 그리고 기호학자들이 말했듯이 하나의 텍스트이다.

분노하고 비판하기 위해서든 흐뭇한 행복감을 느끼기 위해서든 세상이라는 책의 독서는 필수적이다. '지금 여기'에 대한 파악 없이 이미 지나간 세상을 놓고 비판하거나 행복해 하는 것은 돈키호테적인 시대착오다. 몸은 여기에 있어도 정신은 과거를 헤매고 있기 때문이다. '자기 시대를 살기'는 시대에 야합하는 것이 아니라 자기가 살고 있는 사회에 대한 정확한 인식이다. 정확한 인식의 토대 없이는 그 어떤 사유도 기획도 공허할 수밖에 없다.

변화의 사이클이 어지럽게 빨라진 우리 사회의 세상 읽기를 시도해 보았다. 끓어오르듯 용솟음치는 역동적 사회의 중심에 소비라는 특징적인 현상이 자리 잡고 있음을 발견했다. 모든 사람들이 욕망하면서도 모든 사람들이 비난하는 척하는 낭비와 사치의 문제를 천착해 보았다. 그리고 그 중심에 젊음이 있다는 것을 확인하였다. 젊음은 곧 사치와 동의어였다. 그러므로 이 책의 키워드는 젊음과 사치다.

이 책은 2006년에 나온 초판을 전면적으로 다시 쓴 것이다. 초판 발행 이후 15년의 세월이 흘렀다. 그때는 스티브 잡스의 아이폰도 아직 나오기 전이었다. 19세기 또는 20세기의 15년이라면 별다른 변화 없는 짧은 기간이었겠지만, 21세기의 15년은 석기시대에서 철기시대로 넘어가는 것만큼이나 충격적인 변화가 일어난 시기다. 2019년 12월부터 전 세계를 강타한 코로나 대재앙도 아직 진행중이다. 당연히 코로나 상황도 많이 반영하였다.

이 책을 읽으며 독자 여러분들이 "그래 이건 바로 내 얘기야!!"라며 따뜻한 미소를 지을 수 있기를 바란다.

2021년 6월
박정자

## 세상이라는 커다란 책을 읽기 위해 우선 읽은 작은 책들

우리 시대의 특징적 현상인 소비에 관심을 갖게 된 것은 우선 인류학자 마르셀 모스의 『증여론』을 읽고서였다. 증여, 낭비, 비축, 사치는 얼핏 보기에 다른 것 같지만 결국 그것들은 '소비'라는 하나의 의미장(場)으로 수렴되며, 따라서 소비는 경제 문제만이 아니라 사회 전체의 틀을 형성하는 원초적 원리라는 것을 알게 되었다.

소스타인 베블런의 『유한계급론』은 소비가 계급 문제와 밀접하게 연관되어 있다는 것을 흥미롭게 보여 주었다. 그는 과시적 소비가 상류층의 특징임을 의복, 여가, 스포츠, 종교, 고등학문 등의 묘사를 통해 제시하였다.

존 케네스 갤브레이스의 『풍요한 사회』나 『미국의 자본주의』 같은 책에서는 자본주의가 극도로 발달한 미국 사회에 대한 냉소적 시각을 볼 수 있었다.

앙리 르페브르의 『현대세계의 일상성』은 현대의 소비 행태를 하나의 기호(記號)로 보고 그것들의 허망함을 구조언어학적 방법으로 분석한 것이 흥미로웠다.

앙리 르페브르의 분석틀을 그대로 유지한 채 보다 많은 실례(實例)들을 동원하여 현대사회를 분석한 장 보드리야르의 『소비의 사회』는 풍성한 소재와 현장성이 돋보였다.

피에르 부르디외의 『미술에 대한 사랑』은 문화 앞의 불평등이 재능이나 취향의 문제가 아니라 어린 시절부터의 학습의 문제라는 것을 밝혀 냄으로써 예술의 계급성 문제를 제기하였다.

키치의 용어 설명에서부터 음악, 문학 등에 나타나는 키치적 현상까지 망라한 아브라함 몰의 『키치란 무엇인가?』는 대중적이고 부박(浮薄)한 현대예술을 이해하는 데 큰 도움이 되었다.

루시 리파드의 『팝 아트』, 진휘연의 『아방가르드란 무엇인가?』 등은 가장 현대적인 예술인 팝아트를 이해하기에 좋은 교과서였다.

롤랑 바르트의 『현대의 신화』는 광고가 신화를 생산하는 메커니즘을 이해하는 데 도움을 주었고, 『낭만적 거짓과 소설적 진실』에서 르네 지라르가 개진한 '욕망의 삼각형' 이론은 광고와 유행의 생리를 이해하기에 아주 적절한 도구였다.

그러나 그 어떤 것도 단일한 책 한 권만으로는 우리 사회를 이해하기에 부족했다. 너무나 좌편향이어서 우리 속의 음습한 질투심만을 자극하거나, 너무나 냉정하여 우리 속의 따뜻한 선의를 말라죽게 할 염려가 있었다. '지금 여기'에 더 이상 맞지 않는 이론들도 많았다. 이와 같은 시의성(時宜性)의 결함을 신문기사들로 보완했다.

차 례

## IV  현대성의 풍경

# Ⅰ 소비의 사회

# 소비를 위한
# 변명

　그림이나 소설 같은 예술작품, 보석 같은 사치품, 그리고 돌잔치나 결혼식 같은 모든 의식은 그 자체로는 아무 쓸데가 없고 비생산적인 것들이다. 그러나 이와 같은 비효용성, 비생산성이야말로 인간의 삶을 풍요롭고 아름답게 만들면서 우리에게 위안을 주는 어떤 것이다. 그러니까 '낭비'라는 말에서 우리는 일상적으로 이 단어에 덧붙여지는 나쁜 의미를 떠올려서는 안 된다. 우리는 인간 본연의 바람직한 행동으로서의 낭비, 문화를 생산하는 근원으로서의 낭비를 생각해 보아야 한다.

## 소비 예찬

### 왜 우리에겐 베르사유 궁전 같은 화려한 문화재가 없을까?

우리 전통사회의 문화는 물건의 낭비를 죄악으로 여겼다. 물건의 낭비를 죄로 여기다 보니 결국 부(富)도 죄악이라는 생각으로 이어졌다. 낭비는 여분의 재물이 있어야 가능한데, 여분의 재물이란 곧 잉여의 부이기 때문이다. 한국 사회는 재물을 더러운 것으로 생각하는 오랜 전통을 가지고 있다.

정약용은 『목민심서』 「제가(齊家)」 조항에서 "의복의 사치는 뭇사람들이 꺼리는 바이고 귀신도 미워하는 것이자 복을 깎아내리는 것이다. 여자가 방물장수를 널리 불러들여 진귀한 비단, 가는 모시베, 고운 삼베, 용을 아로새긴 비녀, 나비 모양의 노리개 등속을 사들여 치장하면 식자(識者)들은 벌써 그 남편이 바르지 못함을 알 것이다. 그러므로 공직자의 부인은 무릇 나무 비녀에 베 치마를 입어서 성장(盛裝)한 다른 부인들을 부끄럽게 만들어야 한다"라고 말했다. 여기서 부는 부패와 그대로 직결된다.

모두들 돈 벌기에 급급한 현대사회에서도 사람들은 사치와 낭비를 죄악으로 여긴다. 언론에서 부자들의 낭비를 마치 큰 범죄나 되는 듯 비판하는 것을 보면 부의 정당성을 인정하지 않는 경직된 사고가 우리의 의식 속에 얼마나 끈질기게 자리 잡고 있는지 알 수 있다.

그러나 실제로 이 세상에서 낭비가 없어지거나 사라지는 것을 바라

로빈슨 크루소의 사치 다시 읽기

는 것은 환상이다. '낭비'라는 말의 의미를 우선 알아볼 필요가 있다. 낭비는 최소한도로 생존하는 데 필요한 양을 넘어선 모든 생산과 소비다. 그러니까 모든 사치품, 모든 유행, 모든 음식 쓰레기가 낭비이며, 공장의 과잉 설비도 낭비다. 그러나 우리의 삶은 꼭 필요한 생필품만으로 유지되는 것이 아니다. 우리가 먹고사는 데 꼭 필요한 물품 이외에 더 이상을 생산하지도 않고 소비하지도 않는다면 그것은 동물의 생존 방식이지 인간의 생활 방식이 아니다. 거기에는 더 이상 문화라는 것도 존재하지 않을 것이다.

아프리카의 칼라하리 사막에 살고 있는 원시 유목민 부족은 어떤 것도 소유하지 않고, 집착하지 않으며, 자신들이 갖고 있는 것들을 조금씩 버리면서 더 높은 곳으로 이동해 간다. 그들은 생산 장치도 없고 노동도 하지 않는다. 그저 한가하게 수렵하고 채집하며, 손에 넣은 것을 모두 서로 나누어 가지고, 그것을 단번에 소비한다. 거기에는 경제적 계산도 저장도 없으며 모든 것이 완전히 소모된다. 원시공동체의 공산사회를 꿈꾸는 낭만적 사상가라면 "절대적인 빈곤에도 불구하고 진정 풍요로운 사회"라고 격찬하겠지만 아무런 문화적 축적이 없는 그런 사회를 진정 인간적인 삶이라고 할 수 있을지는 의심스러운 일이다.

청렴한 선비정신을 기리는 것은 고귀한 일이지만, 모든 부를 죄악시하는 극단적인 사고가 문화적인 빈곤으로 이어지지 않았는지 생각할 때도 되었다. 우리에게는 왜 베르사유 궁전 같은 화려한 문화재가 없을까, 라는 의문에 대한 답이 거기에 들어 있을지도 모르겠다.

역사상 모든 사회는 언제나 반드시 필요한 것 이상으로 낭비하고 탕진하며 소모하고 소비했다. 그리고 개인이나 사회가 진정 살아 있다는 것을 느낄 때는 단순히 생존했을 때가 아니라 초과분과 여분을 소비할 때였다. 이 초과분과 여분의 소비가 문화를 생산해 냈고 또 그것이 문화 자체였다.

따라서 합리주의자와 경제학자들이 만들어 낸 효용이라는 개념, 합리성이라는 개념은 훨씬 더 일반적인 사회적 논리에 따라 재검토해야할 것이다. 사회적 논리에서 보면 낭비는 결코 비합리적인 찌꺼기가아니라 보다 높은 사회적 기능을 수행하는 긍정적이고 본질적인 요소이기 때문이다.

셰익스피어의 『리어 왕』에는 하다못해 거지에게도 낭비할 여분이있다는 구절이 있다. 왕위에서 물러난 늙은 아버지를 수발할 시종은더 이상 필요 없다고 딸들이 말하자 리어왕은 이렇게 대답한다.

아, 필요하고 안 하고를 논하지 마라! 가장 보잘것없는 거지도 자기가 가진 하찮은 물건 중에 쓸모없는 약간의 여분을 갖고 있는 법이다. 필요한 것만을 모든 것의 기준으로 삼는다면 인간은 동물이되고, 그의 삶은 아무런 가치도 없게 된다. 우리가 존재하기 위해서는 쓸모없는 약간의 여분이 필요하다는 것을 너는 알아야 해. 꼭 필요한 것만 따진다면 따뜻한 옷도 사치이고, 네가 입고 있는 그 화려

로빈슨 크루소의 사치 다시 읽기

한 옷들도 다 사치스러운 것이지.

## 로빈슨 크루소의 사치

### 필요하지도 않은데 또 산다고? 그게 바로 사치

사치를 극도로 매도하면서도 한편으로는 사치에 대한 열망을 강렬하게 갖고 있는 것이 보통 사람들의 심리다. 사치품은 우리에게 행복감과 쾌감을 준다. 왜 그럴까?

우선 사치란 낭비와 마찬가지로 꼭 필요한 것 이상의 여분이다. 오늘 먹을 식량이 있으면 안심이지만 내일과 그다음 날에 먹을 식량이 있다면 우리는 느긋한 행복감을 느낀다. 먹고살기 어려웠던 과거 시절에 사람들은 곳간에 쌓인 양식을 보며 느긋함과 안락감을 느꼈다. 내일 그리고 다음 날 먹을 것은 지금 당장 꼭 필요하지 않은 여분의 것이다.

무인도에서 생활하면서도 고독한 행복을 누렸던 로빈슨 크루소. 이 같은 행복은 항아리와 상자에 가득 차 있는 식량 덕분이었다.

그런데 여분의 것은 사치다. 사치란 결국 미래에 대비한 비축(備蓄)이 아닌가? 그렇다면 무인도의 로빈슨 크루소도 사치를 했다!

배가 난파되어 무인도에 홀로 떨어진 로빈슨 크루소가 가장 먼저 한 일은 동굴 집을 마련하고 식량을 비축하는 것이었다. 굴을 하나 발견하여, 앞쪽에 울타리를 만들고 서까래 모양의 긴 장대를 암벽 쪽으로 비스듬히 받쳐 여기에 지붕처럼 새털과 커다란 나무 잎사귀를 덮었다. 굴속의 흙을 파내 넓게 만들고, 거기에 창고와 부엌, 식당 그리고 골방까지 마련했다. 벽에는 선반을 만들고, 기둥에 못을 쳐서 잡다한 일용품을 모두 여기에 걸었다. 배에서 가져온 널빤지를 서랍처럼 만들어 식량을 저장했다.

숲속에서 발견한 포도는 햇볕에 말려 건포도로 만들었다. 수확한 건포도는 커다란 다발로 200개가 넘었다. 우기에 접어들어 두 달간 날마다 비가 올 때는 밖에 단 두 번 나갔는데, 처음에는 염소 한 마리를 잡았고, 그다음엔 커다란 거북이 한 마리를 잡았다. 그리하여 하루의 식단은 아침에 건포도 한 송이, 점심엔 염소 고기나 거북이 구운 것, 저녁에는 거북이 알 두어 개였다. 배에서 가져온 주머니를 별 관심 없이 땅에 털어 버렸는데, 한 달쯤 후에 보리와 벼의 새싹이 돋았다. 거기서 거둔 곡식 20~30 낟알에서 나중에 1에이커 이상의 땅에 파종할 종자를 확보하게 되었다. 배에서 꺼내 온 폭넓은 칼과 단검으로는 곡식을 베었고, 손으로는 이삭을 비벼 껍질을 벗겼다. 곡식을 계속 먹어도 충분할 만큼 많이 저장해 두고 싶었기 때문에 처음 수확한 곡식은 맛도 보지 않고 모두 다음 파종기에 쓸 종자로 보관했다. 마침내 곡식 수확량이 엄청나게 늘어나 증가분을 넣어

로빈슨 크루소의 사치 다시 읽기

둘 창고를 따로 지어야 했다. 보리가 20부대, 쌀은 그보다도 많았다. 1년 동안 필요한 곡식의 양이 얼마만큼인지 계산해 보니, 대체로 쌀과 보리 40부대면 1년 동안 먹고도 남을 양이었다. 그래서 매년 후반기에 그만한 양을 거둘 만큼만 파종하기로 했다.

머지않아 빵을 해 먹을 만큼의 식량이 생길 것이라는 기대에 부풀었지만, 이 낟알들을 어떻게 갈아서 가루로 만들어야 할 것인지, 설령 가루를 만들었다 하더라도 어떻게 고운 빵가루로 만들어야 할지 몰랐고, 또 빵가루를 만들었다 하더라도 어떻게 빵을 구워야 할지 막막했다. 나무 둥치에 불을 피워 구덩이를 내는 방식으로 절구를 만들고, 철목(鐵木)으로 묵직한 공이도 만들어 곡식을 빻았다. 배에서 꺼내 온 선원들의 옷 중에 칼리코나 모슬린으로 만든 목도리가 있어서 이것으로 체를 만들었다. 이제 곡식을 빻아 가루를 내고 그것을 체에 쳐서 고운 가루를 만들었다.

잔가지를 꺾어 바구니를 만들고, 흙을 반죽한 다음 햇볕에 말려 만든 토기 항아리를 거기에 넣었다. 항아리와 바구니 사이에 벌어진 약간의 공간에는 볏짚과 보릿짚을 잔뜩 채워 항아리에 습기가 차지 않게 했다. 여기에 마른 곡식을 빻아 만든 가루를 넣어 보관했다.

그러나 요리를 하려면 물이 새지 않고 불에 견딜 수 있는 질그릇이 있어야 했다. 그래서 커다란 흙그릇 세 개와 항아리 두어 개를 서로 겹쳐 쌓아 놓고 그 주위에 타고 남은 재를 빙 둘러친 후 그 위에 나무를 쌓고 불을 지폈다. 대여섯 시간 동안 불이 계속 타도록 가열

『로빈슨 표류기』(대성출판사, 1947).

한 후 서서히 식히자 단단한 그릇 세 개와 항아리 두 개가 훌륭하게 구워졌다. 이런 식으로 화덕도 만들었다. 화덕에 장작을 태워 숯불이 될 때까지 달군 다음 숯불을 모두 치우고 거기에 반죽하여 빚은 빵을 놓았다. 이렇게 하여 세상에서 제일 맛좋은 보리빵이 구워졌다.

새끼 염소 세 마리를 집 근처에 매어 풀을 뜯어먹게 하고, 가끔 보리알이나 쌀알을 한 줌씩 갖다주었다. 울타리를 완성한 다음 염소를 풀어서 키우니, 1년 반 후 새끼를 쳐서 모두 열두 마리가량 되었고, 그로부터 2년 후에는 그동안 여러 마리를 잡아먹었는데도 마흔세 마리나 되었다. 염소를 잡아 고기를 먹을 수 있을 뿐만 아니라 젖도 짤 수 있었다. 착유소(搾乳所)를 지어 어떤 때는 염소젖을 하루에 1~2갤런씩 짜냈다. 그 후 식량은 조금도 모자라지 않았다.

섬을 며칠 동안 돌아다니고 나면 집이 그리워졌고, 집에 돌아와 그물침대에 누우면 포근하고 만족스러운 기분이 이루 말로 다 표현할 수 없을 정도였다. 자유로이 사람과 사귀며 세상의 쾌락 속에 살 때보다, 이처럼 고독한 환경 속에서 더 행복할 수 있다는 것을 깨닫고 로빈슨 크루소는 벅찬 희열을 느꼈다.

어릴 때 누런 종이에 삽화가 그려진 『로빈슨 표류기』의 이 부분을 읽으며 참 재미있었다. 어른이 되어 다시 읽을 때도 이 부분은 무척 재미있었다. 개체 발달은 계통 발달과 병행하므로 내 안에 깊숙이 들어 있는 원시인의 감성이 자극되었기 때문이라고 내 희열감의 원인을 나름대로 해석했다. 이제 와 생각하니 그것은 모든 인간이 가진 비축에 대한 만족감이었다.

로빈슨 크루소가 벅찬 희열을 느낀 것은 어느 순간이었을까? 아마도 오래 보관할 수 있는 식량더미를 느긋이 바라볼 때였을 것이다. 비축된 식량은 절약된 수고와 한가로운 시간을 의미한다. 비스킷 한 상자로 한 달간은 게으름을 부릴 수 있으며, 지방(脂肪)으로 싼 고기를 넣은 서너 개의 항아리, 씨앗과 호두로 가득 찬 몇 개의 광주리들은 몇 달간의 평온함을 보장해 준다. 고요한 겨울 한 철이 그것들의 향기 속에 깃들어 있는 것이다. 로빈슨은 자기 오두막의 크고 작은 궤짝과 항아리들의 향기 속에서 미래의 흔적을 맡았을 것이다. 보석과도 같은 그의 저장물이 발산하는 향기는 다름 아닌 시간의 지속이었다.

로빈슨 크루소가 아무런 희망도 없는 무인도에서 매일같이 일기를 쓰며 생활을 기록하고, 고독의 행복감에서 희열을 느낄 수 있었던 것은 모두 항아리와 상자에 가득 차 있는 식량 덕분이었다. 그런 비축이 없었다면 과연 그가 그토록 흐뭇한 행복감을 느낄 수 있었을까?

　인류는 오래 지속되는 축적된 더미 위에서만 물질을 초월하는 정신성을 획득할 수 있었고, 높은 문화도 이룩할 수 있었다. 비축과 저장을 함으로써 우리는 서서히 동물적 필요에서 벗어나고, 또 욕구와의 일대일의 대결에서도 벗어날 수 있었다. 시인 발레리는 자연이 우리에게 그것을 암시해 주었다고 말한다. 변화무쌍한 자연에 대비하기 위해 우리는 의식주에 필요한 얼마간의 비축을 했다는 것이다. 극단적으로 생각해 보면 우리의 사지(四肢)에 붙어 있는 지방, 우리의 정신 속에 두텁게 쌓여 기다리고 있는 기억들도 모두 자원 비축의 모델이라고 할 수 있겠다.

　결국 우리가 사치에서 느끼는 행복감이란 미래에 대비한 비축이 주는 안도감과 쾌감이다. 근본적으로 사치란, '이미 있는 것'을 또 구입하고, '필요하지도 않은 물건'을 괜히 사는 것이다. 옷은 몇 년간 입어도 떨어지지 않을 만큼 옷장에 많이 있는데 왜 또 새 유행이라고 한 벌 더 사는가? 그것이 바로 사치다. 생명을 유지할 만큼의 영양을 섭취하면 되었지, 후식으로 케이크는 왜 먹는가? 그것도 사치다. 모든 사치는 미래에 대비한 비축 덕분에 가능하다.

　그러나 사치를 극단적으로 배척하면 우리는 당장 먹을 것 이외의

　　　　　　　　　　　　　　　　　　로빈슨 크루소의 사치 다시 읽기

단 한 톨의 쌀알도 있어서는 안 된다는 논리에 다다르게 된다. 그것은 배고프면 허겁지겁 달려 나가 먹을 것을 잡아 오고, 내일이면 또 다시 나가 먹을 것을 잡아 오는 동물의 삶과 다르지 않다. 그것은 더 이상 인간의 삶이 아니다. 한 섬이 통째로 자기 것이기에 경쟁할 필요가 전혀 없었던 로빈슨 크루소도 그렇게 하지는 않았다.

그러고 보면 인간적인 삶이란, 그리고 문명이란 결국 여분의 비축을 의미한다. 그 여분의 비축이 바로 사치의 기원이다. 사치품이면서 동시에 재난에 대비한 재화로 한국인들이 유독 좋아하는 금반지와 금목걸이 등이 그 가장 좋은 예일 것이다.


## 인디언 축제 포틀라치

### 미친 듯이 낭비하는 것, 그게 바로 포틀라치

낭비란 비축을 전제로 하는 것이다. 비축이 있어야 낭비도 가능하다. 결국 비축은 언젠가 쓰기 위해 물건을 축적하는 행위다. 사람은 쓰기 위해 재화를 비축한다.

그런데 비축한 물건을 어느 한 순간에 광적으로 소비하는 비합리적인 낭비도 있다. 북아메리카 원시 부족들의 축제 관습인 포틀라치(potlatch)에서 우리는 그것을 볼 수 있다.

로키산맥과 해안 사이에 살았던 북아메리카 인디언들은 해마다 겨울이면 축제를 벌였다. 이 기간에 그들은 부족과 부족 사이에 서로를 초대하고 선물을 교환했다. 상대편 부족에서 이쪽을 초대하여 잔치를 벌이면 이쪽에서는 그보다 더 푸짐하게 음식을 차려 상대편을 초대하고, 그러면 또 상대편은 이쪽에서 차린 것보다 더 풍성한 잔치를 벌인다. 이런 식으로 환대의 경쟁은 끝이 없었다.

선물도 마찬가지였다. 초대받은 사람이 선물을 가지고 오면 이쪽 사람은 상대방의 집에 갈 때 자기가 받은 것 이상의 값비싸고 좋은 것을 선물로 가지고 간다. 그러면 상대방도 이쪽 집에 올 때 또 자기가 받은 것 이상의 귀한 물건을 가지고 온다. 경쟁은 끝이 없다. 끊임없이 위로 올라가는 나선형의 경쟁이 끝나는 것은 양쪽 모두 자기가 가진 물건이 남아 있지 않아 더 이상 환대나 선물 경쟁을 벌일 수 없게 될 때다. 그러니까 선물의 교환과 음식의 환대가 경쟁적으로 이루어져 나중에는 자기가 가진 모든 것을 완전히 파괴하거나 내다버리는 광란의 상태에 다다르는 것이다.

만약 자기가 받은 환대보다 빈약하게 상대방을 접대하거나 자기가 받은 선물보다 값싼 것을 상대방에게 답례로 주는 추장이 있다면, 그는 자신이 상대방에게 종속되어 있음을 스스로 인정하는 것과 다름이 없다. 더 푸짐한 환대, 더 값비싼 선물은 상대방을 압도하는 수단이다. 그들은 자신의 고귀함을 보여 주기 위해 더 나은 접대와 선물을 해야 했으며, 자신은 물건 따위에는 아무런 애착도 없다는 듯이 행동해야 했다. 그래서 추장들은 다른 부족을 압도하기 위해 축적해 놓은 자신의 부를 아낌없이 파괴하였다. 마치 파괴하기 위해 물건을 비축해 놓았다는 듯이.

포틀라치의 관습에서는 소비와 파괴에 한계가 없다. 자기가 가진 모든 것을 소비해야 하고, 그 어떤 것도 간직해서는 안 된다. 누가 가장 부자이며, 누가 가장 미친 듯이 씀씀이가 헤픈지를 두고 저마다 앞다투어 경쟁했다. 어떤 사람은 생선 기름이나 고래 기름 통을 완전히 태워 버리고, 또 어떤 사람은 집안의 침구 일체와 자기 집까지 불태워 버리기도 했다. 값비싼 동판을 집어던져 깨트리거나 물속에 던지기도 했다. 극단적으로는 노예를 이유 없이 죽이기도 했는데, 그것은 다른 재화와 마찬가지로 노예도 주인의 소유물이었기 때문이다. 이 미친 듯한 파괴 행위가 바로 포틀라치였다.

원시 부족의 단순한 관습이었던 포틀라치가 모든 문명의 사회적 교환의 원형으로 격상된 것은 인류학자 마르셀 모스(Marcel Mauss)의 『증여론(Essai sur le don, forme archaïque de l'échange)』(1932~1934)에서였다. 모스는 포틀라치를 집중적으로 연구하여, 선물을 주고받는 행위와 재화의 엄청난 낭비가 원시사회만이 아니라 문명사회에서도 한 사회를 지탱하는 기본 원리임을 밝혀 냈다.

귀중한 재화들의 경쟁적 소비행위는 결국 한 사회를 유지하는 기본 원리였다. 인디언 추장들이 자신들의 가치를 확인하기 위해 귀중한 물건들을 불태우거나 바다에 던졌듯이 동서고금의 모든 시대, 모든 사회의 상류계급은 모두 쓸데없는 낭비를 통해 자신들의 우월성을 확인하였다. 또 그러한 낭비를 통해 부가 순환되고 예의가 교환됨으로써 정서적인 공동체가 형성되었다.

구조주의 인류학자 레비스트로스의 교환 구조 이론도 모스의 개념에서 시작되었다. 교환되는 품목에 여자도 포함되었으며, 부족 간에 여자를 교환하다 보니 자연스럽게 근친혼 금기와 외혼제(外婚制)가 생겨났다는 것이다. 레비스트로스만이 아니라 바타유, 레비나스, 데리다, 부르디외, 보드리야르 등 수많은 철학자, 사회학자들이 모스의 이론에 크게 영향받았다.

## 포틀라치와 권력의지

### 선물을 받고도 답례하지 않으면 그 사람에게 종속되는 거라고?

부족과 부족 사이 혹은 부족 내 개인 사이에서 막대한 부가 끊임없이 소비되고 이전된다는 점에서 포틀라치를 교역으로 볼 수도 있다. 그러나 예의와 후덕(厚德), 명예 관념으로 가득 차 있는 이 교역을 교환경제의 원형으로만 보는 것은 포틀라치를 정확하게 이해하는 것이 아니다. 거기에는 비경제적이고 비합리적인 측면이 많이 들어 있기 때문이다. 증여의 규칙이 사람들 사이의 친소(親疎)관계 그리고 상하관계를 결정한다는 점에서 이것은 경제 현상이라기보다는 차라리 사회 현상에 더 가깝다. 선물 주고받기는 모든 사회계약과 평화의 근원

로빈슨 크루소의 사치 다시 읽기

이며 예의범절의 원형이다.

오랫동안 모은 상당한 재화를 단번에 남에게 주거나 심지어는 파괴해 버리고, 유용한 물건들을 던져 버리며, 푸짐한 잔치를 벌여 많은 음식물을 먹어치우는 포틀라치는 얼핏 보기에는 쓸데없는 낭비처럼 보인다. 순전히 파괴의 즐거움을 위해 과장되고 순수한 파괴를 일삼고 호화로운 지출을 하기 때문이다.

그러나 이 미치광이 같은 증여와 소비, 이 미친 듯한 부의 상실과 파괴는 결코 무사무욕(無私無慾)한 것이 아니다. 이것은 자기의 우월성을 보여 주기 위한 것, 즉 자기가 더 위대하고 더 높으며 더 주인이라는 것을 나타내기 위한 것이다. 왜냐하면 주는 사람은 받는 사람보다 더 높은 곳에 위치하는 사람이기 때문이다. 포틀라치는 결국 위세(威勢)의 수단이었다.

### 선물을 주는 사람이 우월한 지위에 있다고?

선물을 받고도 답례하지 않거나 더 많이 답례하지 않는 것은 선물을 준 자에게 종속되는 것이고, 그의 손님이나 하인이 되는 것이며, 더 낮은 지위로 떨어지는 것이다. 그래서 사람들은 받은 것 이상으로 상대방에게 베풀고자 한다. 최초의 증여자나 교환자를 압도하기 위해서다. 원시 부족은 이러한 증여의 규칙에 따라 추장과 가신 사이, 가신과 추종자 사이에 위계 서열을 확립했다.

추장은 자기 스스로를 위해서나 자기 아들이나 사위, 딸을 위해 또는 죽은 자들을 위해 푸짐한 잔치를 자주 베풀었다. 자신이 정령(精靈)과 재산의 비호를 받고 있으며 또 재산을 소유하고 있음을 증명하기 위해서였다. 다른 추장에게서 목걸이를 받으면 팔찌로 답례하고, 누군가 방문하면 그를 환대함으로써 추장들 사이에서 자신의 지위를 유지했다. 이러한 증명을 통해서만 그는 자기 부족과 마을에 대해 권위를 유지할 수 있었다.

요컨대 부를 낭비하는 것은 자신의 사회적 지위를 높일 뿐만 아니라 가족의 사회적 지위도 높여 주는 것이었다. 이 경우, 부는 어떤 관점에서 보더라도 유용한 물건일 뿐만 아니라 위세의 수단이기도 하다. 그러므로 추장이 재산을 모으는 것은 그것을 지출하기 위해, 그리고 충복(忠僕)을 얻기 위해서다. 한마디로 부는 사람들을 지배하는 수단이었다. 이러한 원칙은 현대의 문명화된 사회라고 해서 하등 다를 것이 없을 것이다.

그리고 보면 선물, 환대, 호의, 베풀기 등의 모든 증여는 결코 순수하지 않다는 것을 알 수 있다. 선물을 받고, 환대를 받고, 따뜻한 배려를 받았을 때 나는 그것을 베푼 사람에게 빚을 지고 있는 것이며, 내가 받은 것 이상으로 갚지 못할 때 그는 나에 대해 우월적 지위를 갖게 된다. 원시 부족의 관습에서 우리는 그것을 확인할 수 있다.

아무런 사심 없이 가족이나 타인들에게 선물을 주며 호의를 베푼다고 생각하는 우리는 모스의 포틀라치 이론에서 조금 충격을 받을 수 있다. 모든 증여행위의 밑바닥을 들여다보면 철두철미 아무런 대가도

로빈슨 크루소의 사치 다시 읽기

바라지 않고 남들에게 베푸는 행위란 없기 때문이다. 희생적인 사랑으로 찬양되고 있는 부모와 자식 사이의 사랑도 적정한 보답을 받지 못하면 타인처럼 원망의 관계로 변하는 예를 우리는 주변에서 많이 보고 있다.

물론 보답이란 반드시 물질적인 것이 아니라 심리적인 것일 수 있고, 또 그 보답이 당장 이루어지는 것이 아니라 오랜 기간 후에 이루어질 수 있다. 아마도 반대급부가 물질이 아니라는 점, 그리고 그 기한이 오랜 시간에 걸쳐 있다는 점에서 가족 간의 사랑을 무조건적 사랑 혹은 희생적 사랑으로 생각하게 되었는지 모른다. 그러나 보답이 반드시 물질적인 것이 아니라 해도, 그리고 그 기한이 당장이 아니라 오랜 기간의 유예를 전제로 하고 있다 해도, 사랑을 베푸는 사람은 무의식적으로 자신의 증여에 대한 보상, 즉 반대급부를 바라고 있다는 것이 엄연한 사실이다.


## 포틀라치의 규칙

선물에 관한 한 한국인들은 통이 크다. 미국의 관리들은 50달러 이상의 선물을 받지 못하게 되어 있고, 일본 사람들은 남의 집을 방문할 때 찹쌀떡 몇 개 정도의 간단한 선물을 가지고 가는 것이 보통이다. 그러나 한국인들은 설날과 추석 명절에 부피도 크고 값도 비싼 갈비나 굴비를 서로 교환하느라 교통이 마비된다. 유통기간이 10여 일밖에 안 되는 커다란 햄 덩어리 대여섯 개가 들어 있는 선물 상자를 받으면 열흘간 햄만 먹어도 유통기간을 지킬 수 없다. 그렇다고 햄 한두 덩어리를 남에게 선물로 주는 것은 쩨쩨한 일이므로 그냥 상자째 또 남에게 선물로 주는 일이 비일비재하다. 받는 사람이 곤혹스러워 할 것을 알지만 통이 크고 대범하다는 것을 보여 주어야 하는 우리 사회의 코드를 거스를 수 없기 때문이다. 선물을 주고받는 관습은 사회마다 다르고, 당시 사회 사람들의 의식을 반영한다.

이해관계를 가진 사람이 정치인이나 관리에게 주는 선물 또는 환대는 대가를 기대하는 것이므로 당연히 불순하다는 것을 우리는 잘 알고 있다. 그러나 개인들 사이에 주고받는 선물이나 초대는 어디까지나 순수하고 아름다운 마음의 표시라는 것이 보통 사람들의 생각이다. 그러나 과연 그럴까?

아메리카 인디언 축제인 포틀라치 기간에 부족과 부족 사이 혹은 한 부족 내에서 경쟁적으로 이루어지는 증여와 선물 교환은 끝내 나중에는 광란에 가까운 파괴 행위로 끝났다. 여기서 증여란 선물 같은 물질적인 교환만이 아니라 음식을 잘 차려서 사람들을 초대하는 잔치와 환대, 오랜 이별 후의 만남의 의식인 포옹과 울음 같은 감정과 인격의 교환, 그리고 상대방에 대한 배려와 너그러움 등을 모두 의미한다. 이 부족들의 증여와 선물의 체계는 겉으로는 자발적인 듯이 보이지만 실은 눈에 보이지 않는 엄격한 규칙이 밑바닥에 깔려 있다.

로빈슨 크루소의 사치 다시 읽기

모스에 의하면 선물 주고받기에는 세 개의 의무가 있다. 주기, 받기, 보답하기가 그것이다. 우선 사회적 관계를 맺기 위해서 타인에게 선물을 주어야 한다. 두 번째로, 내가 선물을 주면 받은 사람은 반드시 그것을 받아야 한다. 선물 받기를 거부하는 것은 사회적 관계 맺기를 거부하는 것으로, 상대방에 대한 도전과도 같다. 세 번째, 일단 선물을 받으면 그것을 반드시 갚아야 한다. 그것도 자신의 너그러움, 명예, 부를 과시할 수 있도록 반드시 받은 선물보다 더 값비싸고 귀중한 것을 선물해야 한다.

### 첫 번째 규칙: 편하게 주고받는 게 선물인 줄 알았는데, 그게 강제적 의무라고?

우선 첫 번째 규칙은 선물을 주는 것, 받는 것 그리고 답례하는 것이 모두 강제적 의무라는 것이다. 선물을 주는 것도 의무고, 선물을 받는 것도 의무다. 급부와 반대급부는 자발적인 형식 아래 선물의 형태로 이루어지지만 실제로는 엄격하게 의무적이어서 그것을 이행하지 않을 때는 사적이거나 공적인 싸움이 일어난다. 누구도 제공된 선물을 마음대로 거절할 수 없다. 상하관계 혹은 수평적인 관계의 모든 사람들이 서로 선물을 주고받는다. 일단 선물을 받거나 포틀라치에 초대되면 그것을 거부할 권리는 누구에게도 없다.

잔치에 초대된 사람이 오지 않는 것은 초대한 사람에 대한 모욕이나 도전 혹은 질시의 표시여서 전쟁이나 불화의 원인이 되기도 한다.

반대로 초대하는 사람도 초대받을 자격이 있는 모든 사람을 다 초대해야 하고, 그 중 누구도 빠트려서는 안 된다. 이를 소홀히 하면 불행한 결과가 생긴다. 손자의 생일잔치에 이웃 지역 추장을 초대하는 것을 잊어, 결국 그 추장의 손에 손자를 잃었다는 인디언 민담이 있다. 아메리카 인디안 부족의 하나인 침시아족의 민담은 소홀한 초대가 일으키는 치명적인 결과를 잘 보여 준다.

먼 옛날 침시아족 추장의 시집간 딸이 아이를 낳아 데리고 친정에 왔다. 그런데 아이는 사람이 아니라 수달이었다. 새끼 수달은 커다란 넙치를 잡아 왔고, 할아버지는 모든 부족의 추장들을 초대하여 "이 아이가 바로 내가 여러분에게 대접하는 음식을 가져온 내 손자요" 하고 소개하면서 음식을 대접했다. 이어서 이 아이가 동물의 모습을 하고 있으니 만약 고기잡이 할 때 만나더라도 죽이지 말라고 부탁했다. 그런데 한 추장을 초대하는 것을 깜빡 잊었다. 초대받지 못해 앙심을 품은 그 추장은 어느 날 바다표범을 잡고 있는 새끼 수달을 죽였다. 아들을 잃은 공주는 상심 끝에 죽었다.

"그 후 추장이 아이를 낳아 이름을 지어 줄 때는 그 아이를 모르는 사람이 없게끔 큰 잔치를 베풀어 모든 사람을 초대했다"라고 민담은 끝을 맺는다.

누군가를 잔치에 초대하기를 깜빡 잊어 사달이 난다는 설화소(說話

素)의 원조는 아마 트로이 전쟁의 발단이 된 '파리스의 금사과'가 아닐까. 이후 유럽의 민담에도 세례식이나 결혼식 때 초대받지 못해 앙심을 품은 요정이 아이를 해코지한다는 이야기가 많이 있다. 『잠자는 숲속의 미녀』도 그런 이야기 중의 하나다.

아이가 없어 노심초사하던 왕과 왕비 사이에 예쁜 공주가 태어났다. 왕은 성대한 세례식을 베풀어 그 나라에 있는 요정 일곱 명을 대모로 초대하고 금 식기로 식탁을 차렸다. 그런데 갑자기 늙은 요정 하나가 파티 장소에 들이닥쳤다. 그 늙은 요정은 탑에 틀어박혀 있었기 때문에 죽은 줄 알고 초대하지 않았던 것이다. 왕은 식기 하나를 더 놓으라고 명령했지만, 금 식기는 일곱 개밖에 없어서 늙은 요정에게는 금 식기를 줄 수가 없었다. 무시당했다고 생각한 늙은 요정은 앙갚음을 하겠다고 혼잣말로 중얼거렸다. 이 말을 들은 젊은 요정 하나가 늙은 요정의 나쁜 주술을 고치는 마지막 말을 하기 위해 태피스트리 뒤로 숨었다.

당시의 관습대로 요정들은 공주에게 덕담으로 선물을 하나씩 주었다. 요정들의 덕담으로 공주는 이 세상에서 가장 예쁘고, 가장 착하며, 가장 노래를 잘 부르고, 가장 춤을 잘 추는 등 모든 장점을 갖게 되었다. 마침내 자신의 차례가 된 늙은 요정은 공주가 물레에 찔려 죽을 것이라고 예언했다. 이 예언에 왕과 왕비를 비롯해 그 자리에 있던 손님들이 모두 슬피 울었다. 그때 태피스트리 뒤에 숨었던 젊은 요정이 나왔다. 자신에게 늙은 요정의 주술을 뒤집을 만한 힘은 없지만, 공주가 물레에 찔린다 해도 죽지는 않고 100년 동안 잠을 자다가 한 왕자에 의해 잠이 깨게 될 것이라고 예언했다. 그리하여 공주는 100년 동안 숲속의 성에서 잠을 자게 되었고, 마침내 지나가던 왕자에 의해 잠에서 깨어나 행복하게 살았다.

인디언 원시 부족의 민담이 유럽의 민담과 동일한 서사 구조를 갖고 있다는 것은 흥미로운 일이다. 우리나라 돌잔치의 기원도 여기에 맥이 닿아 있지 않은지 생각해 볼 만하다. 급부와 반대급부의 균형이 깨어졌을 때 야기되는 이와 같은 재앙은 포틀라치가 군사적, 법적, 경제적, 종교적인 '인정'의 기능을 갖고 있음을 보여 준다. 주는 것을 거부하는 것, 그리고 초대에 응하지 않는 것은 전쟁을 선언하는 것과 같기 때문이다.

마르셀 모스는 자신이 어린 시절을 보낸 프랑스의 로렌 지방에서도 평소에는 매우 검소한 생활을 하다가 수호성인 축일이나 결혼식, 성찬식이나 장례식 때는 손님들을 위해 돈을 마구 썼다고 했다. 그리고 북아메리카의 원시 부족 축제에서 그러했듯 마을 사람 모두가 결혼식 축하연에 참석했고, 만약 어떤 사람이 그 자리에 참석하지 않으면 그것은 나쁜 징조나 질투와 저주의 조짐 또는 표시였다고 했다.

　　　　　　　　　　　로빈슨 크루소의 사치 다시 읽기

## 두 번째 규칙: 선물을 받으면 무조건 더 비싼 선물로 갚아야 한다고?

포틀라치의 두 번째 규칙은 받은 것보다 더 많은 것으로 답례해야 한다는 암묵적인 의무다.

모든 사람들이 아낌없이 베푸는 일에서 상대방을 능가하려 애쓴다. 선물을 주고받는 데도 대항과 경쟁의 규칙이 작동하여, 누가 더 가치 있는 물건을 더 많이 줄 수 있는가를 두고 일종의 신경전이 벌어진다. 초대받아 대접받은 잔칫상보다 더 성대하게 잔치를 베풀어야 하며, 선물을 받으면 자기가 받은 것보다 더 좋은 것으로 답례해야 한다.

동등한 지위에서만이 아니라 상하 계급 사이에서도 경쟁적인 증여가 이루어진다. 추장이 자신에게 봉사한 것을 고맙게 여겨 가신에게 담요 하나를 준다면 가신은 추장 가족의 결혼식 때나 추장 아들의 즉위식 때 담요 두 장을 답례로 준다. 그러면 이번에는 추장이 그의 경쟁 씨족들의 포틀라치에서 얻은 재화를 가신에게 또 재분배한다.

받은 것보다 더 많은 것을 답례로 준다는 것은 자신이 물건 따위에 연연하지 않는다는 것, 자신은 한없이 관대하고 너그러워 물건을 남들에게 아낌없이 준다는 것을 의미한다. 결국 이 경쟁은 소비와 파괴의 경쟁으로 이어진다. 상대방에게서 답례 받기를 원하지 않을 정도로 자신이 통 크고 너그럽다는 것을 보여 주기 위해서는 물건을 파괴하는 것보다 더 효과적인 것이 없기 때문이다. 부자들이 결혼식이나 장례식에서 축의금이나 부의금을 받지 않는 것도 어찌 보면 상대방에게서 답례 받기를 원하지 않을 정도로 자신이 통 크고 너그럽다는 것을 보여 주기 위한 것일 수도 있다.

## 세 번째 규칙: 모든 선물에는 답례해야 하는 암묵적인 기한이 있다

세 번째 규칙은 기한의 문제다. 엄밀히 말해서 급부와 반대급부가 동시에 이루어지는 것은 불가능하다. 만약 이쪽에서 선물을 주었을 때 저쪽에서 동시에 선물을 준다면 그것은 증여가 아니라 차라리 건조한 물물교환일 뿐이다. 정이 오가는 선물 주고받기가 아니라 단순히 팽팽한 힘의 대결일 뿐이다. 또 한편, 영원히 받기만 하고 아무 답례도 하지 않을 수는 없다. 그것은 베푼 사람에 대한 종속을 의미할 뿐이다.

물론 남의 초대만 받고 가만히 있어도 일단은 괜찮다. 그가 나중에 더 큰 향연을 베풀어 모두에게 답례할 것을 누구나 암묵적으로 알고 있기 때문이다. 그런데 그 기한이 지나서까지 답례가 없을 때 그의 명예는 크게 실추된다. 그러므로 모든 선물과 환대에는 답례하지 않아도 좋은 허용된 기한이 있다.

답례해야 하는 기한은 증여의 성질에 따라 다르다. 인디언 부족 사이에서 카와주(酒)나 부적(符籍)을 선물받았을 때는 즉시 답례할 수 없고, 얼마간의 시간이 지난 후에야 답례할 수 있다. 동맹, 평화협정 같은 것에는 논리적으로 기한 개념이 포함되어 있다. 누군가 내 집을 방문하고 혼인식에 참석해 주거나 장례식에 문상 와 준 것도 마찬가지다. 상대방이 내 집을 방문한 것에 대한 답방은 곧장 이루어질 수 없

로빈슨 크루소의 사치 다시 읽기

으며, 혼인 부조금이나 장례 부의금에 대한 답례도 그 성격상 나중에 이루어질 수밖에 없다. 정기적인 향응이나 의례적으로 경의를 표하는 봉사의 제공도 답례는 미루어진다.

원시사회에서 선물이 갖고 있는 기한의 개념은 필연적으로 현대에서의 보험 개념을 떠올리게 한다. 내가 남의 집 돌잔치나 장례식에 가고 얼마만큼의 기부를 하면 후에 내게 그런 일이 벌어졌을 때 상대방도 나를 도와줄 것이라는 암묵의 기대가 바로 보험 개념의 기초이기 때문이다. 이것은 현대의 경제활동인 신용의 개념과도 연관이 있다. 물건을 주고 일정한 기한 후에 답례를 받는 증여 체계는 카드로 우선 물건을 사고 나중에 지불하는 오늘날의 신용거래와 너무나 흡사하다. 흔히 원시사회의 특징적인 경제활동으로 알려진 물물교환은 증여 체계의 서로 떨어진 두 시기를 접근시켜 단순화한 형태에 불과하다. 원시사회에는 물물교환만이 있고, 더 진보한 사회에서 현금 판매를 하며, 신용판매는 고도의 문명 단계의 특징이라고 말하는 경제사학자들의 주장은 너무 피상적인 관점이 아닐까 하는 생각이 든다.


## 답례 의무의 기원


모스는 공짜 선물은 없다고 했다. 그러므로 반드시 답례해야 한다고 했다. 그 근거는 무엇인가? 대답은 간단하다. 선물은 '완벽한

급부(prestation totale)'라는 것이다. 급부(給付)를 뜻하는 프랑스어 prestation는 영어로 benefit이다. 은혜 또는 은전(恩典)의 방식으로 재물을 공급하는 것이다. 여기에는 의무의 법칙(law of obligations)이 있고, 주는 자와 받는 자 모두의 명예가 걸려 있다.

선물이라는 거래 형태는 정신과 물질의 구분을 초월한다. 거의 샤머니즘에 가깝다. 선물 공여자는 단순히 물건을 주는 것이 아니라 자기 자신의 일부를 준다. 왜냐하면 선물은 공여자와 불가분하게 연결되어 있기 때문이다. 선물은 그것을 교환하는 사람들로부터 완전하게 분리되어 있지 못하다. 선물 공여자와 선물이 이처럼 일체로 얽혀 있기 때문에 선물받은 사람은 그에 대해 반드시 갚아야 한다. 이것은 사회적 책무다. 폴리네시아에서는 받은 선물에 보답을 하지 않으면 마나(mana)를 상실한다고 했다. 마나란 권위와 부의 영적(靈的) 근원(one's spiritual source of authority and wealth)이다. 그러므로 보답하지 않는다는 것은 명예와 지위를 잃는 것이다.

그렇다면 선물이 도대체 무엇이기에 그런 마술적 성격을 갖고 있는가? 그것은 선물이 가진 '양도(讓渡) 불가성(inalienability)' 때문이다. 코모디티(commodity, 생활용품) 경제에서는 사적 소유라는 개념을 통해 물건과 사람 사이가 확실하게 구분되어 있다. 물건이 팔린다는 것은 소유권이 새 소유자에게 완전히 넘어간다는 의미다. 그러나 선물 경제 안에서는 타인에게 주어진 물건이 공여자로부터 타인에게 전혀 양도되지 않는다. 그것들은 "팔리고 양도되는 게 아니라 차라리 대여

(貸與)된다." 주어진 물건에 선물 공여자의 정체성이 여전히 부착되어 있다는 뜻이다. 그러므로 그것을 받은 사람은 반드시 보답해야 한다. 선물은 양도될 수 없으므로 오로지 다른 것으로 대체하여 되돌려 주어야 한다는 개념이다. 그래서 선물을 주는 행위는 반드시 갚아야만 하는 빚을 발생시킨다. 여기서 발생하는 반대급부를 통해 두 개인 사이에는 여러 번에 걸친 관계가 형성된다. 다시 말하면 선물 주기를 통해 사회적 구속이 진행된다. 이 구속은 미래의 교환이 이루어질 때까지 시간과 공간을 통해 지속된다. 이런 식으로 선물 교환은 공여자와 수혜자 사이의 상호의존으로 발전한다.

모스에 의하면 '공짜 선물'이라는 말은 그 자체가 모순이다. 반대급부가 없는 선물은 사회적 유대를 창조하지 않기 때문이다. 사회적 연대는 선물 교환에 의해 만들어진 사회적 구속을 통해 생겨난다. 선물을 주고받는 것은 다른 사람들과 엮이고 싶다는 의지의 산물이다. 이론상으로는 자발적이지만 실제로는 엄격한 의무 속에서 주어지고 보답되는 것이다.


## 선물을 차연의 개념으로 본 데리다

### 선물 받고 곧장 답례하면 그게 교환이지 선물인가?

모스의 포틀라치 개념 중에서 선물과 시간의 관계에 특히 관심을 가진 것은 포스트모던 철학자 데리다였다. 그는 『시간의 증여(Donner le temps)』(1991)와 『죽음의 증여(Donner la mort)』(1992)에서 선물과 시간의 관계를 자기 철학의 핵심 개념인 차연(差延, différance)과 연결시켰다. 선물에 대한 답례가 일정한 시간을 요구한다는 것에 주목한 그는 선물이란 즉시 갚아도 안 되고, 그렇다고 그 답례가 영원히 지연되어서도 안 된다고 했다. 선물은 어떤 일정한 시간의 지연을 요구한다. 그러므로 선물은 일종의 '차연'이라는 것이다.

차연이 도대체 무슨 말인가? 차연은 차이(difference)와 지연(deferment)을 합성한 데리다의 신조어다. 차이는 공간에 적용되는 개념이고, 지연은 시간과 관련이 있는 개념이다. 포스트모던의 모든 철학이 그렇듯이 데리다의 철학도 구조언어학에 근거하고 있다.

예를 들어 '나는 학교에 간다'라는 하나의 문장을 생각해 보자. 이 문장 안에 '나는' '학교에' '간다'의 세 성분이 들어 있다. 이 세 성분은 각기 서로 다르다. 이 문장이 의미를 갖는 것은 바로 그 성분들의 차이 때문이다. 그럼 '차이'라는 것을 생각해 보자. 차이에도 두 가지가 있다. 수평적 차이와 수직적 차이가 그것이다. 왼쪽에서 오른쪽으로 나아가는 수평적 차이는 공간적 차이이고, 성분 하나하나에 숨겨지고 배제된 차이들은 수직적 차이, 다시 말해 시간적 차이이다. 예를 들어 '너는'이라는 성분은 '나는', '그들은', '그녀는' 등의 무수한 차이들을 하나씩 제치고 나의 머리에 들어온 의미요소다. '학교에'도 마찬가지다. '시장에', '공원에' 등 무수한 요소들을 제치고 내 머릿속에

로빈슨 크루소의 사치 다시 읽기

자리 잡아 문장의 의미를 이룬다. '간다'도 마찬가지다. '온다', '산다' 등의 무수한 가능성들을 제치고 문장의 한 부분을 차지해 의미를 확정지어 준다. 이 수직적 차이를 확인하는 과정에 시간이 흐른다. '너는'이 아니고 '나는'이지, '시장에'가 아니고 '학교에'이지, '온다'가 아니고 '간다'이지, 등의 확인을 거치면서 우리는 문장의 의미를 이해하는데, 이때 '~이 아니고 ~이지'라는 과정은 공간적인 차이가 아니라 시간적인 차이다. 앞의 의미를 떠올렸다가 그것을 지워 버리고 새로운 의미를 정착시키는 과정에 미세한 시간이 소요되기 때문이다. 이처럼 차이와 지연을 합친 개념, 그것이 차연이다. 데리다는 언어를 비롯한 모든 사유의 영역을 차연의 개념으로 보았다.

그는 선물도 일종의 차연이라고 해석했다. 선물에는 이미 어떤 시간의 지연이 내포되어 있다. 증여의 사회적 원리는 '주기', '받기', '갚기'의 엄격한 의무로 구성되어 있고, 이것은 모든 사회계약의 기본이며, 한 사회를 평화롭게 유지시키는 원리다.

그러나 개인의 차원에서 생각해 보면 인간 사이의 정을 희석시켜 버리는 메마른 이론이기도 하다. 그래서 데리다는 새로운 개념의 증여를 생각한다. 만약 절대적인 의미의 선물이 있다면 그것은 '주고' '받고' '갚는' 순환의 고리를 자르는 것이어야 할 것이다. 다시 말해 '갚기'의 사이클이 배제되고 오로지 '주기', '받기'만 존재하는 그런 것이어야 한다. 그것은 경제나 시간의 체계를 벗어나는 어떤 절대적 행위일 것이다.

물론 다른 관점이기는 하지만 데리다보다 40여년 앞서 조르주 바타유도 아무런 대가를 바라지 않는 절대적 선물의 가능성을 말했다.


## 바타유의 낭비 예찬

### 부족한 게 아니라 남아나서 문제다

마르셀 모스의 영향을 받은 문필가 중에서 특히 낭비의 미덕을 예찬하는 바타유의 이론이 우리의 관심을 끈다. 그는 1949년에 출간한 『저주의 몫(La part maudite)』에서 '생산'과 연결되지 않고 그 어떤 효용성도 갖지 않는 '소모'의 의미를 추적해야 한다고 주장했다. 철저한 낭비의 미덕을 역설한 것이다. 완전히 자발적이고 무관심한 증여, 즉 아무런 대가도 바라지 않는 절대적인 선물의 가능성과 의미를 추적했던 그는 자신의 연구를 '일반경제'라고 이름 지으며 전통적인 경제학과 구별지었다.

전통 경제학에서는 오로지 생산만이 중요하다. 재화의 습득과 생산, 그리고 그것의 보존과 재생산에만 관심이 있다. 예컨대 생산 공장에서 전기나 물 또는 원자재를 사용하는 것은 다른 어떤 것을 생산하기 위한 소비다. 전통 정치경제학은 이처럼 생산과 연결된 소비만을 인정하고 비생산적인 소비는 철저히 죄악시한다. 우리 의식 안에는 모든 비생산적 소비를 죄악으로 여기는 정치경제학의 원칙이 내면화

로빈슨 크루소의 사치 다시 읽기

되어 있다. 우리가 사치에 대해 죄의식을 느끼는 것도 바로 이 때문이다. 사치란 아무런 생산으로도 이어지지 않는, 철저하게 소비를 위한 소비인, 그런 무용(無用)한 행위이기 때문이다.

모든 정치경제학은 희소성의 가설에 근거하고 있다. 세상의 모든 자원과 에너지가 한정되어 있어서 모든 인간을 먹여살리기에 부족하다. 자원은 제한되어 있고 그것을 소비할 사람들은 많으므로 자원은 철저히 절약해야 하고, 생산에 필요한 소비 이외의 소비는 최대한 억제해야 한다는 것이다. 이것이 정치경제학의 출발점이다. 마르크스의 계급투쟁론도 여기서부터 출발한다. 한정된 자원을 놓고 사람들이 싸움을 벌이게 될 것이므로 당연히 거기에는 만인 대 만인 사이의 투쟁이 일어날 것이고, 계급이 생겨날 것이고, 착취가 자행된다는 것이다.

그러나 마르셀 모스의 『증여론』에 큰 영향을 받은 바타유는 에너지나 재화의 면에서 과연 이 세상이 그렇게 희소성으로 이루어져 있는지에 의문을 나타낸다. 희소성이 아니라 넘쳐흐르도록 분출하는 에너지의 과잉이 오히려 문제라고 그는 생각한다. 햇빛 하나만 예로 들어보자. 지구를 비치는 햇빛은 엄청난 양의 에너지다. 그러나 우리가 태양열을 이용하는 것은 그중의 아주 미미한 한 부분일 뿐이다. 나머지의 태양열은 매일 그냥 버려지고 있다.

햇빛만이 아니다. 인간의 몸 안에 들어 있는 성적 에너지부터 자연의 재화에 이르기까지 인간의 환경은 무한한 넘쳐흐름이다. 자신이 소유한 자원을 에너지로 환원시켜 생산을 하지만, 그 자원을 모두 남김없이 생산에 쓸 수는 없다. 생산은 무한할 수도, 지속적일 수도 없기 때문이다. 그러므로 생산하고 남은 잉여의 부분은 그냥 무익하게 쏟아내 버려야 한다. 그것이 인간과 자연을 건강하게 유지시키는 길이다. 이것이 바타유가 제안하는 '일반경제'다.

우리가 생산 과정에서 다 흡수하지 못하고 남아 있는 나머지 부분, 이것을 그는 '저주받은 몫(accursed share)'이라고 불렀다. 그것은 마치 우리 몸에 쌓여 있는 노폐물처럼, 또는 풍선을 가득 부풀린 공기의 압력처럼 매우 위험하다. 이 과잉의 에너지와 잉여 자원들을 써 버리지 않으면 마치 팽창한 공기가 풍선을 터지게 하듯 인류에게 전쟁 같은 화를 가져다준다. 바타유가 생각하는 인간 활동의 궁극적인 형태는 '소모'다. 그는 재화의 본질 역시 소모하는 데 있다고 주장한다. 과잉 부분을 방치하면 언제 폭발할지 모르므로 제때제때 그것을 뽑아주고 빼내 주어야 한다. 고대사회는 이미 그런 지혜를 터득하여 적당한 소비의 형태를 창안함으로써 평화로운 사회를 유지할 수 있었다. 아즈텍 문명의 제의(祭儀), 아메리카 인디언의 포틀라치 등이 그것이다.

재화의 소모를 인간 활동의 궁극적인 형태로 간주하는 바타유의 생각은 분명 악착같은 부의 축적을 생의 목적으로 삼는 부르주아적 가치관에 대한 도전이다. 모든 개인의 행동이 오로지 생산과 보존에만 맞춰진 부르주아적 삶을 넘어 주체의 진정한 주권을 획득하기 위해서는 부를 소모하고 파괴해야 한다고 그는 주장한다.

로빈슨 크루소의 사치 다시 읽기

초기 저서 『낭비의 개념(La notion de dépense)』에서 바타유는 낭비를 '비효용적인 것', '비생산적인 것', '통음난무(痛飲亂舞) 같은 것', '어떤 제한된 체계에 묶이지 않는 것', '무조건적이고 비복종적인 것'이라고 규정했다. 예를 들어 보석은 아무런 쓸모가 없는데 엄청나게 비싸다. 사람들이 많은 비용을 들이며 굳이 거행하는 결혼식이나 돌잔치 등은 아무런 실용적 목적이 없다. 아이들의 놀이건 어른들의 놀이건 모든 놀이도 마찬가지다. 아주 진지하고 중요한 분야인 예술이나 문학 등도 실용성이 없기는 마찬가지다. 모두 절약과 생산이라는 정치경제학적 체계를 벗어나 그 자체로는 아무 쓸데가 없고 비생산적인 낭비의 사례들이다.

　　그러나 이와 같은 비효용성, 비생산성이야말로 인간의 삶을 풍요롭고 아름답게 만들면서 우리에게 위안을 주는 어떤 것이다. 그러니까 '낭비'라는 말에서 우리는 일상적으로 이 단어에 덧붙여지는 나쁜 의미를 떠올려서는 안 된다. 바타유가 '낭비'라고 말할 때도 그것은 인간 본연의 바람직한 행동으로서의 낭비이고, 문화를 생산하는 근원으로서의 낭비다.

　　예술과 문화가 비생산적 낭비의 부분이라는 것은 이미 우리에게도 익숙한 개념이다. 모든 실용성을 거부하고 절대적인 예술 세계를 추구하는 '예술을 위한 예술'의 문학 사조를 통해 우리는 예술이란 실용적인 효용성을 가진 것이 아님을 잘 알고 있다. 공산주의 체제가 붕괴하여 사회주의 리얼리즘의 실험이 실패로 끝난 지금, 예술의 사회적 효용성을 글자 그대로 말하는 사람은 없다. 낭비로서의 예술 개념이 보편적 예술의 정의라는 데 이의를 제기할 사람은 없을 것이다.

그러나 예술이 아닌 사회학의 관점에서 보면 바타유의 증여 개념에는 문제가 있다. 바타유에게 있어서 포틀라치는 대가를 받지 않고 베푸는 절대적 선물이다. 이익을 목적으로 하는 교환이 아니고, 약탈도 아니며, 요컨대 재화를 점유할 의도가 없는 순수 행위다. 그는 포틀라치란 '폭발적인 힘을 가진 개인'이 그 지위를 통해 얻은 부를 언젠가는 또 다시 폭발적으로 소모하는 과정에 다름 아니라고 하며, 위세적(威勢的) 성격보다는 소모적 성격이 강하다고 했다. 그리고 그것을 현대의 사회적 지위로까지 확장시켰다.

바타유의 주장에 대입해 보면, 현대의 부자들은 끊임없이 수천억 원의 돈을 아무런 대가도 바라지 않고 사회에 기부하는 사람들이다. 그러나 사회적 지위라는 것이 연속적으로 재화를 소모하는 과정에 불과할 뿐이라 해도 그 재화의 소모와 파괴가 필연적으로 특권과 지위의 획득으로 이어진다면, 아무런 대가나 이득을 바라지 않는 절대적인 의미의 선물과 소모는 있을 수 없다. 재화를 낭비한 사람이 특권을 갖게 되고, 이 특권을 의식하여 사람들이 과시적 낭비를 하며, 결국 이 과시적 낭비를 통해 다른 사람보다 우월한 지위에 서게 된다면, 과연 효용이나 취득으로 귀결되지 않는 순수한 증여가 있을 수 있을까?

로빈슨 크루소의 사치 다시 읽기

## 포틀라치에 대한 긍정적 해석

### 원탁의 기사가 평등의 상징이라고?

포틀라치에 대해서는 상반된 두 가지 해석이 가능하다. 하나는 남을 지배하기 위한 위세의 수단이므로 결코 순수하지 않은 증여행위라는 것이고, 다른 하나는 이해타산을 따지지 않고 타인에게 아낌없이 주는 후한 마음씨라는 것이다.

브리타니아의 전설 '원탁의 기사' 이야기에는 포틀라치의 기본 정신과 유사한 매우 감동적인 이야기가 있다. 포틀라치에 대한 긍정적인 해석의 원형이라 할 만하다.

아서 왕의 기사들은 치사한 질투 때문에 어리석은 싸움을 자주 벌였다. 결투와 살인이 성대한 향연을 피로 물들인 적이 한두 번이 아니었다. 어느 날 콘월의 한 목수가 왕에게 와 이렇게 말했다.

"제가 매우 훌륭한 식탁을 만들어 드리겠습니다. 그 식탁에는 1,600명 이상이 동시에 빙 둘러앉을 수 있기 때문에 제외되는 사람은 아무도 없습니다. 어떤 기사도 싸움을 일으키지 않을 것입니다. 왜냐하면 그 식탁에는 높은 자리도 낮은 자리도 없기 때문입니다."

그리고 목수는 자기가 말한 대로 거대한 원탁을 만들어 왔다. 이후 아서 왕이 그 원탁을 가져가는 곳 어디에서나 그의 훌륭한 원탁기사단은 화기애애했고 용맹하여 무적이었다.

식탁에 높은 자리도 낮은 자리도 없기는 하지만 왕과 가까운 자리나 먼 자리는 있다. 아서 왕으로부터 300명쯤 멀리 떨어져 앉아 있는 사람이 왕 바로 옆 자리에 앉아 있는 사람과 지위가 같은 수는 없을 것이다. 원탁의 기사 신화의 허구가 바로 여기에 있다.

내가 어릴 때 재미있게 읽었던 엑토르 말로의 청소년 소설 『집 없는 소녀(En famille)』에도 포틀라치 정신으로 해석될 수 있는 부분이 있다. 『집 없는 천사(Sans famille)』의 소녀판인 이 소설은 가난한 소녀 페린이 자기 아버지와 절연한 부자 할아버지를 찾아가 자기 신분을 밝히지 않은 채 할아버지의 회사를 도우며 그의 냉혹한 마음을 돌려 놓는다는 이야기다.

1893년에 출간된 이 청소년 소설에는 40여 년 뒤에 나올 『증여론』의 한 부분을 연상시키는 장면이 있다.

큰 방직공장을 운영하는 할아버지는 근로자들에게 일한 만큼 보수를 주고 그들을 공정하게 대하는 사람이지만 그 이상의 것은 전혀 없이 냉정하기 짝이 없다. 근로자들 중에 무슨 일이 생겨도 가서 위로해 주거나 물질적인 도움을 주는 적이 없다. 그들이 먹고사는 것은 자신이 그들에게 일자리를 준 덕분인데, 그 외에 무엇을 더 해 주어야 하느냐고 생각하는 사람이다. 당연히 근로자들도 사장에 대해 냉정하게 생각한다. 결혼 문제로 연을 끊었던 아들이 먼 나라에서 살다 죽었다는 소식을 접한 할아버지는 슬픔에 빠져 대대적인 장례

『집 없는 소녀』(인화출판사, 1954).

식을 거행했지만 단 한 명의 근로자도 오지 않았다.

어느 날 탁아소에 불이 나 공장 근로자의 아이들이 많이 죽었을 때 할아버지는 그들의 장례식에 가는 것을 거부한다. "그들도 내 아들 장례식에 오지 않았는데…"라는 것이 할아버지의 불참 이유였다. 그러나 "사장님도 그들의 장례식에 한 번도 안 가셨잖아요. 그러니까 그들도 오지 않은 거죠"라는 페린의 말에 할아버지는 뭔가를 깨닫는다. 할아버지는 차츰 근로자들에게 애정을 갖고 그들을 배려하는 사람으로 변모해 간다.

이 소설이 출간된 1893년 프랑스에서는 방직공업이 산업혁명을 선도하며 한창 근대화가 진행되고 있었다. 40여 년 뒤인 1930년대에 출간된 『증여론』에서 마르셀 모스는 이 청소년 소설의 한 구절을 그대로 베낀 듯 다음과 같이 쓰고 있다.

우리는 자본가들이 피고용자들로 하여금 자신들에게 애정을 갖게 하려고 노력하는 것을 본다. 노동자들의 노동은 자기 자신을 위한 것일 뿐만 아니라 다른 사람을 위한 것이기도 한데, 이 성실한 노동이 평생 동안 정당하게 보답받는다는 것을 확신시키는 것보다 사람을 더 잘 일하게 하는 방법은 없다. 생산자이며 교환자인 근로자는 자신이 생산에 투입한 노동 시간보다 더 많은 어떤 것, 즉 자신의 생명을 바쳤다고 느낀다. 그러한 노동자들에게 합당한 보상을 하지 않으면 그들은 열심히 일하지 않게 될 것이므로 결국 생산성이 떨어진다.

이어지는 구절에서 우리는 현대의 사회보장법이나 국가사회주의의 원형을 본다.

노동자는 한편으로는 공동체에, 다른 한편으로는 고용주에게 자신의 생명과 노고를 바친다. 그의 노동으로 이익을 본 자들은 단순히 임금을 지불하는 것만으로는 노동자에게 진 빚을 갚지 못한다. 따라서 공동체를 대표하는 국가는 고용주와 함께 노동자의 실업, 질

로빈슨 크루소의 사치 다시 읽기

병, 노령화 및 사망에 대한 일정한 생활보장을 그들에게 해 주어야 한다.

노동사가 공동체와 고용주에게 자신의 생명과 노고를 바친다는 것은 매우 사회주의적 관점이다. 노동자는 철두철미 자신의 생계를 위해, 그리고 자신의 이익을 위해 노동을 할 뿐이다. 그렇다고 해서 그것이 도덕에 어긋나거나 공동체의 이익에 반하는 것도 전혀 아니다. 애덤 스미스의 말대로 그가 자신의 이익에 충실하게 열심히 일을 하면 할수록 공동체도 발전하는 것이기 때문이다.

자유주의 경제학의 통찰은 좀 부족하지만, 마르셀 모스의 메시지는 분명 따뜻하고 인간적이다. 한 가족, 한 개인 혹은 한 계급은 얼마든지 부유해질 수 있지만 그것이 곧 행복을 의미하는 것은 아니고, 원탁의 기사들처럼 공동의 부 주위에 앉을 수 있을 때 그들은 진정 행복해진다는 것이다. 이것이 낭비의 진정한 의미라고 그는 말한다. 따라서 낭비 없는 합리적 지출만이 능사가 아니다. 푸짐한 잔치로 사람들에게 베풀고 사심 없는 선물로 사람들의 마음을 어루만져 주는 것은 생산과 직접 연관이 없는 낭비이지만, 그러나 이 낭비가 인간을 인간답게 해 주고 평화스러운 공동체를 만들어 준다는 것이다.

우리는 낭비를 죄악시하지만 일절 소비나 낭비가 없는 수도승의 생활도, 셰익스피어의 『베니스의 상인』에 나오는 냉혹한 유대인 고리대금업자 샤일록의 생활도 결코 바람직하지 않다. 마르셀 모스가 "우리는 옛날의 기본적인 것으로 돌아가지 않으면 안 된다"고 말할 때, 그것은 남들에게 베푸는 즐거움, 주는 즐거움, 후하고 풍류가 있는 지출의 즐거움, 환대의 기쁨으로 빛나는 사적인 혹은 공적인 축제의 즐거움으로 돌아가자는 이야기다.

## 선물, 너무 나쁘게 생각하는 것 아냐?

모든 인간관계를 계약에 근거하고 있는 서양인의 메마른 사고와는 달리 아낌없이 베푸는 것에 익숙한 한국인의 전통적 사고방식은 모든 증여가 순수하지 않다는 가설에 불편함을 느낄 수도 있겠다. 『증여론』의 저자인 모스도 마음이 편치 않았던지 책의 끝 부분에서 "후하게 주고받는 증여를 통해 사람들이 서로 살육하지 않고 서로를 희생시키지 않았던 그 원시 부족들의 관행을 문명화된 현대 세계의 계급이나 국가 혹은 개인들도 닮아야 할 것이다"라는 윤리적 교훈으로 결론을 맺고 있다.

사실 냉철하게 분석하면 그렇다는 것이지, 타인에 대한 모든 배려와 후의(厚意)를 위선이나 부도덕으로 몰아붙이는 것은 학문의 지나친 위악이요, 식자우환(識字憂患)일는지 모르겠다. 우리도 옛날에는 지나가는 손님에게 아낌없이 밥상을 차려 환대했던 풍습이 있었으며, 이웃 간에 서로 음식을 교환하고 따뜻한 인정을 나누며 살던 시절이 있

로빈슨 크루소의 사치 다시 읽기

었다. 비록 위선이라 하더라도 모든 사람들이 경쟁적으로 상대방에 대한 배려를 아끼지 않는 사회는 참으로 살기 좋은 이상적인 사회일 것이다. 급부와 반대급부의 냉정한 규칙과 논리에 대한 명징한 분석에 감탄하지만, 동시에 우리는 그 옛날의 풍성함과 후함에 노스탤지어를 갖고 있는 것도 사실이다.

공짜 선물은 없다는 모스의 가설에서 뭔가 속마음을 들킨 듯 민망함과 불편함을 느끼지만, 그러나 우리는 또 한편 이 모든 냉정한 계산에도 불구하고 끝내 딱 떨어지지 않는 나눗셈처럼 영원히 마음속에 남아 있는 애잔한 잔여물을 확인한다. 돌아가신 부모에 대한 아련한 그리움 혹은 내 아이들에 대한 애틋한 사랑은 모든 급부와 반대급부 이론을 초월한다. 세상에는 당연히 계산을 초월한 절대적 선물도 있는 것이다.

# 02

# 소비의
# 효용

## 국가가 마구 돈 나눠주면 안 돼요

낭비는 따뜻한 인간관계를 만들어 준다. 거기에 더하여 경제적인 효용도 가지고 있다. 낭비 자체가 한 사회의 경제를 성장시키는 동력이다. 갤브레이스(John Kenneth Galbraith, 1908~2006)도 "소비하도록 동기를 유발시킴으로써 그들(푸에르토리코인들)은 과거의 수동적이고 열의 없는 상태에서 근대적인 노동력이 되었다"라고 썼다. 시장경제를 비판하기 위해 냉소적으로 한 말이지만, 우리는 여기서 역설적으로 소비가 노동력과 직결된다는 개념을 끌어낼 수 있다.

산업사회 태동기에는 노동자가 근면하게 노동해야 물건이 생산되었지만, 현대에 와서는 소비자가 열심히 소비해야 물건이 생산된다. 소비가 생산의 견인차가 된 것이다. '소비가 미덕'이라는 현대의 금언은 이렇게 해서 나왔다. 그렇다면 생산자만 생산자인 것이 아니라 소비자 또한 생산자이고, 소비는 새로운 노동력이다. 이런 관점에서 소비는 사적인 영역이 아니라 시민으로서의 반(半)강제적인 의무가 된다.

1958년 아이젠하워는 경기 진작을 위한 세금 감면 정책을 펼치면서 다음과 같이 말했다.

"자유 사회에서 정부는 개인 및 사적(私的) 집단의 노력을 고취할 때 경제 성장을 가장 잘 장려하는 것이 된다. 돈은 국가에 의해 사용되는 것보다 세금의 부담으로부터 해방된 납세자에 의해 사용되는 것이 더 효율적이다."

마치 소비가 세금을 대신하기라도 한다는 듯한 어조다. 레이건에서 부시에 이르기까지 부자들의 세금 감면을 통해 경제를 활성화시키는 경제 정책은 이미 아이젠하워 때부터 시작되었다.

대통령의 말을 지지하며 당시의 〈타임〉지는 이렇게 썼다.

"국고로부터 90억 달러를 돌려받은 소비자들은 200만 개의 소매점으로 풍요로움을 구하러 쇄도하였다. (…) 선풍기를 에어컨으로 바꾸면 자신들의 힘으로 경제를 성장시키는 것임을 그들은 이해하였다. 500만 대의 소형 텔레비전과 150만 대의 미트 커터 등을 구입함으로써 그들은 1954년의 붐을 보증하였다."

로빈슨 크루소의 사치 다시 읽기

소비가 경제를 성장시키는 힘이라고 간결하게 결론을 내고 있는 것이다.

역시 1950년대에 영화관의 광고 영화를 홍보하는 한 선전물에는 다음과 같이 씌어 있다.

"대형 스크린 덕분에 영화관은 당신 회사 제품의 색, 형태, 포장을 있는 그대로 보여 줄 수 있다. 광고 부서가 있는 2,500개의 극장에는 매주 350만 명의 관객이 들어온다. 그들의 67퍼센트는 15세 이상에서 35세 이하다. 그들은 욕구에 가득 찬 소비자들로서 쇼핑하기를 원하며 또 쇼핑할 능력이 있다."

쇼핑과, 그리고 쇼핑을 자극하는 광고가 생산성을 높이고 경제를 발전시킨다는 얘기다.

마침내 엔지니어인 프레드릭 화이트(Frederic Methven Whyte)는 "절약은 반(反) 미국적이다"라고 말하기에 이른다. 미국인의 정체성은 소비하는 인간이고, 소비하지 않으면 반 미국적이라는 것이다.


## 피케티 현상

보드리야르는 『소비의 사회』에서 아이젠하워의 말을 인용하며 그의 경제 정책을 야유하고 조롱했다. 그러나 소비가 경제 발전의 동력이라는 것은 누구도 부인할 수 없는 사실이다. 그것은 '프리드먼 비율

(Friedman ratio)' 이론으로도 확인된다. 국내총생산(GDP) 가운데 정부 지출이 차지하는 비율이 높을수록 실질경제성장률은 하락한다는 것이 프리드먼 비율이다. 소비 부진 때문에 10년간 불황을 겪었던 일본인들이 2000년대 초 활력에 넘쳐 백화점에서 쇼핑하는 한국 소비자들의 모습을 텔레비전으로 보며 부러워했다는 이야기가 그것을 밑받침해 준다. 저축이 미덕이기는 하지만 동시에 '소비 또한 미덕'이다. 양극화 해소를 위해 법인세를 올리고, 부자들로부터 세금을 더 걷어들여 국민들에게 돈을 직접 나눠주겠다는 우리나라 좌파 정권의 생각은 그런 점에서 매우 시대착오적이다.

한국의 좌파 정치가나 학자들은 베블런-갤브레이스로 이어지는 반(反) 자유주의적 경제의 신봉자들이다. 그들은 "빈곤층이 점점 더 공정한 경쟁의 장에서 밀려나 미국은 부자들만의 민주주의 국가가 되어 가고 있다"는 갤브레이스의 말(『풍요한 사회』)이나 자본주의 때문에 양극화가 심화됐다는 토마 피케티의 말에 특히 매혹되어 있다.

토마 피케티는 자본소득이 증가하면 소득불평등이 심화되어 일부 재벌만 점점 더 부자가 되고 가난한 사람은 점점 더 가난해진다고 『21세기 자본』(2014)에서 주장했다. 그래서 부의 대물림을 막기 위해 누진세 제도와 국제적 부유세를 도입해야 한다고 주장한다. 그의 조사에 의하면 1950년에서 1990년 사이 미국의 1인당 소득성장률이 연간 2.2퍼센트였는데 2000년대에는 1.1퍼센트로 떨어졌다. 그런데 1990년에 100명 정도였던 억만장자가 오늘날에는 600명 정도가 되

로빈슨 크루소의 사치 다시 읽기

었다. 그래서 그는 레이건 이래 미국을 지배하고 있는 자유시장 자본주의의 형태가 개혁되어야 한다고 주장한다. 레이거노믹스 이래 성장률은 반토막이 나고 불평등률은 두 배로 늘어났다는 것이다.

이론적 논증과 경험적 데이터들로 800페이지를 가득 채운 『21세기 자본』은 경제학자만이 아니라 일반인들에게도 엄청나게 팔렸다. 미국에서 200만 부 이상 나가 본국인 프랑스에서보다 훨씬 더 많이 팔렸다. 그러나 사 놓고 아무도 읽지 않는 스티븐 호킹의 『시간의 역사(The Brief History of Time)』처럼 피케티의 책도 출판 다음해인 2015년에 이미 독자들의 관심에서 사라졌다. 마르크스주의 이론가들조차 토마 피케티의 방안들이 순진하고 심지어 공상적이기까지 하다고 비판했다. 6년이 지난 2020년 그는 1,200페이지짜리 대작 『자본과 이데올로기』를 다시 내놓았지만 이번에는 별 주목을 받지 못했다.

첫 책에서도 두 번째 책에서도 그는 자본주의 타도를 외치지는 않았다. 대다수의 민중이 사회주의를 원치 않고 다만 자본주의를 개선하기를 원한다는 이유에서다. 그는 자본주의 모순의 해결책으로 200만 유로 이상의 재산을 가진 부자들에게 5퍼센트의 부유세, 20억 유로 이상의 부자들에게는 90퍼센트에 해당하는 부유세를 물려야 한다고 주장했다. 그리하여 더 이상 억만장자가 존재하지 않도록 하고, 25세 이상의 시민들에게는 약 12만 유로(1억 6천만 원)의 신탁자금을 주자고 제안한다. 그러나 부유세가 과도하면 부자와 기업이 해외로 도피하고, 그로 인한 투자·고용의 부진으로 저소득층에 피해가 돌아가게 마련이다. 실제 프랑스는 사회당 정부에서 부유세 도입을 강행하다 경기 침체를 불렀고, 그로 인해 선거에서 패배했다.

이에 대해 피케티가 내놓은 방법은 여러 나라가 모두 똑같이 '국적 이탈세(exit tax)'를 도입하자는 것이다. 부자가 다른 나라로 도망가려 해도 그 나라에서 역시 세금을 많이 물어야 하므로 더 이상 도망갈 수 없다는 것이다. 모든 나라가 '세금 담합'을 해야 한다는 얘긴데, 너무 허황돼 실소를 자아낼 뿐이다. 각 나라는 자기들의 사정이 있다. 어느 나라는 좌파 정권이어서 이에 동조할 수 있고, 또 어느 나라는 자유시장경제를 옹호하는 보수 정권이어서 이런 제안을 거부할 수 있다. 한 나라 안에서도 불과 2~3개 기업이 가격 담합을 하지 못하는 경우가 허다하다. 그런데 모든 나라들이 세제 통일을 하자고? 초기 유토피아 사상가들의 생각만큼이나 비현실적이고 순진하다.

시장경제 자본주의만이 경제를 발전시키고, 발전된 경제만이 사회적 약자들의 소득을 올려 준다는 것이 명약관화한 진리로 살아남았을 뿐이다.


## 코로나와 소비 이론

처음엔 별것 아닌 듯이 시작하여 마침내 전 세계를 강타한 코로나 바이러스, 이후 어떤 세계가 전개될는지는 아무도 예측할 수 없다. 우

로빈슨 크루소의 사치 다시 읽기

선 떠오른 현상은, 신자유주의와 자유시장경제 이념이 위축되고, 정부가 복지에 주력해야 한다는 '큰 정부'론이 다시 큰소리를 내기 시작했다는 점이다.

노벨 경제학상 수상자인 폴 크루그먼은 코로나가 창궐한 2020년이 레이거니즘 종말의 원년이라고 〈뉴욕 타임스〉 기고문에 썼다. 레이거니즘이란 1980년대 미국의 레이건 대통령이 실시했던 신자유주의 경제 정책을 말한다. 정부 지출은 줄이고, 자본 소득세는 낮추고, 정부 규제는 축소하고, 화폐 공급량을 조절했다. 이런 시장경제 정책으로 경제를 활성화시키고 기업가 혁명을 이루어 냈다. 부자들의 세금을 감면해 주니까 부자들이 돈을 더 많이 썼고, 그들이 쓴 돈은 마치 위에 가득찬 물이 아래로 흘러내리듯 가난한 계층에까지 혜택을 준 것이다. 소위 '트리클다운(trickle-down)', 낙수(落水)효과다. 가난한 사람들을 직접 돕겠다고 부자들로부터 세금을 많이 걷고 기업에 온갖 규제를 가하면 경제가 위축이 돼 가난한 사람들은 더 가난해지지만, 부자를 더 부자로 만들면 잔에 가득 찬 물이 넘치듯 부가 넘쳐흘러 가난한 사람들도 소득이 높아지게 된다는 것이다. 그러니까 가난한 사람들을 직접 도와주는 정책은 언제나 반대의 결과를 가져온다. 레이건의 다음과 같은 농담은 바로 그런 의미다. 그는 "'공직자인 나의 역할은 사람들을 돕는 것이다(I'm from the government, and I'm here to help)'라는 말이야말로 영어 문장 중에서 제일 끔찍한 영어"라고 했다.

그러나 좌파 경제학자인 폴 크루그먼은 트리클다운 이론을 아이티
나 뉴올리언스 토착민들의 원시 종교인 부두(voodoo)에 빗대며 조롱
했다. 자유시장주의자들은 감세를 마법의 힘으로 착각하고 있다는 것이
이다. 하지만 코로나 이후에는 공화당원을 제외하고는 그 누구도 더
이상 이런 주장을 믿지 않는다고 그는 기세 좋게 말했다. 트리클다운
이론과는 달리 2020년에 정부는 국민들을 직접 도왔는데, 그것은 가
난한 사람들을 더 가난하게 만드는 반대 효과를 내기는커녕 저소득
계층의 생활 향상에 큰 도움이 되었다는 것이다.

　　2020년 12월 〈뉴욕 타임스〉에 실린 그의 기고문을 직접 소개해 본
다.

　　물론 팬데믹 와중에서도 낙수효과 정책을 주창한 사람들이 있었
다. 트럼프는 끊임없이 소득세 삭감을 밀어붙였고, 그것은 글자 그
대로 실업자들에게 아무런 도움도 되지 못했다. 새로운 경기 부양책
중의 하나는 기업들의 식탁에서 수십억 달러의 세금을 감면해 주는
것이었다. 마치 마티니 석 잔의 점심식사가 팬데믹 불경기의 해결책
이라도 된다는 듯이.

　　저소득 계층을 돕는 것에 대한 레이건 식의 적대감은 여전히 대세
를 점하고 있다. 그들은 증거를 밝히지 않는 채, 실직 노동자들에 대
한 지원이 실제로는 고용을 불안하게 만들고, 노동자들로 하여금 구
직을 거부하게 만든다고 주장한다.

그러나 치명적인 바이러스로 인한 전국 규모의 강제적 록다운(봉쇄)으로 타격을 입은 저소득층들에게 미국의 경제 정책은 상당히 효과적인 지원을 했다. 실직자 구호와 영세 업체에 대한 금융 지원은 고통을 완화하는 데 도움이 되었다. 대부분의 성인들에게 직접 보내진 수표는, 물론 타깃을 제대로 잡은 정책이라고는 할 수 없지만, 개인의 소득을 올리는 데에는 기여했다. 결국 큰 정부 개입(big-government intervention)은 효과를 보았다. 2,200만 개의 일자리가 날아갔음에도 빈곤지수는 상당히 떨어졌다. 정부는 도울 자세가 되어 있었고(the government was there to help), 실제로 그것은 효과가 있었다.

이어서 그는 정부 개입은 코로나 사태 때만이 아니라 코로나가 끝나더라도 계속되어야 한다고 주장했다.

2020년의 저소득층 지원은 전 국민이 백신을 맞더라도 앞으로 계속되어야 한다. 우리가 지난봄에 배운 교훈은 적정하게 집행된 정부 정책이 가난을 줄이는 데 큰 기여를 했다는 것이다. 팬데믹이 끝났다고 해서 왜 그 교훈을 잊어야 하는가?

레이거니즘은 2020년에 끝났지만, 우범자(usual suspects)가 어디 가겠는가. 아마 그들은 여전히 평소의 주장을 해 댈 것이다. 세금 감면은 기적을 가져오고, 복지국가는 악이라는 이야기만 우리는 계속

해서 듣게 될 것이다. 하지만 실업자와 빈곤층에 대한 지원을 반대하는 이런 이론에는 아무런 증거가 없다. 오로지 선민주의와 인종주의적 적대감만이 있을 뿐이다. 부두 경제는 세금 감면을 노리는 억만장자들에게만 유용한 이론이다.

레이거니즘은 아직 창밖에서 떠돌고 있지만, 그러나 이제 그것은 좀비가 되었을 뿐이다. 그 좀비들은 여기저기 떠돌며 정치인의 뇌를 먹고 있다. 그러나 현실과 조우하는 순간 그것은 단숨에 죽음을 맞이하게 될 것이다.


폴 크루그먼의 예상대로 자유시장경제가 좀비화할 것인가? 절대로 그렇지는 않을 것이다. 코로나19 팬데믹이 전 세계 좌파 성향 정치인들을 잠시 동안 기고만장하게 해 준 건 사실이다. 그러나 그것은 어디까지나 일시적인 현상일 것이다. 2020년 총선에서 대대적으로 승리했던 더불어민주당이 2021년 4월 재보선에서 참패를 했듯이.

로빈슨 크루소의 사치 다시 읽기

# Ⅱ 현대의 소비

# 01

## 현대의
## 영웅

소비에 대해 증여, 풍성함, 환대, 베풀기 등의 목가적인 수식어를 붙이던 시대와 소비를 가혹하게 비판하는 시대가 서로 교대된다. 앙리 르페브르나 보드리야르 등의 좌파 이론가들은 소비를 가혹하게 비판하며, 거기에서 자본주의 체제의 모순을 본다. 소비를 위세 과시용으로 보는 점에서는 베블런이나 갤브레이스를 계승하고 있다. 다만 소비를 구조언어학적 방식으로 분석하는 것이 다르다.

소비의 정의는 '재화의 효용의 소멸'이다. 어려운 말 같지만 쉬운 말이다. 치약은 하나의 재화다. 우리는 이를 닦기 위해 치약을 사용한다. 그것이 치약의 효용이다. 그런데 매일 치약을 짜내 쓰다 보면 치약이 다 없어져 더 이상 그것으로 이를 닦을 수가 없다. 다시 말하면 치약의 효용이 소멸되었다. 이때 우리는 "치약을 다 소비했다"고 말한다.

그렇다면 소비의 극단적 형태는 재화의 낭비 혹은 파괴다. 우리는 그것을 인디언 사회의 축제인 포틀라치에서 볼 수 있었다. 포틀라치가 인류의 원형적 소비 형태라는 모스의 이론을 증명하기라도 하듯 우리 시대는 엄청나게 재화를 낭비하고 있다. 소반 위에 찬이 세 가지를 넘지 않도록 하고 무명옷 하나가 다 떨어질 때까지 입으며 청렴을 최고의 가치로 찬양하던 조선시대의 검약정신은 이제 박물관에나 들어갈 구시대의 덕목일 뿐이다. 오늘날에는 도처의 모든 것이 낭비다. 식당에서는 손님들이 반쯤 남긴 음식이 그냥 쓰레기로 나가고, 시장과 백화점에 쌓인 무수한 옷들은 우리가 더 이상 옷이 해져 새 옷을 사는 시대에 살고 있지 않음을 증명해 준다. 코로나 사태로 배달 사업이 번창하고 있는데, 그 편의성만 찬양할 뿐 거기서 나오는 엄청난 플라스틱 쓰레기에 대해서는 그 누구도 말을 하지 않는다.

재화의 낭비가 낭비하는 사람에게 특권과 위세를 가져다준다는 모스의 이론을 증명하기라도 하듯 오늘날 영웅의 기준은 낭비의 스케일이다. 해외 연예계나 스포츠의 영웅들 그리고 거부들의 엄청난 지출의 사례를 우리는 온갖 미디어에서 심심치 않게 접할 수 있다.

포틀라치의 현대적 버전은 세계적 부자들의 미친 듯한 낭비다. 영웅의 이미지는 시대마다 다른데, 고대의 영웅이 오디세우스나 아이아스처럼 전쟁에서 싸우는 전사였다면 현대의 영웅은 일반인들이 상상

로빈슨 크루소의 사치 다시 읽기

도 못 하는 과시적 소비의 주인공들이다. 빌 게이츠와 타이거 우즈의 엄청나게 큰 저택이 그렇고, 한 억만장자 부동산 재벌의 호화 결혼식이 그러하다.


## 빌 게이츠의 집 살짝 구경하기

2006년 4월, 미국을 방문한 후진타오(胡錦濤) 중국 국가주석이 백악관보다 먼저 방문한 시애틀의 빌 게이츠 마이크로소프트 회장 집 '재너두(Xanadu) 2.0'은 향후 5~10년 안에 상용화될 최첨단 시설들과 가구들로 꾸며진 미래저택이다. 1988년에 200만 달러(약 21억 원)에 구입해 7년간 6천만 달러(약 639억 원)를 더 들여 워싱턴 호숫가에 완성한 집은 대지 5에이커(6,121평)에 건평 1,855평으로 축구장보다도 크다. 침실 7개, 욕실 24개, 식당 6개, 벽난로 6개가 있고 길이 18미터의 수영장, 극장, 비밀서가 2개가 포함된 도서관, 약 100평 크기의 식당, 회의실, 집무실, 야외 운동시설, 체육관 등의 부대시설이 있다. 집의 1년 관리비는 우리 돈으로 10억 원 이상이고, 집의 관리를 위해 고용된 사람은 300명, 전기기술자만 100명이다. 집안에 깔린 통신 케이블 길이만 78킬로미터다. 집안의 모든 바닥에 센서가 설치되어 있어서 방문객의 위치를 15센티미터 이내에서 추적할 수 있고, 목욕탕 물은 빌 게이츠가 들어오는 시각에 맞춰 정확한 온도로 가득 채워진다.

거실 벽은 수족관처럼 보이지만 사실은 3D 입체 벽으로 그림이 수시로 바뀐다. 노래를 듣고 싶으면 사람이 움직이는 대로 노래가 따라다녀, 바깥에 있는 수영장 안에서까지 노래를 들을 수 있다. 정원의 모든 나무도 컴퓨터로 관리되어 건조하면 즉각 정확한 양의 물이 공급된다.

이렇게 화려한 집도 소용없나 보다. 부부가 함께 자선재단을 운영하며 모범적인 부부상을 보여 주었는데 2021년 5월 이혼을 발표하여 전 세계 사람들을 놀라게 했다. 우리 돈 146조 원에 달하는 재산이 어떻게 분할되는지에 사람들의 관심이 모아지고 있다.

마이크로소프트를 창업한 빌 게이츠는 컴퓨터 천재가 유능한 기업가로 변신하여 재벌이 될 수 있다는 것을 처음으로 보여 준 기업가였다. 그 이후로 스티브 잡스, 마크 저커버그 등의 테크 기업 총수들이 나왔고, 한국에서도 네이버, 넥슨 등 창업자의 예가 뒤따르고 있다.


## 트럼프의 결혼식, 나중에 대통령 될 줄 몰랐네

초판이 나온 지 15년이 지났으므로 업데이트를 위해 찬찬히 다시 읽던 중, 한 억만장자 부동산 재벌의 결혼식을 호화 결혼식의 예로 인용한 것을 발견했다. 그 부동산 재벌은 나중에 대통령이 되고 탄핵 운운으로 미국의 정가를 시끄럽게 했던 트럼프였다. 책이 나올 당시 나는 당연히 트럼프가 누군지 몰랐다. 초판의 트럼프 부분은 다음과 같다.

억만장자 부동산 재벌 도널드 트럼프(58세)와 속옷 모델 멜라니아 크나우스(34세)의 결혼식이 2005년 2월 팜비치에 있는 그의 저택에서 열렸다. 유럽의 왕족과 할리우드의 유명 배우들, 팜비치 지역 갑부, 루돌프 줄리아니 전 뉴욕시장과 조지 파타키 뉴욕주지사, 힐러리 클린턴 뉴욕주 상원의원 등 400여 명의 명사가 모였다.

크리스찬 디오르가 디자인한 신부 드레스는 가격이 약 20만 달러(약 2억 1천만 원)로 알려졌다. 90미터의 공단이 들었으며 바닥에 끌리는 자락만 4미터여서 옷 무게가 23킬로그램이나 된다. 총 550시간의 작업 끝에 완성되었다고 한다. 다이아몬드가 촘촘히 박힌 결혼반지는 150만 달러(약 15억 7,500만 원)짜리.

트럼프의 팜비치 저택인 마라라고(Mar-a-Lago)의 연회장은 결혼식 피로연을 위해 4,200만 달러(약 441억 원)를 들여 새롭게 단장되었다. 피로연장 바닥은 대리석이고, 천장에는 24K 금형 크리스털 샹들리에가 달려 있다. 피로연 요리는 뉴욕의 특급 요리사인 장조지 본제리텐(Jean-Georges Vongerichten)이 직접 만들었다.

그야말로 현대판 신데렐라 이야기다. 빌 게이츠건 타이거 우즈건 트럼프건, 이 이야기들의 공통점은 주인공들이 엄청나게 많은 돈을 쓸데없이 낭비하고 있다는 사실이다. 부부와 두세 명의 자녀가 사는 집이 1,800평씩이나 될 이유가 무엇이며, 한 번 입고 벗어 버릴 신부 드레스가 수억 원이 될 이유는 무엇인가? 그러나 우리는 이들의 이야기를 아무런 부담 없이 감탄하며 읽는다. 가까운 이웃의 별로 많지 않은 부에 대해서는 가혹하게 비판하고 시기하지만 우리와 거리가 먼 곳의 엄청난 낭비의 이야기는 재미있게 읽는다. 왜냐하면 그것은 동화 속처럼 완전히 현실감이 없는 환상의 나라이기 때문이다.

이 동화 속 영웅들의 공통점은 '낭비'다. 우리의 흥미를 돋우는 것은 언제나 그들의 지나친 사치이고 엄청난 지출의 잠재능력이다. 현대의 포틀라치라고 말할 수도 있겠다. 원시 부족의 추장처럼, 혹은 왕조시대의 귀족들처럼 그들은 사치에 쓸데없이 과도한 지출을 한다. 그렇게 함으로써 그들은 정확하게 그들의 사회적 기능을 수행하고 있는 것이다.

이런 기사들이 독자들에 의해 잘 '소비'되는 현상이야말로 낭비에 대한 현대인들의 감탄과 존경심을 증명해 준다. 포틀라치의 관습에서 가장 물건을 많이 낭비한 사람이 가장 힘있는 추장이듯이 현대의 영웅은 사치에 가장 많은 돈을 낭비하는 사람이다. 전통사회에서는 성자나 역사적인 인물들이 영웅이었고, 근대 이후에는 스스로의 힘으로 성공한 사람, 거대 기업의 창업자, 개척자, 탐험가 등이 영웅이었다면, 오늘날의 영웅은 역설적으로 낭비를 많이 하는 사람들이다. 낭비를 많이 하면 할수록 영웅이 된다.

　　　　　　　　　　로빈슨 크루소의 사치 다시 읽기

다락방 창문에 예쁜 제라늄 화분이 있는 집이라고 말하면 별다른 감동이 없다가 엄청나게 비싼 집값을 말하면 그제야 "아! 굉장히 예쁜 집이구나!"라며 감탄하는 『어린 왕자』의 어른들처럼 현대인들은 유명 연예인이 약혼자에게 얼마짜리 다이아몬드 반지를 선물했고 얼마짜리 호화주택을 구입했는가를 보고서야 그가 얼마나 대단한 영웅인지를 실감한다. 미국의 사회학자 리스먼과 모랭 그리고 프랑스의 사회학자 보드리야르가 현대의 영웅을 '대(大) 낭비가(grands gaspilleurs)'로 명명한 것은 포틀라치의 관습이 우리 시대에도 여전히 유효하다는 것을 일깨워 준다.

## 요즘 부자들은 돈 자랑하지 않아요

트럼프의 결혼식은 이미 구문(舊聞)이므로 오늘날의 생생한 사례들을 검색해 보기로 했다. 그리고 흥미로운 사실을 발견했다.

돈의 액수가 가장 크기로는 아마존 회장 제프 베이조스가 부인과 이혼(2019년 4월)할 때 위자료로 합의한 350억 달러(약 39조 8천억 원)다. 이것은 그때까지의 이혼 합의금 중에서 최고 액수라고 했다. 이전의 최고 기록은 예술작품 중개업자 알렉 와일든스타인이 부인 조슬린과 이혼할 때 건넨 38억 달러(약 4조 3천억 원)였다고 한다.

돈이 천문학적 숫자이기는 하지만 그건 숫자에 불과하여 독자들의 신데렐라 상상력을 자극하기는 역부족이다. 화려한 디테일이 빠져 있는 것이다.

그래서 이번에는 패리스 힐튼처럼 부잣집 딸로 온갖 사치와 기행(奇行)을 일삼아 세계 젊은이들의 주목을 받고 있는 킴 카다시안을 찾아보았다. 어린 시절부터 부유한 환경에서 자란 부잣집 딸이었고, 대부호 저택들이 즐비한 캘리포니아 베벌리 힐스에서 자랐으며, 16살 생일에 아버지 로버트 카다시안으로부터 BMW를 선물받았다고.

뭐 이 정도는 별것 아니고, 카니예 웨스트와의 세 번째 결혼식이 호화판이었겠지, 라고 생각하며 검색을 계속했다. 래퍼인 카니예 웨스트는 2020년에 1억 7천만 달러를 벌어 세계 고소득 셀럽 100인 중 2위에 오른 사람이다. 결과는 실망이었다. 눈이 번쩍 뜨이게 호화로운 예물이나 이벤트의 묘사는 찾아볼 수 없었다.

결론은, 이젠 부자들이 자신의 호화로운 생활을 공개하지 않는다는 것이다.

이 책 초판이 나온 것이 2006년, 스티브 잡스의 아이폰이 나오기 1년 전이다. 스마트폰이 나오고 트위터나 페이스북 같은 소셜 미디어가 고도로 발달하게 된 지난 15년간 세상은 이렇게 변했다. 글자 그대로 대중사회가 되었다. 소문은 실시간으로 빠르게 번져 가고 댓글은 점점 잔인해져 가는 시대에 부자들은 자신들을 보호하기 위해 더 이상 사치를 과시하지 않는다. 내가 기대를 갖고 찾아본 세계적 유명인들의 이벤트들은 모두 하나같이 '검소하게' 또는 '소박하게'가 키

로빈슨 크루소의 사치 다시 읽기

워드였다. 영국 왕실도 겸손하게 가난한 흑인 가정의 딸을 며느리로 맞았고, 어떤 톱 여배우는 작년 혹은 재작년에 입었던 드레스를 고쳐 입고 레드 카펫에 나왔고, 할리우드 배우들은 거의 모두가 유색인, 동성애자, 이민자, 가난한 사람 등 사회적 약자에게 공감한다는 이야기만 하고 있었다.

# 소비는
# 현대사회의
# 의무

## 소비하지 않으면 사회에서 쫓겨나

소비자는 힘이 넘치는 사람들이다. 그 힘이 생산으로 이어진다는 점에서 소비는 생산력, 노동력과 완전히 등가의 것이다. 19세기가 농촌 인구를 산업노동에 적합하게 만든 시대였다면, 20세기는 조직적인 소비를 위해 사람들을 훈련시킨 세기라고 말할 수도 있겠다. 19세기에 생산 영역에서 일어난 생산력의 합리화 과정이 20세기에는 소비 영역에서 일어났다.

프랑스의 사회학자 앙리 르페브르(Henri Lefebvre)에 의하면 현대사회는 사람들을 소비하도록 유도하는 관료주의적 사회(la société bureaucratique de consommation dirigée)다. 보드리야르도 현대인들의 소비는 누군가에 의해 조정되고, 강요되고, 교육되고, 자극받는 것이라고 했다.

이들은 소비자가 자신의 주체적 욕망에 의해서가 아니라 생산자의 광고와 선전 등에 의존하여 상품을 소비한다는 갤브레이스의 이론에 근본적으로 동의한다. 다만 갤브레이스가 기업을 비판하는 데 비해 르페브르나 보드리야르는 기업 너머의 더 큰 어떤 것을 지목하는 점이 다를 뿐이다. 사람들의 소비를 한 방향으로 끌고가는 주체를 그들은 '관료주의적 사회'라고 생각한다.

산업사회 초기에 노동이 사회적인 것으로 되었듯이 현대에 와서는 소비가 사회적인 것으로 되었다. 좀 더 전문적인 용어를 쓰자면, 대중을 노동력으로 사회화한 산업 체계는 더 나아가 그들을 소비력으로 사회화한다. 다시 말하면 사회가 대중을 관리하고 감시하고 통제한다는 의미다. 이제 사람들은 사회에 통합된 시민으로 살기 위해서는 반드시 소비를 해야만 한다. 2차대전 전의 소액저축자나 개인적 소비자는 자신이 소비를 하든 안 하든 자유로웠다. 그러나 현대의 체제 안에서 그런 사람들은 더 이상 발붙일 땅이 없다.

거지나 서울역의 노숙자 혹은 달동네 쪽방의 독거 노인을 생각해 보면 소비의 진정한 의미가 떠오른다. 노숙자나 독거 노인들은 정부나 구호기관에서 주는 음식이나 돈으로 최저한의 생계를 꾸려 갈 뿐 상점에 가서 돈을 주고 무엇을 사는 일이 없다. 다시 말해 그들은 소

로빈슨 크루소의 사치 다시 읽기

비하지 않는다. 그들이 우리 사회의 주변부 인간으로 밀려난 것은 돈이 없어서라기보다는—물론 돈이 없는 것이 그 이유이기는 하지만—소비하지 않기 때문이다. 아직 공부하는 학생이라면 소비의 의무에서 유보된 상태지만, 학교를 졸업했는데도 직업이 없어 백수 상태에 있는 성인은 사회의 아웃사이더가 된다. 그런데 그가 사회의 아웃사이더인 것은 돈을 벌지 못해서라기보다는 차라리 소비를 하지 못해서이다.

한 사회에 통합되었는지의 여부가 소비로 결정된다는 이 역설을 이해하려면 노인층을 관찰해 보는 것으로 충분하다. 평생 돈 벌어 가족을 부양한 퇴직 노인이 백화점 종업원에게 무시당하는 것은 그에게 돈이 없어서가 아니라 그가 더 이상 소비하지 않는 사람이기 때문이다. 우리가 활기차게 살면서 당당한 시민의 권리를 주장하려면 자주 장을 보고 가끔 백화점이나 몰에 가 쇼핑을 해야 한다. 소비하지 않으면 반사회적 존재가 될 위험이 있다.

과소비를 낙으로 삼던 미국의 한 커플이 『1년간 쇼핑 안 하기(Not Buying It: My Year Without Shopping)』라는 책을 써서 화제가 된 적이 있다. 쇼핑을 하지 않고 꼭 필요한 생필품만 구입하면서 1년간을 보내고 나니 친구가 보이고 삶이 행복해지더라는 내용이다. 그러나 이 이야기는 역설적으로 쇼핑이 현대인들에게 얼마나 큰 강박관념인지를 잘 보여 준다. 이 커플의 나이가 20대가 아니고 50대여서 이제 슬슬 소비의 재미에서 관심이 멀어질 나이라는 것도 책의 설득력을 떨어트린다.

　사람들이 쇼핑을 비판하는 것은 쇼핑이 곧 우리의 쾌락이라고 생각하기 때문이다. 쾌락에는 절제가 따라야 하는데, 사람들은 쇼핑이라는 욕구를 절제하지 못하고 쾌락에 빠져든다는 것이다. 하지만 소비가 시민의 의무이며 경제 발전의 원동력이라면 이제 소비는 더 이상 쾌락이 아니라 힘든 강제의 의무가 아닐까? 포틀라치의 관습에서 선물을 주고받는 것이 자발적인 행위가 아니라 엄격한 의무의 규칙을 따르는 것이었듯이 쇼핑도 우리의 욕구 대상이 아니고 즐거운 것도 아니며 오로지 사회에서 낙오되지 않기 위한 눈물겨운 의무의 수행일 뿐이다.

　갤브레이스는 1952년의 저서 『미국의 자본주의』에서 "개인이 산업 체제에 봉사하는 것은 그 체제에 자신의 저금을 바치고 자신의 자본을 제공함으로써가 아니라 그 제품을 소비함으로써이다"라고 말했다. 이어서 그는 "사회가 사람들에게 소비하도록 가르치는 방식은 너무나 완벽하고 지성적이고 가치로운 것이어서 그에 버금갈 그 어떤 종교적, 정치적, 도덕적 활동도 찾아보기 힘들 정도다"라고 빈정거렸다. 그의 기본적인 개념은 "광고가 소비자들의 욕구를 자극해 불필요한 상품을 소비하게 한다"는 것이다. 과연 광고를 통해 소비가 곧 행복이라고 강요하는 사회는 소비에 소극적인 사람들에게 "당신은 행복하지 않을 권리가 없다"고 친절하고도 간곡하게 상기시켜 준다. 소비사회는 소비를 학습시키는 사회다.

　　　　　　　　　　　　　　　　　로빈슨 크루소의 사치 다시 읽기

진정한 의미건 반어법적인 의미건 이제 소비는 거의 종교, 정치, 도덕의 반열에 올라섰다. 우리의 산업 체제는 노동자로서의 인간, 절약가로서의 인간을 필요로 하지만, 그보다 더 필요한 것이 소비자로서의 인간이다. 근대 이후 새롭게 발견되어 탄생한 '개인'에게 '대체 불가능한 개인'이라는 별명이 붙었던 것은 각각의 개인이 모두 소중하고 그 자체로 타인과 구별되는 가치를 지녔다는 의미였다. 그러나 오늘날의 개인은 오로지 소비자로서의 개인일 뿐이다.

소비를 강요하는 현대사회에서 사람들은 모두 자신의 잠재력, 자신의 능력을 최대한 동원하여 소비에 매진한다. 요리, 문화, 과학, 종교, 섹스 등에 대한 현대인의 과도한 호기심도 소비의 강박관념에서 나오는 것이다. 'Just do it!'이라는 나이키 광고는 모든 것을 시도해야 한다는 강박적 불안감을 잘 이용한 카피였다. 소비인간은 그것이 물건이건 스포츠건 문화 행사건 다른 사람들이 하는 무엇인가를 자기만 놓치고 있지 않은지 두려움을 가지고 있다. 소비의 대상이 정말로 자기에게 재미가 있는 것인지는 별로 중요하지 않다. 다시 말하면 소비 행위에서 문제가 되는 것은 더 이상 개인적인 욕망도 아니고 특정의 취미나 성향도 아니다. 그저 다른 사람들이 좋다고 하면 나도 따라서 소비해야 하는 것이다. 디지털 사회로 진입하면서 이런 강박증은 한층 심해졌다. 따돌림에 대한 공포를 의미하는 소위 포모(FOMO, fear of missing out) 증후군이다.

이렇게 소비는 사회적 노동이 되었다. 19세기의 마르크시즘이 생산

수단의 소유를 문제 삼았다면 21세기에 진입한 우리는 소비수단의 소유를 문제 삼아야 할 것이다.

로빈슨 크루소의 사치 다시 읽기

# 03

# 소비는
# 현대사회를 읽는
# 가장 중요한 키워드

황우석을 소비하고, 지성을 소비하고,
성을 소비하고, 권력을 소비하고…

우리는 음식물을 소비하고, 치약 같은 일상적 소비재를 소비하고, 옷을 소비하고, 냉장고나 자동차 같은 내구소비재를 소비한다. 한국어로는 소비(消費)와 소모(消耗)를 구분해 쓰지만 영어로는 똑같이 consume이다. 그러니까 음식물을 다 먹어치우거나 치약을 튜브에서 다 짜내 쓸 때까지의 과정이 소비다. 결국 소비란 사물의 파괴를 의미한다. 경제학 용어로 말해 보자면 소비란 재화의 효용을 소멸시키는 것이다. 치약이라는 재화의 효용은 이 닦기에 사용되는 것이고, 옷이라는 재화의 효용은 추위와 더위로부터 몸을 보호하는 것이다. 그런데 치약이 다 없어지고 옷감이 다 떨어졌다면 그것들이 가진 본래의 효용, 즉 이 닦기와 신체 보호라는 쓸모가 없어져 버린 것이다. 이렇듯 소비란 우리의 눈에 보이고 손으로 만져지는 실제 물건을 다 닳아 없어질 때까지 써 버린다는 의미다. 이것이 소비의 말뜻이라고 우리는 철석같이 믿고 있다. 한마디로 소비의 대상은 가시적(可視的)이고 구체적인 물건이어야 하는 것이다.

그런데 예컨대 영화평이나 인문학적 글쓰기에서는 흔히 소비라는 말이 전혀 물리적 사물을 지시하고 있지 않아 우리의 상식을 혼란스럽게 만든다.

황우석 파동이 일어났을 때 한 사회학자는 정치와 언론이 대중의 감수성을 자극해 황우석 신드롬을 만들어 냈다고 말한 후 "한마디로 한국적 대중사회가 과학 영웅으로서의 황 교수를 애국심과 인도주의의 코드에 입각해 생산하고 소비한 것이다"라고 썼다. 텔레비전 프로그램에서 주말의 영화를 소개하는 연예기자는 미국 배우가 왜 셰익스피어 배우가 될 수 없는지를 설명한 영화에 대해 "셰익스피어를 '지적(知的)인 소비'로 생각하는 현대인을 비웃는다"고 말했다. 또 한 신문의 연예 기사는 새로 개봉된 에로틱한 영화를 소개하며 "시간과 공간을 바꿔 이뤄진 두 번째 우연. 파주 헤이리에서 그날 오후 다시 마주친 두 사람은 이제 스스로의 체면을 무장해제하고, 본격적으로 서로의 성(性)을 소비하기 시작한다"라고 썼다. 어떤 정치학자는 독재 권

로빈슨 크루소의 사치 다시 읽기

력이 대중의 동의하에 유지된다는 이론을 말하며 "대중이 권력을 소비하는 방식"이라고 말하기도 했다.

이것들이 2006년대의 '소비' 활용법이었다면, 2021년이라고 해서 별반 다르지 않다. 트로트 트렌드를 소개하는 한 잡지의 기사는 "1년 동안 트로트 오디션과 음악 프로그램이 쏟아져 나오면서 트렌드의 소비가 가속화되었고, 새로움도 희석되었다. 한때 타 장르에 소외됐던 트로트가 이젠 거꾸로 다른 장르를 소외시키는 현상까지 생겨났다. 아쉽게도 트로트 트렌드는 현상에 머물면서 하나의 지속적 흐름을 형성하지 못하고 있다. 새로움은 빠르게 소비되었고, 이를 채워 줄 또 다른 새로움은 나타나지 않고 있다"라고 썼다.

우리는 물건을 소비하는 것이 아니라 황우석을 소비하고 지성을 소비하고, 성을 소비하고 권력을 소비하며, 트렌드를 소비하고 새로움을 소비하는 시대에 살고 있다. 그렇다면 '소비'라는 말에는 물건을 다 닳아 없어질 때까지 쓴다는 애초의 의미 말고 뭔가 다른 의미가 있음에 틀림없다. 우리 시대는 식료품 등을 소비하는 일상적 소비만이 아니라 품위를 나타내기 위한 지출도 소비라고 부르는 시대다. 이미지를 소비하고, 메시지를 소비하고, 더 나아가 사람에 대한 존경심이나 성행위, 하다못해 권력의 억압까지도 소비의 대상으로 삼는 이상한 시대가 되었다. 예전 같으면 (영화를) 감상하고, (섹스를) 하고, (예술작품을) 즐기고, (학문을) 한다고 했을 텐데 요즘은 이 모든 술어들을 마치 영어의 do 동사 쓰듯 '소비'라는 한마디로 환원시켜 버린다. 현대사회에서 우리는 뭐든지 다 소비한다. 소비라는 용어가 일상적으로 사용된다는 사실 자체가 새로운 사회의 출현을 예감케 한다. 소비는 이미 경제행위가 아니라 현대사회를 읽는 가장 중요한 키워드가 되었다.


## 욕망의 삼각형


명품 쇼윈도에 걸린 옷이 마음에 들어 자신의 지불능력에서 벗어나더라도 다소 무리를 해 구입한 소비자는 순전히 자신의 욕망에 따라 그 옷을 샀다고 생각한다. 하지만 실제로 그가 혹은 그녀가 욕망하는 것은 그 특정의 물건이 아니다. 미국의 사회학자 리스먼도 일찍이 사물에 대한 욕구에는 특정의 대상이 없다면서, '대상 없는 갈망(objectless craving)'이라는 개념을 만들어 냈다.

우리는 우리의 욕망이 그 대상과 직접 연결되어 있는 것으로 생각한다. 내가 무엇을 욕망할 때 나는 그것을 주체적으로 욕망하고, 그 욕망의 대상을 직접 욕구한다고 믿는 것이다. 그러나 인간의 욕망은 주체와 대상 간의 직선적, 이자적(二者的) 관계가 아니라 매개를 통한 삼각형의 형태를 띤다. 르네 지라르(René Girard)의 '욕망의 삼각형' 이론이 그것이다.

한번 도표로 그려 보자. 주체인 나를 하나의 점으로 표시해 본다면

로빈슨 크루소의 사치 다시 읽기

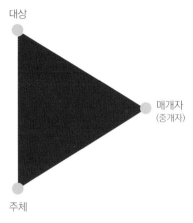

대상

매개자
(중개자)

주체

욕망의 삼각형.

내가 원하는 대상은 저 멀리 위에 위치해 있다. 만약 나의 욕망이 주체적이라면, 다시 말해 나의 욕망이 진짜 나의 욕망이라면, 나와 대상 사이에는 한 치의 망설임도 없이 아래서 위로 일직선이 그어져야 한다. 그러나 그 사이 중간쯤에 오른쪽으로 비스듬히 점 하나가 나타난다. 내 욕망은 직접 대상을 향해 올라가는 것이 아니라 이 오른쪽의 점을 한 번 빙 돌아 우회하여 대상으로 향한다.

그것을 선으로 이어 보면 왼쪽 위 아래로 길쭉하게 그어진 변이 오른쪽의 꼭짓점과 이어진 삼각형의 형태가 나타난다. 아래의 점이 주체인 '나', 저 위의 꼭짓점이 내 욕망의 대상, 그리고 오른 쪽의 꼭짓점이 나의 욕망을 중개하는 매개자이다.

왜 욕망의 기하학은 직선이 아니라 삼각형인가? 나는 어떤 대상을 내가 정말 원해서 욕망하는 것이 아니라 다른 누군가가 그것을 욕망하기 때문에 욕망한다. 즉, 우리의 욕망은 언제나 타인의 욕망이다. 탤런트가 드라마에서 입고 나오는 옷, 걸치고 나오는 목걸이, 머리에 꽂은 헤어핀이 불티나게 팔리는 현상이 바로 그것이다. 그 여배우들이 입고, 쓰고, 걸치기 전에는 시선을 끌지 못하던 물건들이 여배우라는 매개를 통하자마자 많은 사람들의 욕망의 대상이 된다.

드라마 〈별에서 온 그대〉(2014)의 여주인공 전지현이 드라마에서 폴 스미스의 오버사이즈 코트를 입고 나오자 그 코트가 곧 완판됐고, 역시 그녀가 입고 나온 DKNY 코트와 셀린느 코트도 판매 호조를 보였다. 그녀가 바르던 이브생로랑 립스틱 틴트도 상당한 판매고를 올렸다고 한다.

〈도깨비〉(2016)에서 공유가 입었던 금장 장식 블랙 롱코트, 〈푸른 바다의 전설〉(2016)에서 이민호가 입고 나온 롱코트 등이 모두 '워너비 남친룩'이니 '워너비 남편룩'이니 하는 댓글과 함께 불티나게 팔려나갔다. 랑방, 버버리 등 모두 300만~400만 원짜리 코트들인데, 톱스타가 입었다는 사실 하나만으로 판매고가 오른 것이다.

〈구르미 그린 달빛〉에서 인기를 끌었던 박보검이 TNGT 전속 모델로 화보 촬영에 입었던 카키색 제품은 예약판매를 실시했고, 일부 고객은 한 달가량 기다려서야 제품을 배송받았다고 한다.

2005년 랄프 로렌의 흰색 블라우스와 짙은 남색 스커트를 사기 위해 30대 여성들이 매장에 몰려들었었는데, 이는 고현정이 이혼 후 처

로빈슨 크루소의 사치 다시 읽기

음으로 연예계에 복귀하며 인터뷰장에서 입었던 옷이었다.

유명 탤런트가 입는 옷만이 아니다. 어쩌면 우리 모두는 자신의 판단을 확신하지 못하는 사람들이다. 책을 읽고 감명을 받았어도 스스로 '좋다'고 판단을 내리지 못한다. 그 책이나 저자가 신문에 소개되면 그제야 그 책이 좋다고 자신 있게 말한다. 다시 말하면 언론이라는 매개를 통해야만 자기 욕망의 대상이 되는 것이다. 욕망의 삼각형이다.

정치적 태도도 마찬가지다. 유명 가수가 지지하는 후보를 나도 지지하고, 주위의 친구들이 좋아하는 후보에게 나도 투표한다. 나는 직접 그 정치인을 지지하지 못하고 유명 가수나 친한 친구가 좋아해야만 그를 지지하는 것이다. 욕망의 삼각형이다.

욕망은 언제나 전염성을 갖고 있다. 남들이 좋다는 것을 나도 좋아하기 때문이다. 그래서 노련한 광고는 언제나 상품의 우수성이 아니라 그것을 타인들이 욕망하고 있다는 사실을 입증하려 한다.


## 소비는 실제 물건이 아니라 기호를 소비하는 것

타인의 매개를 통한 욕망은 어디까지나 타인의 욕망일 뿐 우리 자신의 주체적 욕망은 아니다. 그러므로 소비는 향유가 아니다. 즉, 내가 좋아서 즐기는 것이 아니라는 이야기다. 쇼핑이 즐거움이 아니라 남들이 사는 물건을 나도 사려고 기를 쓰고 찾아다니는 피곤한 노동이라는 것을 느껴 본 적이 있을 것이다. 소비와 향유는 완전히 반대항이라고까지 말할 수 있다. 나는 어느 특정의 물건을 좋아하는 것이 아니라 그것을 넘어서는 어떤 것을 욕망할 뿐이다. 내가 갖고 싶어 하는 그 특정의 물건은 내 욕망의 은유적, 우회적 표현일 뿐 진짜 대상, 진짜 목표는 아니다.

그럼 나의 진짜 욕망은 무엇인가? 그것은, 현재의 나보다 좀 더 높은 사회계층에 속하고 싶다는 욕망, 그리고 남들보다 좀 더 높은 사회계층에 속하고 싶다는 욕망이다. 한마디로 신분상승의 욕구다.

언뜻 보기에 우리는 개인적인 만족을 위해, 그리고 즐기기 위해 물건을 소비하는 것 같다. 식욕을 만족시키기 위해 음식을 먹고, 미적 쾌감을 즐기기 위해 사치품을 산다. 그러므로 소비는 어디까지나 자연적인 현상으로 보인다. 그러나 자세히 들여다보면 거기에 자연은 없다.

누군가 포도주에 대해 빈티지(vintage)니, 테루아르(terroir)니 하는 말을 하면서 포도주 맛을 제대로 음미할 줄 안다면, 또 누군가가 값비싼 명품의 옷을 입었거나 고가의 시계를 차고 있다면, 그들은 상당히 높은 사회계층이거나 아니면 신분상승의 의지를 가진 중간계급의 사람임에 틀림없다. 포도주 병의 라벨을 정확히 읽는다거나 수천만 원, 어떤 때는 억대가 넘는 시계를 차고 있다는 것은 그러니까 단순히 포도주에 대한 지식이나 값비싼 시계의 문제가 아니다. 그것들은 시계

착용자 또는 지식 소유자의 사회계층을 보여 주는 기호(記號)다. 그 기호를 획득하기 위해 우리는 상당한 시간과 노력을 투자해야 한다. 포도주의 쓴맛을 미각에 길들이기 위해, 또는 명품 브랜드에 대한 소상한 정보를 알기 위해서는 상당 기간의 학습이 필요하다.

우리는 단순히 우리 자신의 욕구를 만족시키기 위해, 또는 어떤 대상을 즐기기 위해 소비하는 것이 결코 아니다. 우리의 의지와 욕구에서 추동되는 것이 아니므로 그것을 즐거움이라고 할 수 없다. 즐거움은 스스로를 위한 것이고, 자율적인 것이며, 목적성이 있다. 그러나 소비는 이러한 즐거움을 부정(否定)한다. 전적인 부정은 아니라 하더라도 최소한 전적인 향유는 아니다. 소비의 목적은 딴 곳에 있다. 특정 사물 저 너머에서 우리를 유혹하는 대상, 그것은 '상류층'이라는 이미지다. 그것은 자신을 남들과 구별지으려는, 다시 말해 차별화시키려는 욕구다. 결코 개인적 욕망이 아니라 사회적 욕망이다. 우리가 값비싼 액세서리나 고급 옷을 사는 것은 남들과 다르게, 남들보다 위쪽으로 나를 차별화시키기 위해서다. 보드리야르 식으로 말하면 가치가 있는 사회적 코드를 생산하기 위해서다. 이때 내가 소비한 액세서리나 옷은 그 자체로 욕망의 대상이라기보다는 나의 다른 욕망을 이루기 위한 매개적 수단, 즉 하나의 기호(記號)에 불과하다. 소비의 체계는 결국 욕구와 향유에 근거하는 것이 아니라 인위적인 기호 및 차이의 코드에 근거하고 있다.

기호(sign)란 무엇인가? '행사장 입구'를 가리키는 화살표, 그것이 바로 기호다. 국회의원 출마자의 기호 1번, 기호 2번의 숫자들이 바로 기호다. 기호란 행사장 입구의 화살표 표시처럼, 또는 국회의원 출마자의 일련번호처럼, 자기 아닌 다른 것을 지시(指示)하는 어떤 것이다. 즉, 화살 모양의 형태 자체에 의미가 있는 것이 아니라 그것을 넘어서는 다른 어떤 것, 즉 '행사장'이라는 목표물을 지시하는 기호다. 1번이나 2번의 숫자 자체가 중요한 게 아니라 그 너머의 정치인이 중요한 것이다. 그러니까 기호란 사물 그 자체가 아니라 사물을 대신하거나 재현하는 그 무엇이다.

기호 중에 가장 체계적이고 다양한 기호는 언어다. 언어란 태생적으로 자기 아닌, 자기를 넘어선 다른 어떤 것을 지시하는 기호이기 때문이다. 예를 들어 '꽃'이라는 단어는 그 문자 이미지나 청각 이미지를 보여 주기 위한 것이 아니라, 그 글자와 소리 너머 {꽃}이라는 실제 사물 또는 개념을 지시하기 위한 수단이다.

루이비통이나 까르띠에 같은 핸드백이 그것을 든 사람의 사회적 계층을 보여 주는 기호라면, 그것은 이미 실용적 용품으로서의 손가방이 아니라 그 자체로 엄격한 규칙을 가진 일종의 언어다.


## 고가의 사치품은 "나는 상류층이다"라고 말해 주는 언어

기호란 사물 그 자체가 아니라 사물을 대신하거나 재현하는 그 무

로빈슨 크루소의 사치 다시 읽기

엇이다. 그러므로 그것은 실제의 사물이 아니라 가상이며 허구다. 그런데 옷은 기호라고 했다. 그렇다면 값비싼 명품 옷을 입었건 값싼 시장 물건을 착용했건 우리 모두는 옷이라는 실제의 물건이 아니라 가상의 혹은 허구의 이미지를 하나씩 몸에 걸치고 다니는 셈이다. 명품 핸드백을 사는 여성은 가죽과 천으로 된 물건을 샀다고 생각하지만 실제로는 귀족성이라는 허구의 또는 상상의 재화를 구매한 것이다. 휴대폰을 사는 젊은이들은 딱딱하게 손에 잡히는 장방형의 금속 물질을 구매한다. 그러나 그들이 구매하는 것은 실제의 물건이라기보다는 잘생기고 예쁜 배우들의 이미지와 그들의 역동성이다. 다시 말해 젊음과 아름다움이라는 기호와 표상을 구매하는 것이다.

소비는 언어 체계와 닮았다. 우리가 하는 말, 즉 언어라는 기호를 통해 타인이 우리의 생각을 알게 되고 우리와 서로 의사소통을 하듯이, 우리가 입은 옷을 보고 타인들은 우리의 사회적 지위를 알며 상호 간의 신분을 확인한다. 옷을 잘 차려입고 갔을 때와 허름하게 입고 갔을 때 우리를 대하는 시선이 달라지는 의류매장 점원의 태도는 그것을 분명하게 보여 준다.

우리의 언어 체계가 하나하나의 기호(단어)들을 배열하고 그것을 전체 의미 속에 통합시키듯, 소비 역시 하나하나의 기호(소비)들을 배열하고 통합하여 하나의 커다란 의미를 만들어 낸다. 그것들은 의사 소통의 수단이며 교환의 구조다. 소비도 언어처럼 구조화되어 있다.

단어들이 언어 체계 안에 들어가 통합되듯이 개인의 소비행위도 그 사회의 코드화된 교환의 체계 안에 들어간다. 사람들은 자기들도 모르는 사이에 서로 연루된, 코드화된 가치들의 생산 및 교환의 체계 속에서 소비한다. 원시 부족의 친족 체계를 연구한 인류학자 레비스트로스는 일찍이 문명사회에서도 모든 친족 체계는 자연의 관계가 아니라 엄격하게 구조화된 언어 체계 안에서 작동하고 있다는 것을 밝혀낸 바 있다. 소비도 마찬가지다. 현대사회를 사는 우리는 단순히 자연물을 소비하는 것이 아니라 엄격한 의미작용의 질서 안에서 기호를 소비하고 있는 것이다.

## 모든 재화는 기호의 모습을 띠었을 때만 진정한 재화가 된다

현대의 소비행위는 기호의 소비이면서 동시에 실제 물건의 소비다. 그러니까 소비행위는 실제의 행동과 상상의(따라서 허구의) 행위가 합쳐진 행위다. 상상의 소비와 실제의 소비는 엄연히 다른 것이지만, 그러나 그 두 행위 사이에는 아무런 경계선이 없다. 굳이 말하자면 끊임없이 침범되는 유동적인 경계선이 있을 뿐이다.

루이비통 핸드백을 구입하면서 자신은 귀족성을 구입했다고 믿지만, 사실은 가죽과 천으로 된 너무나 현실적인 실제의 물건을 구입했을 뿐이다. 또는 반대로, 값이 좀 비싸더라도 품질 좋고 실용적이어서

로빈슨 크루소의 사치 다시 읽기

그 제품을 산다고 믿지만 그녀가 산 것은 실제로는 귀족성이라는 허구의 또는 상상의 재화다.

그런데 상상의 부분이 많이 들어갈수록 제품은 명품 브랜드가 된다. 시장에서 싸구려 티셔츠를 살 때 우리는 아무런 기호도 소비하지 않는다. 그냥 필요해서 옷을 샀을 뿐이다. 거기에는 아무런 이미지도 기호도 상상도 없다. 상류사회 혹은 셀럽의 상징이라는 기호가 없이 오로지 그 자체의 실용성만으로 존재하는 시장 물건 티셔츠는 결코 재화가 아니다. 그것은 일상용품(commodity)일 뿐이다. 그러나 쇼윈도에 진열되어 있는 명품은 그 물건 너머로 무한한 상상의 세계를 감추고 있다. 상상의 세계라는 깊이가 감춰져 있을 때 우리는 그것을 명품이라 부르며 비싼 돈을 주고 산다. 이때 우리가 사는 것은 실제의 물질적 제품이 아니라 허구의 세계다. 실제의 물질성은 허구의 가치를 지시하는 기호일 뿐이다. 모든 재화는 기호의 모습을 띠었을 때만 진정한 재화가 된다.

## 위세상품과 환상

현대인들은 결코 사용가치에 따라 사물을 소비하는 게 아니다. 모든 물건들은 사회적 의미를 가지고 있다. 그중 어떤 것들은 고급 신분이나 이데올로기적 무게를 부여받는다. 이것들은 현실과 상상의 경계선을 넘나들며 꿈과 환상의 신기루를 쌓는다. 별장은 단순히 집 한 채를 더 소유했다는 의미가 아니라 상류층이라는 꿈과 이데올로기의 구현이다. 고급 의상과 요리도 마찬가지다. 글자 그대로 우리의 일상은 상상으로 가득 채워져 있다. 그 누구도, 아무리 현실적인 사람이라도, 이런 환상 없이는 살아갈 수 없다. 그 환상의 양이 적으냐 많으냐의 차이가 있을 뿐, 모든 사람들은 환자가 일정량의 약을 복용하듯 매일 일정량의 상상을 소비하며 살아가고 있다. 그 상상은 계급 상승의 욕망이기도 하고, 또 한편으로는 구별짓기의 욕망이기도 하다.

구별짓기란 무엇인가? 상류층은 중간계층과 구별되기 위해, 그리고 중간계층은 하류층과 구별되기 위해 물건을 구입한다. 소비는 개인이 타인과 구별되고 싶은 욕구의 표출이다. 그러니까 우리의 욕망은 결코 어떤 특정한 사물에 대한 욕망이 아니라 구별짓기의 욕망, 즉 차이를 실현하고자 하는 욕망인 것이다. 이때 사물은 그 기능 때문에 소비되는 것이 아니라 그것을 소비하는 사람의 위세(威勢)를 위해 소비된다.

위세상품이라면 얼핏 보석이나 수천만 원에서 수억 원을 호가하는 손목시계를 연상하기 쉽지만, 그것만이 위세상품은 아니다. 지극히 실용적으로 보이는 모든 상품이 실은 전혀 실용적이 아닌 위세상품이다. 1970년에 출간한 『소비의 사회』에서 보드리야르는 별장과 자동차 그리고 세탁기를 위세상품의 대표적 품목으로 들었다. 우리는 단순히 세탁을 하기 위해 세탁기를 사거나, 또는 공간을 신속하게 이동하기

로빈슨 크루소의 사치 다시 읽기

위해서만 자동차를 사는 것이 아니라고 했다.

영어와 프랑스어에서 '품위'라는 뜻의 distinction은 원래 '다른 것과의 차이'라는 뜻이다. 고귀한 귀족의 품위는 '다른 아랫것들과의 차이'에서 나오는 것이다. 남들과 같지 않다는 것은 그 자체가 벌써 남들과 차별되는 고귀함의 표시다. 더 이상 법적인 계급 구분이 없는 현대사회에서 남들과의 차이는 소비에서 이루어진다. 명품, 넓고 호화로운 집, 근교의 별장, 값비싼 승용차, 호텔이나 고급 레스토랑에서의 친지들과의 정기적인 식사 등은 돈 없는 계층이 도저히 따라 할 수 없는 것들이다. 당연히 계층의 차이가 발생한다.

그러나 모든 기호가 그렇듯이 차이화의 기호도 고정되어 있는 것이 아니다. 비록 시간적으로나 문화적으로 항상 상류계급의 욕구에 한 걸음 늦게 쫓아가기는 하지만 중간계급 및 하층계급은 언제나 상류층의 소비 행태를 모방하기에 급급하다. 대중의 이런 모방심리 때문에 모든 사람들이 고가품을 찾다 보니 계층 간의 차이는 희미하게 되었다. 다시 말해 상류층만 명품을 쓰는 것이 아니고 중간층 이하의 사람들까지도 명품을 선호하게 되었다. 그렇다면 명품은 더 이상 차이화의 기호라는 기능을 수행할 수 없다.

어떤 이유에서건 상류계급의 차이 표시 기호였던 제품들은 일단 대중화되어 종전에 가졌던 차이 표시 기호로서의 존재가치를 상실했다. 이 지점에 이르러 상류계급은 당연히 또 다른 차이 표시 기호를 생산해 낸다. 의복에서의 스트리트 패션이라든가, 일상생활에서의 과소소비(過少消費) 같은 현상이 바로 그것이다.

# 04

# 상품은
# 차이화의 기호

## 돈이 있다고 마음대로 물건을 살 수 있는 것은 아니다

원시적 인간사회가 자연에서 문화로 이행하여 문명사회가 되었듯이, 배고프면 먹고 추우면 옷을 입던 가장 원초적인 소비 현상도 이제는 더 이상 자연이 아닌 문화적, 사회적 현상이 되었다. 우리 사회를 소비사회라고 할 때 그것은 소비라는 일차적 수준의 행위를 기호 체계로 전환시켰다는 의미다. 우리는 우리의 의지에 따라 쇼핑도 하고 소비도 하는 것 같지만 사실은 어떤 무의식적 사회적 강제가 우리의 등을 떠밀어 우리로 하여금 소비하게 만드는 것이다.

포스트구조주의 언어이론은 "말을 하는 것은 우리 자신이 아니다"

라는 경구로 요약될 수 있다. 우리가 주관적으로 말하고 있는 것 같지만 사실은 우리의 밖에 있는 사회적인 통념이 우리의 몸을 빌려 말하고 있다는 뜻이다. 이 말은 소비에도 그대로 적용된다. 우리는 언어의 주체가 아니듯 소비의 주체도 아니다. 우리 의지에 따라 스스로 소비하는 것 같지만 사실은 철저하게 사회적 의미체계 속에서 소비하고 있는 것이다.

그 하나가 집단적 소비 기능이다. 소비는 집단에의 소속을 확인시켜 주는 기능을 갖고 있다. 사람들은 소비할 때 순전히 자기 자신을 위해서 자기 혼자 소비한다고 생각한다. 그러나 그것은 소비 이데올로기가 그에게 주입한 신화에 불과할 뿐, 그는 결코 혼자 소비하지 않는다. 소비는 선택이 아니다. 한 개인이 어떤 집단에 속하는 것은 그가 특정의 재화를 소비하기 때문이다. 반대로 그가 어떤 재화를 소비하는 것은 그가 그 집단에 속해 있기 때문이다. 킴 카다시안이 미국의 상류층인 것은 그녀가 명품만 소비하기 때문이며, 반대로 그가 명품만 소비하는 것은 그가 미국의 상류층이기 때문이다.

소비는 개인적 기능이 아니라 집단적 기능이다. 같은 계층이 비슷한 소비 행태를 보이는 것은 소비가 교환의 체계라는 것, 그리고 소비는 향유를 배제한다는 것을 너무나 분명하게 확인해 준다.

집단의 성격을 규정하는 것은 부(富)만이 아니다. 연령대도 매우 견고한 집단적 장벽이다. TV에 나온 늘씬한 서양 모델의 검은 재킷과 청바지 차림이 너무 좋아 문득 청바지가 입고 싶다고 생각한 나는 곧

로빈슨 크루소의 사치 다시 읽기

이어 화들짝 놀라며 "이 나이에 내가 미쳤지"라고 혼잣말을 한다. 그렇다. 우리의 소비는 언어처럼 엄격하게 코드화된 체계 안에서 이루어진다. 내가 좋다고 내 마음대로 청바지를 사는 것이 아니다. 청바지를 입을 수 있는 연령에 대한 무형의 규제가 있어서 그것을 깰 때는 "미쳤다"는 소리를 듣기 십상이다. 남의 말을 듣기 전에 이미 자신이 엄격한 내부 검열을 행한다. 예컨대 한때 유행했던 배꼽티나 로라이즈(low-rise) 청바지는 10대에서 20대까지의 젊은 여성들만이 입을 수 있었다. 찢어진 청바지는 30대까지가 대체로 상한선이다. 금단추장식이 화려한 샌 존(Saint John)의 니트 투피스는 50대 이상의 나이든 여성들만이 입을 수 있다.


## 시니어 세대의 약진


시니어 세대의 전유물이었던 트로트가 세대 역주행을 하면서 젊은 이를 거쳐 어린이 세대까지 내려가는 기현상이 벌어졌다.

2020년 TV조선 예능 프로그램 '미스터트롯'은 최고시청률이 35.7퍼센트까지 오른 적이 있다(2020. 3. 12 최종 결승전). 코로나19의 확산으로 사람들이 집에만 있던 시기에 미스터트롯은 온 국민의 마음을 사로잡았다. 우승자 임영웅을 비롯해 영탁, 장민호, 이찬원, 김호중 등 새로운 스타들이 탄생했다.

이들을 향한 팬덤의 중심에 소위 '오팔세대'(1958년 전후 출생한 베이비붐 세대)가 있다. 그들은 젊은이들의 팬덤 문화를 역(逆)으로 전수받아 트롯 스타들의 굿즈를 사들이고 생일 이벤트를 벌였다. 전에는 문화가 위에서 아래로, 어른에서 아이로 내려왔는데, 현대사회는 어른 세대가 젊은 세대의 문화를 따라 한다. 김호중의 팬카페 '트바로티'는 2020년이 다 가기 전에 회원 수가 10만 명이 넘었다. 연령대는 40대 이상이 90퍼센트다. 이들은 각자가 돈을 갹출하여 도심 전광판에 광고를 게재하기도 했다.

건강, 레저, 스포츠, 문화 등 시니어 관련 산업의 규모는 2010년 27조 3,800억 원에서 2020년에는 72조 8,305억 원으로 10년 만에 3배 가까이 커졌다. 5060 세대들은 e-커머스 채널에도 빠르게 적응하고 있다. 옥션이 2014년부터 5년간 실시한 연령대별 구매 상품 분석에 의하면 60대의 구매 증가율은 171퍼센트, 50대는 130퍼센트로, 50~60대가 전 연령대 중에서 가장 가파른 증가세를 보인다. 유명 아웃도어 브랜드들의 2020년 화보의 주인공이 모두 오팔세대였던 것도 특이한 현상이다. 방송가에서도 중장년층 스타가 출연하는 예능 프로그램들이 각광을 받는다. 식품에서도 전통적으로 시니어의 입맛이었던 인절미, 흑임자, 쑥을 활용한 메뉴가 대세로 떠올랐다. 2020년 새로 출시한 흑임자 케이크는 13만 개, 쑥흑임자라떼는 20만 잔이 팔렸다고 한다. 할머니와 밀레니얼을 합친 '할매니얼 입맛'이라는 신조어까지 나왔다.

로빈슨 크루소의 사치 다시 읽기

생활수준의 향상과 교육의 대중화 현상으로 전세대보다 훨씬 건강하고 문화적으로 세련된 오팔세대는 과거 같으면 상상도 못했을 모델 영역까지 넘본다. 2019년 9월, 현대백화점 '시니어 패셔니스타 선발대회'에 전국에서 1,500여 명의 지원자가 몰렸고, 같은 해 11월 한국모델협회가 주관한 시니어 모델 선발대회에도 700여 명이 참가 신청을 했다.

시니어의 약진은 전 세계적 현상이다. 미국에서도 그래니 시크 (granny chic)니, 그랜드밀레니얼(grandmillennial)이니 하는 신조어들이 생겨났다. 2020년 대통령 선거에서 공화, 민주 양당의 대선 후보가 모두 70대였고 당선자인 조 바이든은 80세에 육박한다. 연예계의 시니어 파워도 놀랍다. 2019년 10월 하순 앞서거니 뒤서거니 개봉한 영화 〈터미네이터: 다크 페이트〉의 여주인공 린다 해밀턴은 63세, 〈람보: 라스트 워〉의 남주인공 아널드 슈워제네거는 73세였다.

2020년 1월 전 세계 인스타그램을 떠들썩하게 만들었던 '돌리 파튼 챌린지'도 74세의 돌리 파튼이 주인공이다. '챌린지'란 소셜 미디어에 다른 사람이 올린 사진(자기 얼굴이건 책이건 다른 유명인이건)을 자기 식으로 변형하여 올리는 광범위한 따라 하기 게임을 말한다. 돌리 파튼은 4개 소셜 미디어에 자신의 사진 네 가지를 각각 다르게 올려놓았다. 링크트인(직업 네트워크)에는 진지한 직장인 모습, 페이스북에는 친근한 모습, 인스타그램에는 캐주얼 복장, 그리고 틴더(데이트 상대 찾기 네트워크)에는 섹시한 모습을 올렸다. 그러자 인스타그램 가입자

돌리 파튼(왼쪽)과 윤여정. 돌리 파튼(Dolly Parton, 1946년생)은 미국의 배우이며 가수, 싱어송라이터. 영화 〈나인 투 파이브〉에 출연했고, 그래미상만 아홉 번 받은 컨트리 음악 가수다. 휘트니 휴스턴이 불렀던 〈I Will Always Love You〉도 그녀가 작곡한 것이다. 2020년에는 모더나 백신 개발에 참여한 밴더빌트 대학교에 100만 달러를 기부한 것으로 유명하다.

수십만 명이 '#돌리파튼챌린지' 해시태그를 달고 저마다 자신의 네 가지 모습을 올렸다. 현대인의 '자기상품화(self-commodification)'를 잘 보여 주는 사례라고 학자들이 해석했다지만 그보다 우리의 관심을 끄는 것은 돌리 파튼의 70대 나이이다. 과거 같으면 늙은 외모를 감추기 바쁜, 흘러간 배우에 불과했을 나이에 전 세계인, 그것도 젊은이들의 관심을 한 몸에 받는 '돌리 파튼 현상'을 일으켰으니 말이다.

한국에서는 74세의 윤여정이 영화 〈미나리〉(2021)에서 외할머니 순

로빈슨 크루소의 사치 다시 읽기

자 역을 맡아 전미비평가위원회와 제1회 북미아시아태평양영화인 어워즈, 뉴욕 온라인, 흑인비평가협회와 미국 여성영화기자협회, 골드리스트 시상식, 선셋 필름 서클 어워즈, 미국 배우조합상, 영국 아카데미상에 이어 한국 배우 최초로 오스카(미국 아카데미상) 여우조연상까지 무려 20여 개의 트로피를 거머쥐는 기염을 토했다.


## 그럼에도 시니어는 결코 매력적인 기호가 아니다

시니어 세대는 다른 세대보다 인구수가 많고 재정적인 여유가 있어 소비시장을 이끌 주역으로 기대된다. 2020년은 우리나라에서 1955년부터 1963년 사이에 태어난 베이비붐 세대가 시니어로 변한 해로, 인구수는 약 810만 명이다. 국민 100명 중 약 16명이 시니어다. 더군다나 그들은 골프, 테니스, 스키 등의 레저를 즐기고 명품 옷을 즐겨 입는 등 현대적 소비문화에 익숙한 세대다.

그러나 시니어를 대상으로 한 백화점 전문 매장은 없다. 우선 자신이 노인임을 인정하지 않으려는 저항심리 때문에 노인 전용 상품관을 만들어도 손님이 없기 때문이다. 자신의 실제 연령보다 젊게 지각하는 집단이 자신을 실제 연령과 같게 지각하거나 혹은 실제 연령보다 많게 지각하는 집단보다 훨씬 더 활발하게 상품을 구매한다는 것이 관련 연구 논문에서 밝혀진 바 있다(김미영, "뉴시니어 소비자의 주관적 연령에 따른 패션정보원 활용 및 패션 점포선택기준", 『한국패션디자인 학회지』 제15권 1호, 2015; 부경희, "'젊은 오빠' 인식: 인지 연령 인식이 노인 세대의 소비 행태에 미치는 영향에 관한 연구", 『광고학 연구』 제16권 1호, 2005). 실제로 2011년 롯데백화점이 야심차게 준비한 '실버 기프트 편집숍'은 2년 만에 실적이 저조해 문을 닫았다. '실버'라는 키워드가 '시니어=실버'라는 고정관념을 불러일으켜 오히려 시니어 소비자에게 부정적인 느낌을 준 것이다.

물론 고령화가 많이 진행된 선진국의 백화점이나 슈퍼마켓들은 시니어 친화적인 매장 전략을 쓴다. 일본 백화점의 식품 코너는 매장 바닥을 미끄럽지 않은 소재로 마감해 미끄럼을 방지하고, 쇼핑 카트에 돋보기를 부착한다. 휴식 코너에 혈압계를 마련하기도 하고, 매장 직원을 고객과 동년배 직원으로 배치하기도 한다. 독일의 대형 슈퍼마켓들은 선반 높이를 다른 매장보다 20센티미터 정도 낮추고, 계산대 높이를 시니어들이 쉽게 물건을 올릴 수 있도록 낮게 설치한다. 그러나 그것은 실용적인 일상용품 매장의 경우이고, 의류 등 사치품의 경우는 시니어에 대한 고려가 반드시 시니어 고객들을 유인하지는 않는다.

예를 들어 현대백화점 '시니어 패셔니스타 선발대회'에는 60세 이상 연령의 시니어 모델이 약 1,500여 명 지원했고, 선발 과정은 유튜브를 통해 생중계됐다. 10만 표가 넘게 집계된 시청자 온라인 투표는 시니어 모델 선발에 대한 시니어들의 관심이 얼마나 뜨거운지를 증명

로빈슨 크루소의 사치 다시 읽기

했다. 이렇게 선발된 시니어 모델은 현대백화점 온라인 채널의 공식 모델로 활동했다. 시니어에 대한 '친근하고' '호감 가는' 이미지를 형성하기는 했지만, 이 전략이 실제로 얼마나 판매에 도움이 되었는지는 아직 검증된 바 없다.

결국 '시니어'는 일부 활발한 시니어의 예외가 있을 뿐, 시니어층 전반으로부터 외면받는 기호라는 것을 알 수 있다. 현대의 이데올로기는 여전히 '젊음'이다.


## 나이만이 아니라 신분도 우리의 소비 행태를 규제

나이와 관련된 코드만이 아니라 신분과 관련된 코드도 있다. 자신의 저축을 감안하면 비록 고가의 사치품 하나를 못 살 것도 없건만, 우리는 물건을 살 때마다 '이게 내 신분에 어울리는 것인가?'라는 내면의 검열에 부딪친다. 단정하고 세련된 점원은 이미 범접할 수 없는 냉정한 시선으로 손님의 신분을 한눈에 파악하고 있는 상태다. 그러니까 우리는 돈이 있다고 물건을 마음대로 사는 사회에 살고 있지 않다.

이처럼 우리는 소비할 때 누구나 무의식적으로 자신의 신분, 연령 등의 엄격한 규칙 속에서 비슷한 집단의 다른 구성원들이 구입하는 비슷한 물건들을 산다.

소비는 더 이상 욕구 충족이라는 개인적 논리를 따르는 것이 아니라 차이화라는 사회적 논리를 따르고 있다. 모든 상품은 단순히 어떤 기능과 사용가치를 가진 중성적인 물건이 아니다. 그것은 한 사회의 엄격한 코드 속에 맞물려 돌아가는 차이화의 기호다. 법으로 정해진 바 없지만 형법보다 더 엄격한 규칙이다. 타인과 자기를 구별짓는 이 무형의 코드는 사회 전체의 질서 안에 형성되어 있으며, 이미 개인의 취향을 초월한다.

결국 우리는 자유롭게 자신이 원하는 물건을 사거나 또는 자신의 선택에 따라 소비를 하는 것이 아니었다. 사회적 신분상승의 열망 속에서, 혹은 집단의 소속감이 주는 편안함을 얻기 위해 소비를 하지만 그 소비행동은 결국 남들과 차별될 것을 강요하는 사회적 요구를 따르는 것이다. 차별이 개인적인 것이건 집단적인 것이건 상관없다. 어느 경우에도 우리가 무심코 하는 쇼핑은 사실 엄격한 차이화의 강제성에 대한 복종인 것이다.


## 운동화 열풍

개성을 부각시켜 주는 차이는 개인들 하나하나를 대립시키는 것이 아니라 그 개인들을 몇 개의 집단으로 나눠서 배치한다. 자기를 타자와 구별하는 것은 어느 한 집단에 병합되는 것을 의미한다. 예컨대 찢

로빈슨 크루소의 사치 다시 읽기

어진 청바지를 입는 것은 그가 20~30대의 젊음에 속해 있음을 뜻한다. "요즘 아이들은 참 개성적이야. 찢어진 바지를 아무렇지도 않게 입고…" 이렇게 말하는 어른들은 그야말로 세상의 흐름에 둔감한 '라떼(나 때는 말이야) 세대'일 뿐이다. '20대의 젊은이라면 찢어진 청바지를 입을 수 있다'라는 엄격한 코드가 작동되고 있을 뿐 거기에 발랄한 개성 같은 것은 아예 없다.

현대 소비 이데올로기가 강요하는 개성에는 그러니까 집단이 있을 뿐 개별성이 없다. 다시 말해서 개인은 없다. 우리는 모두 사회 전체가 정해 놓은 엄격한 코드에 따라 각기 자신이 소속된 소집단에 허용된 물건들만을 착실하게 소비하고 있을 뿐이다. 어느 한 집단만이 배타적으로 독점하는 차이의 아이템을 만들어 낸 기업은 사업이 번창하게 될 것이다. 보드리야르가 소위 '차이 생산의 독점적 집중'이라고 이름 붙인 경제적 현상이다. 산업사회에서 생산 부문의 독점이 문제였다면 후기산업사회에서는 소비 부문의 독점이 문제이고, 그것은 다름 아닌 차이화의 독점적인 생산이다.

젊은이들의 운동화 열풍이 좋은 예가 될 것이다. 한정된 품목을 정가에 사들여 그것을 다시 비싸게 되파는 리셀(resell)은 MZ세대(밀레니얼 세대와 Z세대)의 새로운 재테크 수단인데, 특히 운동화에서 그 현상이 두드러진다. 2019년 11월 나이키 홍대 매장은 나이키와 가수 지드래곤이 컬래버레이션(협업)한 운동화 에어포스1 파라노이즈를 사려는 사람들로 인산인해를 이루었다. 직접 운동화를 살 수 있는 것도 아

아티스트가 디자인한 나이키 신발.

니고 다만 운동화를 살 수 있는 응모권을 받기 위한 줄이었다. 응모권을 받은 후 나중에 추첨을 통해 물건을 구입하는 이런 판매 방식을 래플(raffle)이라고 한다. 응모권은 8,888명에게 지급되었는데, 응모권을 받으려면 반드시 나이키 상의와 에어포스1 운동화를 신고 가야 한다는 조건이 있었다. 그날 저녁부터 중고나라는 파라노이즈를 사고파는 온라인 거래로 트래픽이 혼잡하였다. 정가 21만 9천 원이었던 운동화는 하루 만에 2배가 넘는 50만 원에 거래되었고, 지드래곤 친필 사인이 있는 한정판은 1,500만 원까지 호가되었다.

2020년 5월 한정판으로 출시된 나이키X벤앤제리스 sb 덩크 로우

로빈슨 크루소의 사치 다시 읽기

청키 덩키는 정가 12만 9천 원이었는데 두 달 뒤 중고시장에서 130만 ~175만 원에 거래되었다. 단기간에 1천 퍼센트가 넘는 수익을 가볍게 올린 것이다. 그래서 스니커스X 재테크라 하여 '스테크'라고도 하고, 혹은 슈즈X 재테크라 하여 '슈테크'라고도 한다.

해외 사례는 더 엄청나다. 2020년 나이키와 디오르의 컬래버레이션 래플에는 전 세계로부터 500만 명이 응모하였고, 농구화의 리셀 가격은 2천만 원 이상으로 발매 가격의 10배 이상이 됐다. 농구화 한 켤레가 2천만 원이라니 뭘 잘못 쓴 것 아닌가 하겠지만 사실이다. 온라인에서 총 8천 켤레가 래플 방식으로 판매되기 시작했을 때 가격은 2,000~2,200달러였다. 농구화 한 켤레가 우리 돈으로 200만 원 이상을 호가한 것이다. 여기에 당첨돼 신발을 구매한 사람들이 그것을 되팔았는데, 그 가격이 2만 달러까지 올랐다. 우리 돈으로 2천만 원 이상이다.

디지털 사회 이전에는 부자들이 미친 듯한 소비 행각을 벌였다면, 디지털 이후 시대에는 젊은이들이 미친 듯한 소비 행태를 보이고 있다.


## 명품에 열광하다

2021년 1월 중순 어느 날 서울 반포동 신세계백화점 강남점 명품 매장을 취재한 한 기자는 다음과 같은 르포 기사를 썼다.

백화점이 문을 열자마자 2층 샤넬 매장 앞에 50여 명의 젊은이들이 줄을 섰다. 매장 입장을 위한 등록 대기 줄이었다. 15분쯤 줄을 선 뒤 대기 등록을 마치자 "앞에 151명이 대기하고 있다"는 안내를 받았다. "백화점 문 열자마자 왔고 내 앞에 50명밖에 없었는데 대기자가 너무 많다"고 하자 안내 직원은 "대기자가 너무 많아 오전 9시부터 대기 등록을 받고 있다"고 했다. "이제 매장에 들어갈 수 있다"는 연락이 온 건 그로부터 네 시간이 지난 오후 2시 45분이었다.

소비자들이 온라인 쇼핑을 선호하면서 백화점 전체 매출은 줄어드는 추세지만, 5대 백화점 67개 점포 중 9개 점포의 2020년 매출은 전년보다 늘어났다. 신세계백화점의 경우 2020년 전체 매출은 전년보다 4.7퍼센트 감소했지만, 3대 명품 브랜드 에르메스, 샤넬, 루이비통이 모두 입점한 강남점, 부산 센텀시티점, 소공동 본점의 매출은 각각 5퍼센트대, 7.5퍼센트, 0.5퍼센트(추정)씩 늘었다. 모두 명품이 견인한 실적이다. 전년보다 매출이 오른 현대 압구정 본점과 갤러리아 명품관(압구정동)도 3대 명품 브랜드를 모두 갖춘 점포다. 업계 관계자는 "세 브랜드 입점 여부는 백화점의 위상과 소비자의 구매력을 동시에 보여 주는 지표 같은 것"이라고 했다.

명품 중에서도 유독 보석과 시계 매출이 많이 늘었다. 매출 증가율

로빈슨 크루소의 사치 다시 읽기

이 가장 높았던 현대 판교점(9.4%)은 에르메스 매장이 없지만 까르띠에, 티파니, 불가리, 피아제 등 명품 시계·보석 매장이 많다. 시계·보석을 제외한 명품의 2020년 매출은 전년에 비해 23.3퍼센트 올랐지만 보석은 50퍼센트, 시계는 25.9퍼센트 올랐다.

코로나 쇼크 속에 명품 매출이 늘어난 것은 국내만의 현상이 아니다. 코로나 초기인 2020년 3월, 에르메스·루이비통·케링 등 명품 3대주(株)의 주가는 곤두박질쳤지만 11월 중순 3분기의 실적은 사상 최고치를 경신했다. 에르메스의 글로벌 매출은 전년 동기 대비 오히려 4.2퍼센트 늘어났고, 루이비통이 속한 LVMH그룹 매출의 절반을 차지하는 패션·가죽 부문은 전년 대비 12퍼센트 성장했다.

코로나의 영향으로 여가나 여행 지출이 줄어든 대신 명품을 구매한다는 분석도 있다. "신혼부부들이 신혼여행을 안가고 결혼식 규모를 줄이는 대신 예물 예산이 커졌다"는 것이다. 명품을 소비하면서 '코로나 블루'로 인한 불안, 우울을 해소한다는 시각도 있다. 2001년 9·11 테러 직후에도 소비경제가 침체된 가운데 스포츠카, 보석 등의 매출이 폭발한 전례도 있다. 좌파 정부의 경제 정책이 불안하여 확실한 재테크로 명품을 구입하는 경향도 있을 것이다.

여하튼 주고객은 젊은이들이다. 명품 매장 앞에 늘어선 줄 안에 만일 머리 허연 노인이 있었다면 그 모습은 젊은이들이 즐겨 가는 클럽 앞에 노인이 서 있는 것만큼이나 어색했을 것이다. 현대의 대(大) 소비자는 젊은이들이다.

# Ⅲ 현대의 상류계급

# 소비와
# 계급

## 명품은 더 이상 상류층의 표지가 아니다

소비는 신분과 밀접한 연관이 있다. 물론 돈만 많으면 누구나 비싼 물건을 살 수 있다. 그러나 단순히 물건을 살 수 있는 재력이 있다고 해서 아무 물건이나 살 수 있는 것은 아니다.

고가의 명품을 살 만한 돈이 없는 것도 아니면서 '이런 사치품을 사면 안 되지'라고 생각하며 쇼윈도 앞에서 발길을 돌리는 보통 사람들의 행동은 사치품 소비의 계급적 금기가 얼마나 우리의 의식 깊숙이 내면화되어 있는지를 잘 보여 준다. 그 누구도 그에게 사치품을 사서는 안 된다고 말하지 않지만 그는 자기검열을 통해 자기 신분에 맞는 소비행동을 하고 있는 것이다. 우리가 마음 놓고 사치품을 사용하지 못하는 것은 우리 마음속 깊이 어떤 금기가 자리 잡고 있기 때문이다. 베블런에 의하면 이런 금기에는 계급적 기원이 있다.

사치품을 소비한다는 것은 자신의 부를 과시적으로 보여 주는 과시 소비다. 그것은 돈 많은 상류층만이 할 수 있다. 그런데 만약 상류층에 종속된 하층계급이 주인의 소비 패턴을 따라 한다면 주인들은 불쾌해지고 안락감이나 쾌감에 손상을 입을 것이다. 그래서 상류계급은 금기의 방식을 통해 종속계급에게 사치품의 소비를 금지했고, 이 차별적 소비의 원칙이 관습법과 같은 강제력을 갖게 되었다. 우리의 조선시대에도 양반 나리들은 "아랫것들이 어딜 감히 그런 물건을…"이라고 호령했을 것이다.

보드리야르에게도 소비는 역시 계급의 문제이지만, '금기'가 작동되는 방식은 '코드'라는 기호학적 기제를 통해서다. 가장 자유스러울 것 같지만 실은 소비야말로 엄격한 코드가 있어서 모든 소비자는 이 규칙에 따라 소비행위를 한다. 이를 어기면 가혹한 제재를 받는다. 보드리야르가『소비의 사회』에서 예로 든 1960년대 프랑스의 에피소드는 그런 점에서 매우 흥미롭다.


한 세일즈맨이 경영자와 똑같은 형의 벤츠를 샀다는 이유로 해고 됐다. 그러자 그는 소송을 냈고, 승소하여 노사분쟁조정위원회로부터 보상을 받았다. 그러나 복직은 되지 않았다. 자존심에 손상을 입은 경영자가 그 세일즈맨을 다시 채용하기를 원치 않기 때문이다.

사용가치로서의 자동차 벤츠는 원론적으로 그 누구라도 구입하여 타고 다닐 수 있는 교통기관이다. 하지만 일단 위세를 나타내는 상징적 물건이 된 벤츠는 돈이 있다고 아무나 살 수 있는 사물이 아닌 것이다. 그것은 사회적 지위를 나타내는 하나의 기호가 되었기 때문이다. 사물 앞에서는 모든 사람이 평등하지만, 엄격하게 등급이 매겨진 기호 및 차이로서의 사물 앞에서는 전혀 평등하지 않다는 것을 이 사례는 여실히 보여 주고 있다.

그러나 이 에피소드는 경제 발전의 초기 단계에서나 생겨날 수 있는 사건이다. 아직 돈 많은 사람이 소수이고 나머지 대부분의 사람들은 여분의 부를 갖고 있지 못하여, 고급품의 소비가 상류계급의 전유물로 여겨졌던 시대의 이야기다.

산업사회 이후 우리 사회는 대량생산에 의해 물자가 넘쳐흐르는 풍요로운 사회가 되었다. 풍요로운 대중사회에서 우리는 지금 로열 코펜하겐 찻잔을 일상생활에서 쓰고 있고, 조선시대 왕궁에서나 먹던 유과나 약과는 비싸서가 아니라 단지 맛이 없어서 먹지 않고 있으며, 미국의 톱 여배우가 쓰는 사치품을 한국의 보통 여성들이 무심히 쓰고 있다.

2005년 다보스 포럼에 애인 브래드 피트와 함께 참석한 앤젤리나 졸리의 사진을 보고 한국의 평범한 직장 여성들은 "아니, 저건 바로

2005년 다보스 포럼에 참석한 앤젤리나 졸리(맨 오른쪽). 그녀가 멘 루이비통 가방은 서울의 젊은 여성들 사이에서도 흔하게 눈에 띈다.

내가 메고 다니는 거잖아!"라며 신기해 했다. 앤젤리나 졸리가 어깨에 멘 루이비통 가방은 서울 거리에서 20대 여성들이 흔히 메고 다니는 바로 그 가방이었기 때문이다.

거의 대부분의 명품들이 해마다 꾸준히 매출액을 올리고 있는 현상 은 그야말로 소비의 평등화가 이루어졌음을 보여 주고 있다.


## 상류층의 반(反)소비는 아래 계층 따돌리기 전략

현대사회는 전체적으로 소득 수준이 높아졌다. 자영업의 장사가 잘

로빈슨 크루소의 사치 다시 읽기

돼 큰돈을 벌 수도 있고, 부동산이나 주식으로 재테크를 잘해 큰 부자가 될 수도 있다. 대단한 부자가 아닌 평범한 월급쟁이라도 마음만 먹으면 명품 한두 개쯤은 살 수 있다. 이렇게 모든 사람들이 명품을 살 수 있는 돈을 가지고 있다면 명품의 사용은 더 이상 상류계층을 표시하는 기호가 될 수 없을 것이다.

중견 사원도 외제차를 타고 말단 여직원도 명품 핸드백을 들고 다니는 사회에서 상류층과 하류층이 구별되는 방법은 무엇일까? 차라리 아래로 내려가는 것이다.

원래 상류층의 품위(distinction)란 '차별' 혹은 '구별'의 뜻이 아니었던가. 귀족이란 다른 사람들과 구별되는 어떤 차이를 지닌 사람이다. 현대의 상류층이라고 해서 다를 것이 없다. '차이'가 중요한 것이지 물건 자체가 중요한 것이 아니다. 부하 직원이 외제차를 타면 자신은 소형 국산차를 타고, 월급쟁이 임원들이 고급 레스토랑에서 식사를 하면 자신은 9천 원짜리 순두부찌개를 먹는 회사 오너, 이 차이가 바로 글자 그대로 귀족적 품위다.

따라서 베블런이 『유한계급론』에서 말한 소위 과시적 소비의 이론은 수정되어야 한다. 현대의 상류층은 '고급', '화려함', '낭비'를 과시하기는커녕 값싼 음식을 먹고, 될 수 있으면 자동차를 타지 않고, 해진 구두를 신고, 보통 사람들과 비슷하게 소박한 생활을 한다는 것을 과시하고 있다. 해진 구두를 굳이 언론에 노출되도록 연출했던 박원순, 박영선 등의 정치인이 생각난다. 왜 그럴까? 이런 소박한 생활이 아래 계층의 사람들과 차별되는 것이기 때문이다. 이것은 일석이조의 효과가 있다. 아래 계층과 구별되는 '차이'의 효과가 그 하나이고, 돈 많은 사람이 소박하고 겸손하기까지 하여 서민들에게 친근감을 준다는 사실이 그 두 번째이다.

그러니까 현대에 와서는 과(過)소비가 문제가 아니라 과소(過少)소비(under-consumption)가 문제다. 그들은 지나치게 소박하고, 지나치게 덜 소비한다. 그것은 겸손함이 아니라 차라리 극단적인 형태의 위세다. 물론 그들이 언제나 소형차를 타고 언제나 순두부찌개만 먹는 것이 아니다. 차별화해야 할 아래 계층이 없을 때, 그리고 경쟁 상대인 동류의 친구들 사이에서는 마음 놓고 경쟁적으로 고가의 사치스러움을 누릴 것이다.

결국 반드시 고가의 화려한 명품만이 차이 표시 기능을 갖고 있는 것은 아니라는 얘기다. 중간계급의 20대 여성이 든 루이비통 가방이 그녀의 지위를 높여 주는 차이 표시 기호라면 재벌 오너에게는 9천 원짜리 순두부 한 그릇이 지위를 높여 주는 차이 표시 기호가 될 수 있다는 것이다. 이런 행동들은 사치보다 더한 사치이며, 그 무엇보다 더 효과적인 과시다. 뽐내지 않고 남의 눈에 띄지도 않게 겸손한 태도와 검소함을 보이는 것은 자신을 한층 더 가치 있는 사람으로 만들어 주므로, 결국 소비하기를 거부하는 것이야말로 소비 중에서도 최고의 소비가 된다. 그러고 보면 기호의 수준에서는 절대적인 부도 절대적인 빈곤도 없으며, 부의 기호와 빈곤의 기호가 따로 정해진 것도

로빈슨 크루소의 사치 다시 읽기

아니다.

　문명화된 현대사회에서 사회계급을 구분하는 경계선은 점차 모호하고 가변적으로 되지만, 그렇기 때문에 더욱더 상류계급의 생활방식은 강한 영향력을 행사하며 사회의 최하층까지 내려간다. 각 계급의 구성원들은 자신들보다 한 단계 높은 계급에서 유행하는 생활양식을 이상적인 생활양식으로 간주하고 그것을 모방하는 데 자신들의 에너지를 쏟아붓는다. 처음에는 상류계급이 과소비하는 것을 보고 중간계급은 그것을 모방하여 열심히 과소비했다. 그러자 상류계급은 극도로 소비를 줄여 과소소비를 함으로써 아래 계급을 따돌렸다. 이와 같은 반(反)소비(anti-consommation), 즉 소비하지 않기는 지극히 현대적인 현상이다. 과거 어느 사회에서도 상류계급이 반소비를 과시한 적은 없었다. 그런데 현대사회에서는 소비하지 않기가 고도의 교묘한 소비이며, 상류계급의 표시가 되었다. 상류층을 따라 과시적으로 소비하기 시작한 중간계급은 상류계급의 이런 반전에 당황하지 않을 수 없다.

　프랑스어에서 '도착하다'라는 의미의 arriver는 '출세하다'라는 뜻도 있다. 먼저 출세한 사람들은 그러니까 먼저 도착해 있는 사람들이다. 그들의 뒤를 따라 나중에 도착한 사람들이 저 높은 곳으로 올라가기 위해 사다리에 올라타려 한다. 그러나 이미 먼저 도착해 있는 사람들은 아래 신분의 사람들이 올라올 사다리를 아예 걷어차 버려 그들을 영원히 올라오지 못하게 한다. 그 수단이 과소소비다. 리스먼

(David Riesman, 1909~2002)도 "상류계급은 자신들의 과소소비를 과 시함으로써 벼락부자들의 신분상승을 저지한다"고 말한 적이 있다.

과소소비는 정신의 영역에도 있다. 온갖 부르주아적 생활을 다 즐 기면서 자신은 가난한 사람들을 위하는 척하는 일종의 '가난 포르노 (misérabilisme)'가 그렇고, 상당한 재산을 갖고 있으면서 스스로 무산 자(無産者)인 체하는 프롤레타리즘(prolétarisme)이 그러하다. 한국의 좌파 지식인들이 즐겨 취하는 지적(知的) 반소비 현상이 바로 그것이 다. 전 서울시장 박원순은 재산이 마이너스 통장이었다.

반소비 현상은 물건만이 아니라 인간관계나 사상의 표현 등 실로 다양한 형태에서 나타난다. 현대사회를 해석하는 데 이보다 더 적합 한 개념은 아마 없을 것이다. 나이 많은 고위 간부들을 제쳐 둔 채 20 대 평사원들의 의견만 존중하는 기업 오너가 있다면, 그의 행동을 나 이와 신분을 넘어선 겸손으로 해석해서는 안 된다. 그는 젊음 이데올 로기가 지배하는 현대사회에서 강자인 젊은이들에게 아부하고 있는 것이기 때문이다. 가장 자본주의적 인간이면서 자본주의의 대척점에 있는 운동권 사회주의자들과 교류하는 것을 멋으로 알았던 재벌 총수 나 언론사 사주들의 행동도 전형적인 이념의 과소소비 현상이다. 그 들의 행태로 인해 한국 사회는 한층 더 사회주의에 가깝게 다가가게 되었다.

로빈슨 크루소의 사치 다시 읽기

# 02

# 문화자본으로서의
# 인문학

현대의 상류계급은 우선 소비 양식에 의해 자신을 다른 사람들과 구별한다. 그들은 과시적 소비에서 검소함의 과시로, 양적인 과시에서 차이를 만드는 과시로 이행했다. 현대의 풍요로운 사회에서 이제 소비는 더 이상 상류사회의 차이 표시 기호가 되지 못한다.

그렇다면 무엇이 상류층과 하류층을 가르는 것일까? 그것은 지식과 권력 그리고 문화다. 지식과 권력 그리고 문화는 현대사회에서 가장 부족한 중요 희소재(稀少財)다.

현대의 상류계급은 지식과 문화라는 양대 축으로 지배권을 행사한다. 요컨대 돈에서 교양으로의 이행이다. 부르디외가 말하는 문화자본이다. 명품은 돈을 주고 살 수 있지만 고급예술을 감상할 수 있는 안목이나 취향은 돈으로 살 수 없다. 돈은 단기간에 벌 수 있지만 교양은 물방울처럼 천천히 스며드는 것이어서 취향은 단기간에 습득되지 않기 때문이다.

『보보스(Bobos in Paradise)』(2000)의 저자 데이비드 브룩스는 출생 가문이 한 사람의 운명을 점점 더 좌우하며, 중간층 이하의 사람들이 성공의 사다리를 오르기는 더욱 힘들어지고 있다고 했다(뉴욕 타임스 2005. 1. 25). "고등교육을 받은 부유한 상류층들이 같은 동네에 살면서 자녀들을 잘 교육시켜 일류 대학에 보내고, 이들이 성인이 되면 또 다른 부유층을 형성하기"때문이라고 말했다. 보보스란 부르주아와 보헤미안의 합성어다.

한국의 좌파 세력이 좋아할 논리지만 그러나 문제는 단순히 '동네'가 아니다. 불평등을 일으키는 것은 그들 가정에 축적된 교양으로서의 문화다. 주거지역이나 교육이 문제라면 한국의 물리적 평등론자들의 강남 때리기나 서울대 없애기가 효력을 발휘할 것이다. 그러나 인위적으로 주거를 배치하고 인위적으로 일류 대학에 넣어 보았자 사회적 이동은 그리 쉽게 일어나지 않는다.

신분상승은 문화를 통해서만 이루어진다. 그리고 문화는 오랜 시간의 학습을 통해서만 형성된다. 어릴 때부터 미술과 음악을 가까이했던 사람만이 어른이 되어서도 미술과 음악을 즐길 수 있다. 현대사회에서 음악이나 미술은 더 이상 가난한 천재의 고통스러운 노고의 결실이 아니다. 그것은 계급적인 사치재(奢侈財)인 것이다.

로빈슨 크루소의 사치 다시 읽기

그러니까 불평등은 경제 분야에만 있는 것이 아니라, 오히려 문화 분야에서 더욱 두드러진다. 재벌 총수나 거리의 미화원이 똑같이 라면을 먹을 수는 있지만, 그들은 바그너의 음악을 똑같이 즐길 수는 없다. 법적 지위에서도 그렇지만 문화에서도 사람들은 표면적으로는 평등하지만 실제적으로는 사회적 상황과 교육 수준에 따라 천차만별이다. 결국 수준 높은 문화는 일부 계층에게만 존재한다. 그러므로 진정 사회적 평등을 이루고 싶다면 문화를 저변에 보급하는 교육에 관심을 기울여야 한다. 인문학, 예술, 문화 등의 비가시적 자본이야말로 사회의 균형발전을 위해 가장 절실하게 필요한 것이다.

미국의 작가이며 사회평론가인 얼 쇼리스(Earl Shorris, 1936~2012)는 "극장, 연주회, 박물관, 강연 같은 정신적인 삶의 부재가 사람들을 가난하게 만든다"는 한 여죄수의 말을 듣고 충격을 받아 소외 계층을 위한 '클레멘트 인문학 강좌(Clemente Course in the Humanities)'를 시작했다. 1995년 노숙자, 마약중독자, 전과자, 빈민 등 31명을 뉴욕 복지시설에 모아 문학, 역사, 예술, 논리학, 윤리철학을 가르친 지 몇 년 만에 치과의사 둘, 간호사 하나가 나왔고, 영문학 박사과정을 밟거나 마약중독자생활센터 상담실장이 된 졸업생도 있었다.

베네수엘라의 청소년 음악운동 '엘 시스테마'도 좋은 예다. 1975년 경제학자 호세 안토니오 아브레우가 조직한 이 프로그램은 많은 저소득층 청소년들을 바른 길로 인도한 것으로 유명하다. 마약과 범죄에 무방비로 노출된 빈민 아이들을 가르치고 재활시키고 범죄도 예방하기 위해 음악을 이용했다. 현재 102개 청년 오케스트라와 55개 유소년 오케스트라로 구성된 이 네트워크는 인원수로는 약 10만 명에 이른다. 유명한 지휘자 구스타보 두다멜을 배출했다. 2004년에는 엘 시스테마를 다룬 〈연주하고 싸워라(Tocar y Luchar)〉라는 다큐멘터리 영화도 나와, 아메리카 국제영화제에서 '최고의 다큐멘터리'로 선정되기도 했다.

그러고 보면 인문학은 부르주아적 사치가 아니라 진정 모든 인간을 평등하게 해 주는 무형의 힘이다. 인문학은 자신을 성찰하고 인간으로서의 자존감을 되찾게 해 주기 때문이다.


## 아비투스

인문학은 인간을 성찰하게 해 주는 메타학문이기도 하지만, 또 한편으로는 대단한 문화자본이기도 하다. 고전적 엄숙주의자들은 동의하지 않겠지만, 그런 의미에서 인문학 역시 계급 상승의 한 수단이다.

우리는 재화나 재산 같은 경제적 자본(economic capital)만이 자본인 줄 알고 있지만, 자본에는 사회적 자본(social capital)도 있고 문화적 자본(cultural capital)도 있다. 대학의 학위 소지자, 전문직, 예술가, 저술가 등이 모두 문화자본을 소유한 사람들이다. 지식만이 아니라 말투나 예술에 대한 취향처럼 몸에 자연스럽게 밴 성향과 교양 역시

로빈슨 크루소의 사치 다시 읽기

문화자본이다. 이렇게 몸에 밴 성향을 부르디외는 '아비투스(habitus)'라고 불렀다.

아비투스는 한 개인이 사회를 지각하는 방식, 또는 사회에 대해 반응을 보이는 방식이다. 더 쉽게 말해 보면 자세나 어조 같은 몸의 경향, 대상을 지각하고 분류하고 평가하는 좀 더 추상적인 정신적 습관, 그리고 감정이나 행동 등의 방식이다. 새로운 상황과 맞닥뜨렸을 때 일부러 계산하지 않아도 자연스럽게 나오는 평소의 태도라든가 예의범절의 수준, 미적인 것에 대한 취향, 도덕적 직관 같은 것들이 바로 아비투스다.

문제는, 그의 이런 태도들이 그와 비슷한 배경, 예컨대 같은 계급, 같은 국적, 같은 민족, 같은 교육, 같은 직업을 가진 사람들과 모두 함께 공유하고 있는 태도라는 사실이다. 한 개인은 이런 태도들을 자기 주변 환경으로부터 모방(미메시스)함으로써 습득했기 때문이다. 그러니까 아비투스는 한 개인의 개별적 습관이 아니라 그 개인이 속한 집단 혹은 계층의 공통적 관습이다. 그 일차적 배경집단은 가정환경이다. 사람은 어린 시절 살아온 가정에서 모든 아비투스를 형성한다.

그러나 한 개인은 이처럼 단순히 과거에 의해 수동적으로 구조화될 뿐만 아니라 그 자신이 능동적으로 아비투스를 형성하기도 한다. 자기와 비슷한 아비투스를 가진 사람들과 한데 어울리며 하나의 계층을 구성하기 때문이다. 이렇게 해서 사회구조는 재생산된다. 그러므로 아비투스란 집단문화와 개인 역사가 한데 얽힌 사고방식이나 생활 관습이다. 어릴 때 상류층 가정으로부터 습득한 아비투스들이 모여 다시 상류층의 아비투스가 형성되고, 이런 식으로 한 사회의 계층은 고착화된다.

문화자본과 사회자본은 당연히 경제자본으로 전환될 수 있다. 반대로 경제자본 또한 문화자본과 사회자본으로 전환될 수 있다. 돈이 많으면 유명 인사들과 인맥을 쌓을 수 있고, 자식 교육을 잘 시키거나, 자신도 벼락치기로 문화적 학습을 할 수 있기 때문이다. 조선시대 소설 『양반전』이나 프랑스 17세기 극작가 몰리에르의 희곡 『시민 귀족』은 단숨에 문화자본을 습득하여 계급의 사다리를 오르려는 벼락부자들의 분투를 코믹하게 그린 것이다. 물론 현대의 영화나 드라마에는 그런 이야기들이 무수히 등장한다. 계급 갈등을 다룬 대표적인 영화 〈기생충〉(2019)과 〈하녀〉(2010)에서 상류층 자식들이 어릴 때부터 미술 교육을 받는 장면은 그래서 예사롭지 않다.


## 미술의 경우


문화적인 계층도 역시 지배자와 피지배자라는 기본적인 대립 구조로 되어 있다. 이 대립 구조는 돈의 유무로 결정되는 것이 아니라 세속적인 것과 정신적인 것, 물질적인 것과 지적인 것 등으로 결정되는 이중 구조다. 이렇게 계층화되면서 사회적 주체는 품격 있는 사람과

로빈슨 크루소의 사치 다시 읽기

저속한 사람으로 구분되고, 계층의 명백한 구분 속에서 각자의 위치가 결정된다. 아비투스에 의한 계층 세습이다.

　미술을 예로 들어 보자. 현대미술의 이해는 축적된 지식을 필요로 한다. 예를 들어 남자용 소변기에 서명만 해서 갖다놓은 뒤샹의 레디메이드 작품 〈샘〉을 보고 이것을 미술작품으로 인지하기 위해서는 서양미술사 전반에 대한 지식이 전제로 깔려 있어야 한다. 그런데 그 지식은 이미 어릴 때 가정환경에 의해 결정된다. 부르디외가 말하는 문화자본이다.

　『미술에 대한 사랑(L'amour de l'art)』(1969, 알랭 다르벨Alain Darbel과 공저)에서 부르디외는 가장 순수하고 아름다워야 할 미술이 도저히 뛰어넘을 수 없는 계급의 벽임을 밝혀 내고, 문화야말로 계급을 결정하는 기준 혹은 계층을 가르는 장벽이라는 것을 사회과학적 방법을 통해 논증하였다. 미술관이나 전시회 방문자의 통계숫자는 미술작품과 관련된 극단적인 사회적 불평등을 보여 준다.

　원칙적으로 모든 미술관은 사회 구성원 모두에게 개방되어 있다. 모든 사람들이 미술관에서 전시되는 미술작품을 볼 수 있다. 하지만 이것은 순수 가능성일 뿐, 실제로 이 가능성을 실현시킬 수 있는 사람들은 그들 중 일부에 불과하다. 당연히 교육을 많이 받은 사람일수록 미술관을 자주 찾았다.

　부르디외는 문화 앞에서의 불평등은 재능이나 취향의 문제가 아니라 어린 시절부터의 학습의 문제라고 했다. 미술 교육에서 학교보다 더 중요한 것은 어린 시절 가정에서 이루어지는 자연스러운 침투 방식의 문화 교육이다. 문화의 침투는 느린 속도로 이루어진다. 특히 미술처럼 미묘한 차이를 습득해야 하고 또 이전에 입문한 문화의 내용과 연계되어야 하는 분야에서는 더욱더 긴 시간이 요구된다. 미술에 대한 사랑은 '한눈에 반하는' 방식이 아니라 '오랜 동안의 만남'에서 형성되는 것이기 때문이다. 미술작품이라는 것이 일정한 원리나 규칙으로 환원될 수 없는 구체적인 개별성이므로 예술적인 취향을 획득하는 데는 오랜 시간이 걸릴 수밖에 없다.

혜택받은 계층이 유리한 것은 미술관을 자주 방문한다는 물리적 횟수만이 아니라 감상하는 작품의 질과 미적 판단의 기준 때문이다. 상징적인 사물인 미술작품은 결국 그것을 해독할 수단을 보유한 사람들에게만 그 존재가 드러나는 것인데, 이러한 수단을 가정이나 학교에서 학습하지 못한 사람들은 단순히 화폭에 그려진, 또는 조각으로 재현된 '형태'를 식별하는 수준에 머무르고 만다. 다시 말하면 미술사 속에서 이 그림이 갖는 의미가 무엇인지, 이 화가는 어떤 의도를 가지고 그렸는지를 전혀 모르는 채 그저 이 그림은 꽃병을 그렸구나, 이 조각품은 깡마른 사람을 조각했구나, 정도만 이해하는 것이다. 미술작품이 제시하는 메시지를 파악하고 그 의미를 해독하며 그 해독이 주는 감흥을 느낄 수 있는 사람들은 미술관을 자주 찾는 극소수의 사람들뿐이다.

정기적으로 그림을 감상하는 방문자들은 자꾸만 반복되는 스타일에 자연스럽게 식상해질 것이고, 따라서 과거의 미술보다 더 혁명적인 미술 경향을 찾게 될 것이다. 당연히 과거의 작품보다는 혁신적인 현대 작가들의 작품을 선호하게 되고, 취향은 자꾸 고급화된다. 전통 시대에는 사회와 미술작품 사이의 괴리가 비교적 좁았으나, 오늘날에는 그 간극이 매우 커서 대중과 예술과의 차이는 한층 더 크게 벌어졌다. 그런데 이전의 지각 방식을 버리고 새로운 지각 방식으로 대체하고 내재화해야 하는 과정은 매우 느리고 힘든 것이다. 당연히 대중은 점점 더 최신 개념의 미술을 따라가기가 어렵게 되는 것이다.

그 결과 문화적 소양을 덜 갖춘 방문자들은 자신이 무식하다는 부끄러운 감정을 갖게 되고 점점 더 미술관과 멀어지게 된다. 아니, 어쩌면 미술관 방문의 필요성을 아예 느끼지 못하고, '문화 활동이 부재하다'는 부재의 감정마저 갖지 못하게 된다는 것이 더 정확한 말일 것이다. 이제 미술은 보이지도 않고 뛰어넘을 수도 없는 분리벽이 되어, 미술작품에 접근할 수 있는 사람들과 그렇지 않은 사람들을 구별짓게 된다. 동시에 그것은 특별한 영역에 선택되었다는 것을 입증하는 일종의 보증 마크가 되기 시작한다.

한 사회 그룹에게는 자신들이 사회에 소속되었다는 감정을 주고 다른 사회 그룹에게는 사회로부터 배제되었다는 감정을 강화시키는 것이 바로 이 순간이다. 이러한 계층화가 이루어지는 메커니즘을 부르디외는 『미술에 대한 사랑』을 쓴 지 10년 후인 1979년에 『구별짓기 (La distinction)』라는 저서에서 자세히 분석했다. 미술작품을 해독할 수 있는 지적 코드의 소유는 사회문화적인 수준에 의해 결정되며, 결국 문화 활동은 상류층을 사회적으로 구별지어 주는 도구라는 것이다.

## 평등한 교육은 사실은 불평등한 교육

일반 대중을 미술관에 유인하는 정책으로 작품의 이동전시, 무료 입장, 개방 시간 연장 등을 실시해 보았자 그 효과는 극히 제한적일 수밖에 없다. 새로 개관한 국립박물관이 무료 입장이었을 때 줄을 섰던 인파가 유료 입장으로 전환하자 뚝 끊겼던 것처럼 이런 노력은 단기간의 성공에 머물 뿐이다. 사람들이 지속적으로 미술관을 찾으려면 미술작품을 즐기고 해석하는 미술적인 능력이 전제되어야 하는데, 어린 시절에 그런 능력을 키우지 못한 어른들에게 그것을 단기적으로 주입한다는 것은 불가능한 일이다. 그러므로 중요한 것은 교육이다.

여기서 아이러니한 것은, 모든 학생들에게 일률적으로 실시하는 교육은 이미 매우 불평등한 교육이라는 사실이다. 부모의 교육 정도와 문화 활동으로 문화 수준이 앞서 있는 아동과 난생 처음 예술작품을 접하는 아동이 똑같은 교육을 받는다는 것은 스타트라인에서 이미 불평등하게 출발하는 것과 다름이 없다. 같이 수업을 들어도, 가정교육 덕택으로 미술에 친밀감을 가진 혜택받은 일부 계층 아이들은 하류계층의 아이들보다 이해도가 훨씬 빠를 것이다. 그 결과도 불평등하게 나타날 것이 틀림없다.

이런 식으로 문화 분야에서의 초기의 불평등은 학교교육에 의해 배가(倍加)되고 확고해진다. 결국 가정교육의 결과와, 이것이 우호적으로 작용한 학교교육의 결과가 누적된 상태로 어른이 되면 개인들 간의 격차는 상당히 벌어질 것이다. 그러므로 진정 평등한 교육을 펼치려면, 가정교육의 수준이 고르지 않은 아이들에게 각기 적용되는 차등의 교육과정이 필요하다고 부르디외는 주장한다.

『미술에 대한 사랑』의 저자들은 따라서 학교를 통한 문화의 전파를 주장한다. 미술 학습은 작품과의 반복적인 접촉을 전제로 한다. 어려서부터 부모를 따라다니며 작품과의 만남을 통해 작품과 친근해지는 방법보다 더 효과적인 방법은 없지만, 가정에서 이런 경험을 하지 못한 아이들에게는 학교가 시대나 작가별로 미술을 감상하게 하면서 체계적인 방식으로 작품과 접촉하게 해야 한다. 이렇게 하면 미술에 대한 총체적이며 무의식적인 일종의 친근감을 갖게 되고, 미술에 대한 사랑을 획득할 수 있다고 부르디외는 말한다.

부르디외의 이론이 현장교육에서 실현되고 있음을 우리는 프랑스의 대형 미술관들에서 볼 수 있다. 학교 수업이 없는 수요일에 유치원생과 초등학생들이 박물관의 여기저기서 교사의 설명을 듣고 있는 모습은 참으로 부러운 광경이다. 인문학이 현실과 동떨어진 음풍농월(吟風弄月)이 아니라 사회를 개선하여 모든 인간의 평등에 한 발 더 가까이 가게 만드는 훌륭한 수단임을 확인시켜 주는 현장이기도 하다.


## 우리에게는 영어 교육이

교육을 섬세하게 계층의 문제와 연계시켜야 한다는 주장은 미술에만 국한된 이야기가 아니다. 미술에 이렇게 과도한 관심을 집중하는 것은 어쩌면 프랑스가 예술의 나라이기 때문일 것이다. 한국인들에게는 오히려 영어 교육의 불평등성을 말하는 일이 시급하다. 현대사회에서 영어 구사 능력은 실용적인 능력이면서 동시에 상류사회를 구분 짓는 중요한 척도이기 때문이다.

영어 능력이야말로 빈곤한 출신 가문을 능히 보상해 주는 신분상승의 도구라는 것을 우리는 싫지만 인정하지 않을 수 없다. 어린 초등학생 자녀들을 외국에 보내는 한국인들의 비정상적인 유학 열풍도 집요한 신분상승 의지 외에 따로 설명할 말이 없다.

실제 한국인은 영어 사교육에 엄청난 돈을 쏟아붓고 있다. 정부가 2015년도에 실시한 사교육비 조사에 따르면 전국 초·중·고교생이 영어 사교육에 지출한 돈이 5조 9,779억 원이다. 미취학 아동·대학생·취업준비생이 쓴 비용까지 합하면 영어 사교육비는 10조 원을 훌쩍 넘을 것으로 추정된다. 그러나 이 많은 돈과 시간이 효과적인 결과로 이어지는지는 의문이다.

로빈슨 크루소의 사치 다시 읽기

글로벌 교육기업 에듀케이션 퍼스트(EF)가 2015년 발표한 '국가별 영어 구사 능력 순위'에서 한국은 조사 대상 70개국 중 27위였다. 일본(30위), 중국(47위)보다는 약간 높았지만, 같은 아시아권인 싱가포르(12위)나 말레이시아(14위), 인도(20위)보다는 순위가 낮았다. EF는 "한국의 1인당 영어 사교육비 지출은 세계에서 가장 높은 수준이지만 영어 능력은 향상되지 않고 있다"고 평가했다.

외국어야말로 어릴 때부터의 교육이 중요하다. 나이든 다음의 학습은 돈과 노력과 고통이 가중될 뿐 결코 유창하게 말하기의 목표를 이룰 수 없다. 돈 있는 사람만이 아이를 해외에 유학시킬 수 있는 현재의 불평등한 구조를 타개하려면 공교육이 그것을 흡수해야 한다. 한국의 좌파들은 '국적 없는 교육'이니 '미국의 식민지'니 하면서 영어 조기교육을 반대했지만, 그들이 정권을 잡은 지금 보니 그들은 모두 자식들을 미국에서 교육시켰다. 구호와는 달리 실제로는 불평등의 심화에 기여한 위선자들일 뿐만 아니라 나라의 발전을 저해한 세력이다.

영어만이 아니라 디지털 시대에는 AI(인공지능) 교육도 무한한 가능성을 갖고 있다. 교육은 국가를 발전시키는 수단이면서 동시에 계층이동의 진정한 사다리인데, 한국의 초중등교육이 입시 교육에만 매달려 있는 것은 너무나 안타까운 일이다.

# 유한계급과
# 무한계급

## 부는 더 이상 상류계급의 척도가 아니다

모든 사회에서 재화는 한편에서는 남아돌고, 다른 한편에서는 일상생활을 영위하기도 힘들 정도로 부족하다. 원시사회에서는 과잉의 재화를 신에게 제물로 바쳤고, 왕조시대에는 특권 계급의 사치스러운 지출 또는 위세 과시용으로 쓰였다. 모든 사회는 사회적 차이와 차별을 만들어 내는데, 그것은 부의 이용과 분배에 따라 결정된다. 부의 균등한 분배는 경제학자들의 이상주의적 환상일 뿐 사회학적 차원에서는 존재하지 않는다. 어느 사회에서나 과잉의 부분은 항상 특권 있는 소수의 몫이며, 카스트나 계급의 특권을 재생산하는 기능을 한다.

다시 말하면 상류층은 부자이고, 부자는 곧 상류층이다.

　그러므로 상류계급의 일차적인 정의는 '돈 많은 사람들'이다. 그러나 상류층의 과소소비 현상에서 보았듯이 이제 돈은 더 이상 상류계급을 구분짓는 배타적 요소는 아니다. 재력을 상류계급의 기준으로 보는 것은 아직 베블런의 시대에서 벗어나지 못한 사고방식이다. 물론 경제적인 불평등, 사회적인 불평등 자체가 소멸한 것은 아니고, 상류계급을 지탱하는 기본적인 힘은 여전히 돈이지만, 그러나 이제는 돈이 결정적인 요소는 아니라는 얘기다. 오늘날에도 여전히 사회적 차별이 남아 있고 빈부의 차이가 심하지만 금력은 더 이상 상류계급의 조건이 되지 못한다. 부는 그것이 옛날에 지녔던 근본적인 이점들, 예컨대 권력, 향락, 위세, 특별대우 등을 더 이상 가져다주지 않기 때문이다.

　오손 웰스가 신문 재벌 허스트를 모델로 만든 영화 〈시민 케인〉에서 보여 주었던 자본가들의 과시적 소비는 끝났다. 갤브레이스도 지주(地主)와 주주(株主)의 권력은 끝났다고 일찍이 말했다. 부자들은 오히려 검소함을 과시하며 과소소비를 거의 하나의 신조로 삼고 있을 정도다. 과시에서 검소함으로, 양적인 과시에서 차이의 과시로, 돈에서 교양으로 이행함으로써 그들은 자신들의 특권을 유지한다.

　그럼 오늘의 권력자, 오늘의 상류계층은 누구인가? 갤브레이스는 조직된 전문가들과 기술자들, 다시 말해 지식인과 학자들이라고 말한다. 빌 게이츠나 스티브 잡스, 마크 저커버크 등의 테크 기업 창업자

　　　　　　　로빈슨 크루소의 사치 다시 읽기

들이 영웅으로 떠오르는 것을 보면 50여 년 전의 이 예측은 정확하게 맞은 듯하다. 오늘의 상류계급, 그것은 지식을 소유한 사람, 문화를 소유한 사람, 한 집단에서 결정을 내리거나 책임을 지는 지위에 오른 사람, 권력을 갖고 있는 사람들이다.

그런데 전문지식을 갖고 한 집단에서 결정을 내리는 사람의 특징은 무엇인가? 단순화시켜 한마디로 말해 보자면, 그들은 하나같이 바쁜 사람들이다. 현대의 상류계급은 베블런의 기본 개념인 유한(有閑)계급이기는커녕 돈이 있어도 즐길 시간이 없을 정도로 바쁘게 일하는, 언필칭 무한(無閑)계급이다.


## 현대의 상류계급은 시간이 없어서 쩔쩔매는 무한계급

생산노동에 종사하지 않고 시간이 남아돌아 한가한 사람, 한마디로 놀고먹는 사람을 상류계급으로 정의했던 시대도 있었다. 베블런의 『유한계급론(The Theory of the Leisure Class)』(1899)이 그것이다. 1960~70년대에 우리는 돈 많고 한가한 여자들을 '유한마담'이라고 부른 적이 있었다. 베블런의 흔적이 진하게 배어 있는 단어다.

베블런이 생각했던, 그리고 아직 산업사회가 되기 이전 사회에서 우리가 생각했던 상류계급은 매일매일 먹고살기 위해 돈을 벌지 않아도 될 만큼 충분하게 돈이 있는 사람들이었다. 생계를 위한 노동을 할 필요가 없으므로 그들은 비천한 노동에서 면제받았다. 그들의 시간은 고스란히 여가시간이다.

사람들이 막연히 생각하는 상류계급의 모습은 우선 생계에 필요한 생산활동을 하지 않아도 되는 계층이다. 일상적 노동에서 면제되고, 충분한 여가시간으로 우아한 삶을 영위하는 사람들이다. 노동에서 면제되었다는 것은 재력이 있다는 것을 증명해 주는 관습적 증거이고, 사회적 신분을 과시하는 관습적 징표다. 그러니까 여가는 상류계급의 징표이자 조건이었다. 생산적 노동을 하지 않는다는 것은 명예로운 일일 뿐만 아니라 체면을 유지하는 데도 필요한 것이었다. 따라서 상류계급이 되기 위해서는 재력만이 필요한 게 아니라, 일하지 않고 먹고 논다는 것이 가장 중요한 요소였다.

상류계급이 생산적 노동을 비천하고 무가치한 것으로 여기고 있다는 것을 증명하기 위해 베블런은 폴리네시아군도의 추장과 프랑스의 왕을 예로 들었다. 폴리네시아의 추장들은 훌륭한 예법을 너무 강조하다가 자기 손으로 음식을 집어먹지 못하고 차라리 굶어 죽는다. 또 프랑스의 어떤 왕은 어느 날 왕궁에 화재가 발생했는데, 왕좌를 옮기는 담당 관리가 없다는 이유로 화염 속에 그대로 앉아 화상을 입었다.

여가라는 용어는 아무 일도 하지 않음을 의미하는 것이 아니라 생산적인 노동을 하지 않는다는 의미다. 시간을 비생산적으로 소비한다는 것이 곧 여가인데, 여기에는 생산활동이 무가치하다는 개념, 그리고 게으른 생활이 재력의 증거라는 생각이 기본으로 깔려 있다.

로빈슨 크루소의 사치 다시 읽기

그러나 오늘날에는 노동의 의미가 바뀌었다. 일정한 직업 없이 친구들과 어울려 골프니 스키니 놀러 다니면서 온갖 명품은 다 사들이는 부잣집 아들을 선망하는 분위기가 아주 없는 것은 아니다. 그러나 그들을 '팔자 좋은 사람'이라고 부르는 말에는 차라리 비아냥거림이 담겨 있을망정 존경심은 없다. 요즘의 젊은이들이 정말로 되고 싶고 진정으로 선망하는 사람은 빌 게이츠나 저커버그, 혹은 제프 베이조스처럼 하루의 분초를 다투어 가며 바쁘게 일하는 CEO들이다. 그들은 한국을 방문할 때면 점심을 샌드위치나 햄버거로 때우고, 몇 회사 사장들과의 면담, 소규모 청중 앞에서의 강연 등 일정을 한나절에 다 소화한 뒤 황급히 저녁 비행기를 타고 중국이나 일본으로 향한다.

국내 경영자도 마찬가지다. 재벌가의 한 회장은 1년의 3분의 1을 해외에 머물면서 해외영업을 직접 담당한다. 외국 현지에 도착하자마자 거래선을 만나고, 곧바로 공항으로 나가 밤비행기를 타고 다음 국가로 이동한다. 비행기에서 곧장 잠을 자 시차를 극복하고, 급하면 햄버거 가게에서 혼자 끼니를 때운다. 돈 많은 상류층은 호화로운 호텔에서 값비싼 음식만 먹으며 한가롭게 여유시간을 보내고 있을 것이라는 우리의 예상은 여지없이 빗나간다. 도덕과 정의를 독점한 듯한 운동권 출신의 정치인들이 고급 스포츠와 산해진미를 즐기고 있는 동안, 정작 돈 많은 '유한계급'은 돈을 쓸 시간조차 없이 바쁘게 생산노동에 몰두하고 있는 것이다.

결국 베블런의 『유한계급론』은 이제 낡아빠진 구식 이론이 되었다.

생산노동에 눈코 뜰 새 없이 바쁜 나날을 보내는 현대의 상류계급은 한가한 여가의 유한계급이 아니라 시간이 없어 쩔쩔매는 '무한(無閑)' 계급인 것이다.

## 노동시간과 여가시간

### 여가의 현대적 의미

한가함이 더 이상 상류계급의 특징이 되지 못하는 것은 시간의 개념이 바뀌었기 때문이다.

옛날에는 물이나 공기와 마찬가지로 시간도 무제한 펴져 있는 흔한 물건이었다. 예컨대 미개 사회에서는 시간이 존재하지 않았다. 시간이란 노동이나 축제 같은 반복되는 집단활동의 리듬에 다름 아니었다. 이런 사회에서 미래를 투영하거나 예측하는 일은 생각조차 할 수 없었다. 그저 모든 것이 반복일 뿐이었다. 그들에게 시간은 개인적인 것이 아니라 축제 같은 행사를 이정표로 삼는 집단적 리듬이었다. 미개 사회에서 시간은 특별히 '시간'이라고 불릴 필요가 없었으며, 자연의 주기와 그대로 일치했다. 화폐가 존재하지 않았던 것과 마찬가지로 그곳에는 시간도 존재하지 않았다. 그러나 현대에 이르러 시간은 가장 부족한 희소재가 되었다.

시간과 화폐의 유사성은 노동시간과 여가시간을 분석하는 데도 아

로빈슨 크루소의 사치 다시 읽기

주 중요한 요소다. '시간은 돈이다'라는 금언은 노동시간만이 아니라 여가시간에도 적용된다. 시간 역시 교환가치의 법칙을 따르는 귀중한 희소재다. 작가 노먼 메일러는 냉동한 오렌지 주스와 종이팩 안의 액체 상태의 오렌지 주스의 생산가를 분석한 결과, 액체 상태의 오렌지 주스가 언 것을 다시 녹이는 데 필요한 2분간의 시간을 벌게 하기 때문에 그만큼 비싼 값이 매겨졌다는 이야기를 한 적이 있다. 이때 생산자는 소비자에게 오렌지 주스만을 판 것이 아니라 거기에 포함된 2분간의 자유시간도 함께 판 것이다.

자유시간은 잠재적 생산력이고, 수익을 낼 수 있는 자본이며, 노동을 통해 '번' 시간이다. 그것을 우리의 것으로 소유하기 위해서 우리는 그것을 다시 돈을 주고 사야만 한다. 시간을 돈을 주고 산다는 것에 놀라고 분노하는 사람은 시간이 모든 사람에게 무제한으로 주어져 있는 자연적인 물건이라고 생각하는 순진한 사람들이다.

시간은 또한 교환 가능한 물건이다. 다른 상품과 교환될 수 있고, 특히 돈과 교환될 수 있다. 은유적으로 말해 시간은 물질이다. 왜냐하면 모든 생산물은 그 안에 시간이 농축되어 들어 있는, 시간의 결정체(結晶體)이기 때문이다. 그 안에 들어 있는 시간이란, 그것을 제조한 생산자의 시간이다.

그러나 생산물이 시간의 결정체라는 것은 그런 의미만은 아니다. 소비자에게 자유시간을 보장해 준다는 의미에서 또한 시간의 결정체다. 세탁기는 가정주부에게 세탁물을 손으로 비벼 빠는 만큼의 시간을 자유롭게 내어주고, 백화점 식품 코너의 반찬은 주부가 야채를 다듬고 데쳐 나물로 무치는 시간만큼을 절약하게 해 준다. 코로나 사태 속에서 수많은 사람들이 시켜 먹는 음식 배달도 마찬가지다. 주부가 시간과 정력을 들여 차려야 할 밥상을 뚝딱 10~20분 내로 배달해 준다. 우리는 돈을 주고 그 시간을 산다.

사실 상품이란 물질로 가시화(可視化)된 잠재적 자유시간이다. 그렇게 번 시간을 우리는 한가로이 텔레비전을 보거나 스마트폰에서 트위터나 페이스북을 검색하는 데 쓴다. 돈을 주고 산 자유시간이 또 다른 상품의 구매를 충동하는 텔레비전 광고나 소셜 미디어 광고를 보는 데 쓰인다는 것은 아이러니가 아닐 수 없다.

교환가치로서의 시간은 노동시간에만 적용되는 것이 아니다. 그것은 여가에도 유효한 법칙이다. 우리는 노동시간과 여가시간이 전혀 별개의 것이며, 노동시간은 강제의 영역, 여가시간은 자유의 영역이라고 생각한다. 그러나 그것은 하나의 신화일 뿐이다. 노동시간과 여가시간의 구분은 소비사회에서 점점 더 확연해지지만 실제로 그 차이는 형식적인 것에 불과하다.

여가란 무엇보다도 시간을 낭비할 수 있는 자유다. 프랑스어에서 여가를 뜻하는 바캉스(vacances)는 '공석', '빈자리' 혹은 '아무것도 하지 않음'이다. 그러니까 바캉스는 문자 그대로 생산적이 아닌, 헛되이 보내는 시간이어야 한다. 다시 말해 여가는 '완전한 소모행위'여야 한다. 이것이 여가의 진정한 사용가치다. 그러나 그 바캉스에서도 우리

로빈슨 크루소의 사치 다시 읽기

는 뭔가 생산적인 일을 해야 한다는 강박관념을 갖고 있다. 바캉스라고 하는 자유시간은 휴가를 얻은 나의 사유재산이며, 1년간 땀 흘려서 번 일종의 재화라고 생각하는 것이다. 우리는 다른 사물들처럼 이 재화도 뜻있게 향유하려 한다. 시간을 낭비하는 건 생각만큼 쉬운 일이 아니다. 완전한 무상성(無償性), 무소유, 자기상실, 시간의 낭비 같은 공허함(바캉스)을 필사적으로 흉내 내 보지만 그러나 그것은 결코 도달할 수 없는 어려운 목표다. 시간을 벌기에 너무 피곤하여 시간을 좀 죽이고 싶지만, 시간을 죽이는 일은 시간을 버는 일만큼이나 어렵다.

그러고 보면 여가를 자유시간이라고 생각하는 것은 허구일 뿐, 우리에게 자유시간이란 없다. 모든 시간은 결국 강제된 시간이다. 아무것도 안 하고 가만히 있는 것이 진정 휴식일 텐데, 우리는 재미있게 놀아야 한다는 강박관념으로 마지막 남은 휴식의 편안함마저도 빼앗긴다.

관광여행지에서의 빠듯하고 피곤한 일정을 생각해 보라. 아무 일도 안하고 호텔 방에서 한나절을 보냈을 때 느끼는 죄의식에 가까운 불안감은 도대체 무슨 연유인가? 비싼 돈 들여 멀리까지 와서 아무 일도 안 한다는 죄책감, 아까운 시간을 내서 왔는데 아무런 유익한 일도 하지 않았다는 초조감이 우리를 엄습하지 않는가.

우리에게 남겨진 유일한 자유시간은 한 장소에서 다른 장소로 이동하는 시간 정도다. 관광지가 아니고 일상생활 속에서도 어딘가 가는 동안만은 완전히 무위(無爲)의 시간을 죄의식 없이 보낼 수 있다. 우리에게 자유시간이란 그렇게 토막 시간밖에는 없다. 하긴, 공간 이동의 그 시간조차 아까워 버스나 비행기 속에서 글을 읽는 사람들도 있기는 하다.

결국 악착같이 뭔가 성취해야 한다는 점에서 여가와 노동시간은 똑같다. 쇼핑이나 물건의 소비가 우리의 만족을 위한 것이 아니었듯 여가도 결코 만족을 위한 시간이 아님을 알 수 있다. 즐거움을 위해 바캉스를 가고 여가시간을 즐긴다는 것은 표면적인 이유일 뿐이다. 햇빛에 피부를 구릿빛으로 그을려야 한다는 강박관념, 이탈리아와 스페인의 박물관들을 미친 듯이 바삐 도는 관광 여정, 일광욕과 헬스를 반드시 해야 한다는 의무감, 그리고 이런 행동을 하고 난 뒤 더할 수 없이 삶이 즐겁다는 듯 얼굴에 떠올리는 가식적인 미소는 여가가 느긋한 여유이기는커녕 얼마나 의무, 희생, 금욕의 규칙에 따르고 있는가를 잘 보여 준다.

행락객이 똑같은 장소에만 몰리는 현상도 여가의 의무감에서만 설명이 가능하다. 흔히 사람들은 조용한 장소에 가 편히 쉬고 싶다는 것을 바캉스의 이유로 삼지만, 실제로 그들이 가는 곳은 혼잡하여 휴식이라고는 취할 수 없는 유명 장소다. 사람들은 자기 일터에서는 쉽게 떠나지만 오히려 혼잡한 군중에서 떠나는 것은 쉽지 않은 것 같다. 사람들이 가장 두려워하는 것은 혼자 있다는 고독감이다.

원래 여가란 상류층의 전유물이었다. 사실 일본이나 스위스로 스

로빈슨 크루소의 사치 다시 읽기

키 여행을 떠나고, 여러 나라에서 그 나라 요리를 맛보며, 아무 일도 하지 않고 편안히 있을 수 있다는 것은 상류층에게만 허락된 엄격한 차이 표시 기능이다. 이런 한가함은 누가 뭐래도 상류계급의 특권이다. 그런데 사회 전체가 잘살게 되면서, 여가를 즐겨야 한다는 강박증은 상류층보다는 중간계층에서 더 강하게 나타난다. 죽기 살기로 상류계급을 따라가려는 게 중간계급의 특징이기 때문이다. 상류계급은 곧 유한계급이다, 라는 베블런적 관념에서 벗어나지 못한 중간계층은 상류층의 특권인 여가를 쟁취하기 위해 바캉스를 즐기는 데 안간힘을 쓴다. 쓸모 있는 일, 다시 말해 실용적인 노동을 하지 말라는 강제가 전통사회의 상류계급을 지배했듯이, 요즘에는 그와 똑같은 강제가 중산층의 여가문화를 지배하고 있다.

그러므로 중산층의 여가는 결코 자유시간을 즐기는 행위가 아니고, 휴식이나 만족을 취하기 위한 편안한 게으름도 아니다. 그것은 신분 상승을 위한 필사적인 노력이다. 한국의 중산층 남자와 여자들이 골프에 바치는 시간과 노력을 생각해 보라. 미세한 오차도 허용하지 않는 엄격한 연습과 관절의 통증에도 불구하고 휴식 없이 강행되는 그 고역을 과연 즐김 혹은 만족이라고 말할 수 있을까? 사회적 신분의 사다리를 오르고 싶다는 열망이 정신적인 스트레스나 육체적 고통을 압도하여 자신이 정말 만족하고 있다고 착각하게 만드는 것일 뿐이다.

## 노동과 여가의 역전

### 노동은 위세상품으로 소비된다

베블런에 의하면 노동에서의 배제를 과시하는 것이 그 사람을 존경의 대상으로 만들어 주는 관습적인 지표가 되었다(Conspicuous abstention from labour becomes the conventional index of reputability. 『유한계급론』). 노동에서 배제되었다면, 다시 말해 먹고살기 위해 힘들게 일하지 않아도 되는 사람이라면 그에게는 시간이 무한정 남아 있고, 그의 시간은 모두 여가다. 따라서 상류층은 여가가 많은 계급, 즉 유한계급이다.

오늘날에도 물론 여가는 특권이고, 문화적 차별성의 요소이기는 하다. 아직 모든 사람들에게 고루 분배되지 않고 있기 때문이다. 그러나 놀이가 힘든 노역이 된 오늘날 역설적으로 '노동'은 '여가'를 의미하게 되었다. 쉴 틈도 없이 일하는 것이 존경스러움의 새로운 지표가 되었다는 말이다. 노동과 여가의 위치는 완전히 역전되었다.

왜냐하면 여가는 원래 차이 표시, 지위 표시의 가치를 지닌 위세의 기호였기 때문이다. 여가를 즐긴다는 것은 그의 사회적 신분이 높다는 것을 의미한다. 따라서 여가를 즐기기만 하면 자신도 상류층이 되었다는 착각을 가질 수 있다. 다시 말해 여가는 신분상승을 이룰 수 있게 해 주는 고도의 생산적인 시간이 되었다. 여가는 아무런 노동도 하지 않아 아무것도 생산하지 않으므로 경제적으로는 비생산적인 시

로빈슨 크루소의 사치 다시 읽기

간이다. 그러나 그것은 '지위'라는 보이지 않는 물건을 생산해 낸다는 점에서 사회학적으로는 생산적인 시간이다. 생산적인 일에 바쳐지는 시간을 우리는 노동시간이라고 부른다. 그럼 여가가 곧 노동이 아닌가? 여가는 노동이 되었고, 노동은 여가가 되었다. 여기서 대역전이 일어난다.

중간계급은 '여가'라고 불리는 노동시간에 충실하게 종사한다. 그리고 상류계급은 여가에서 빠져나와 '일(work)' 속으로 들어간다. 생산노동에 종사하지 않는 것이 상류계급이므로, 그들은 생산노동인 여가를 기피하는 것이다. 이렇게 해서 상류계급은 노동에서 면제된 계급이다, 라는 베블런의 말은 한 바퀴 빙 돌아 다시 진리가 되었다.

올더스 헉슬리의 『멋진 신세계』는 알파(Alphas)로 불리는 엘리트 계층만이 일을 하고 일반 대중은 여가와 행복만 추구하는 세계를 묘사한다. 여가가 진척되고 자유시간이 모든 사람들에게 보편적인 것이 되어 완전히 의무적인 시간이 된다면, 그 의무적인 시간을 덜 쓰는 것이 차라리 특권이 될 것이다. 다시 말하면, 여가가 점점 더 발달하여 그 원래 의도와는 달리 과도한 경쟁과 규범적 윤리의 체제 속에 들어가게 된다면, 오히려 노동이야말로 사람들이 여유를 되찾을 수 있는 시간과 장소가 될 것이다.

현대는 이미 노동이 특권 계급의 차이 표시 도구로 승격된 시대가 되었다. 하루에 15시간씩 일한다고 말하는 회사의 고급 간부나 CEO들이 바로 현대사회의 상류층이다.

그래서 이제 우리는 노동 그 자체가 '소비'되는 역설적인 단계에 도달했다. 사람들이 자유시간보다 일을 더 선호하고, 일에 대한 욕구와 만족이 거의 강박적으로 되었으며, 과다한 업무가 위세의 지표가 될 때 노동은 하나의 위세상품으로 '소비'된다고 말할 수 있으리라.


## 주 52시간 근무제

노동과 여가와 관련하여 생각해 볼 주제가 바로 주 52시간 근무제다.

우리 정부는 아침 일찍 출근해 밤늦게 퇴근하는 게 일상이었던 근로 환경을 개선하기 위해, 그리하여 근로자들에게 '저녁이 있는 삶'을 제공하기 위해 주 52시간 근무제를 도입한다고 했다. 즉, 노동을 제거하고 그만큼의 여가를 제공하기 위한 것이 이 제도의 취지였다. 요즘 유행어로 워라밸을 실현한다는 것이다.

그러나 막상 근로자들로부터 저녁이 있는 삶이 아니라 '저녁을 먹지 못하는 삶'이라는 자조의 말이 나오고 있다. 왜 그런가?

대기업은 2018년부터 실시했고, 2021년 1월부터는 50~300인 미만 사업장, 7월부터는 50인 미만 사업장에서 주 52시간 근무제가 의무적으로 도입된다. 개정 전에는 '주 5일+휴일 2일' 기준으로 최대 68시간 근무가 가능했던 것이, 개정 후에는 주 40시간에 한 주당 총 12시간까지의 연장근무만이 허용된다.

　과거에 중소 제조업체는 평균적으로 직원들이 매일 11시간(평일 정규근로 8시간+평일 연장근로 2시간+추가 연장근로 1시간)씩에 토요일 특근 8시간을 합쳐서 주 63시간까지 일할 수 있었다. 법정근로시간 40시간을 초과하면 원래 급료의 1.5배에 해당하는 연장근로수당을 받았다. 그것을 월급(2021년 최저임금)으로 환산하면 302만 원이 된다. 그러나 주 52시간제가 되면 연장근로를 최대 12시간밖에 하지 못해 월급은 245만 원으로 준다. 근로시간은 17.5퍼센트 주는데 월급은 57만 원(19%) 감소하는 결과를 낳는다.

　제조 현장에서 오래전부터 4조 3교대를 적용했던 대기업에게는 주 52시간 근무제가 별로 문제 될 게 없다. 그러나 중소기업에서는 근로시간이 줄어들면서 시급제 근로자 임금이 줄고, 회사도 납기 등의 비상사태에 대응하기가 힘들어졌다. 생산량을 이전과 동일하게 유지하려면 직원들의 생산성이 올라가야 하는데, 개별 노동자들의 생산성이 갑자기 높아질 리 없으므로 생산 차질을 감수하든가 아니면 줄어든 근로시간만큼 숙련공을 충원해야 한다. 300인 미만 중소기업이 2만 7천 곳인데, 여기서 숙련공을 10명씩만 더 채용한다 해도 27만 명이 더 필요하게 된다. 이런 인력 확보는 현실적으로 불가능한 일이다. 고급의 숙련공을 새로 쓰려면 임금을 대폭 올려야 한다. 그러나 새로 쓰는 숙련공만 임금을 더 줄 수는 없고 기존 인력에 대해서도 처우를 개선해 줘야 갈등이 없게 되니 임금이 전체적으로 높아지고, 그것은 제품의 가격에 그대로 반영될 것이다. 중소기업들엔 악몽 같은 시나리오다. 개인의 선택에 따라 시간과 노력을 더 투입하고 그 결과에 따라 인센티브를 지급받던 근로자들에게도 주 52시간 제도는 족쇄와도 같다.

　이 제도를 도입한 좌파 정권 인사들은 '노동은 나쁜 것, 여가는 좋은 것'이라는 베블런 식 유한계급 이론에서 한 치도 벗어나지 못한 것이다. 기본소득제도 사실은 머리 좋은 엘리트가 노동하고 하류층은 여가만 즐기라는 기본 이념이 깔려 있는 것이다.

로빈슨 크루소의 사치 다시 읽기

**04**

# 능력과
# 가문

## 드라마의 주인공이 언제나 재벌 2세인 이유는?

우리는 같은 부자라도 자기 능력으로 힘들여 돈을 번 자수성가의 기업가보다는 운 좋게 부잣집에서 태어난 재벌 2, 3세를 더 존경한다. 중간계급의 자녀들이 이제 막 말단 사원이 될 나이에 대기업의 상무, 전무가 되는 이들을 공적으로는 기업의 지배구조나 상속의 문제를 거론하며 공격하지만 사적인 영역에서는 "부잣집에서 태어난 귀공자는 역시 달라…"라면서 경외에 가까운 존경심을 보인다. 평생 회사에 몸 바쳐 기업의 발전에 기여한 상급 임원은 우습게 알아도, 아버지를 잘 만났다는 것 외에 자기 힘으로 아무것도 이룩한 것이 없는 젊은 오너에 대한 직원들의 존경과 충성심은 놀라울 정도다.

유구한 인류 역사에서 지위란 원래 출생에 의해 주어지는 숙명의 은총이었다. 기독교 사상에는 하느님에 의해 구원받을 사람이 미리 예정되어 있다는 '예정설'이 있는데, 이것을 세속에 적용하면 상류계급은 신에 의해 미리 예정되어 있는 사람이다. 어떤 사람은 단지 태어나는 것만으로 상류계급이 되고, 나머지 대다수의 사람들은 자기 잘못도 아닌데 단지 가난한 집안에 태어났다는 것만으로 하층계급이 되니 말이다. 혈통에 의한 것이건 문화에 의한 것이건 간에 이 세습의 정당성은 모든 사람들의 마음속 깊이 지위 개념의 완강한 틀을 형성하고 있다.

기독교 교리에서 신의 은총을 받지 못한 사람이라도 자신의 업적에 의해 구원이 가능하듯이 속세에서도 자신의 업적에 의해 상류층이 될 수는 있다. 그러나 업적에 의한 구원보다는 은총의 구원이 더 값지다는 종교적 구원 개념은 사회의 지위 개념에도 그대로 적용된다. 재력으로 귀족계급을 저만치 앞지른 19세기의 프랑스 부르주아 계급이 귀족에 대한 열등감에서 평생 벗어나지 못했듯이 모든 현대적 갈망의 근저에는 태생의 우월함에 대한 선망이 깔려 있다. 한국인들의 족보에 대한 집착도 이런 지위 개념으로 설명할 수 있을 것이다. 비록 지금의 지위는 보잘것없지만 나도 어엿한 가문의 먼 후손이라는 것을 보여 줌으로써 현재의 상처받은 자존심을 보상받으려는 심리라고나 할까. 한국의 텔레비전 드라마가 그토록 집요하게 재벌 2세를 주인공으로 삼는 것도 가문에 대한 선망과 존경심 때문일 것이다.

# Ⅳ 현대성의 풍경

# 01

# 광고

소설이 그렇듯이 광고는 상상의 세계이며 허구다. 그러나 소설과 달리 광고는 현실 속의 상품 구매라는 실재(實在)의 세계로 이어진다. 광고에는 실재와 상상이 교묘하게 혼합되어 있다. 상품은 실제로 존재하는 물건이지만 그것을 제시하는 텍스트나 이미지, 즉 광고는 완전히 허구다. 그러나 우리에게 행복을 가져다주는 것, 다시 말해서 소비자에게 만족을 가져다주는 것은 바로 이 허구의 부분, 즉 상상의 부분이다. 유행이 미추(美醜)를 초월해 있는 것처럼, 또 기호들이 유용성과 무용성을 초월해 있듯이, 광고는 진위(眞僞)를 초월해 있다. 광고의 목적은 진실도 거짓도 아닌 오로지 설득력 있는 문안을 만드는 것이다. 그런 점에서 광고 전문가는 구체적 상품을 전달하는 사람이라기보다는 차라리 창조자에 가깝다. 어떤 사물을 사실이라고 선언함으로써 그 사물을 정말 사실로 만들어 버리기 때문이다.


## 시니피앙과 시니피에

### 모든 언어는 두 겹으로 분리되어 있다

이미지 사회 혹은 가상현실의 사회로 일컬어지는 현대사회의 핵심적인 특징을 한마디로 요약하면 그것은 바로 시니피앙과 시니피에의 분리다.

시니피앙(signifiant)과 시니피에(signifié)는 '의미하는 것'과 '의미된 것'을 뜻하는 프랑스어다. 영어로는 signifier와 signified, 우리말로는 기표(記表)와 기의(記意)로 번역된다.

모든 단어는 기표와 기의로 되어 있다. '꽃'이라는 낱말을 예로 들어 보자. /꽃/이라고 우리 귀에 들리는 발음이 있다. 그리고 종이에 [꽃]이라고 쓰인 글자가 있다. 식물의 한 부분이라는 의미는 나중 문제이고, 우선 우리의 감각으로 지각되는 물질성은 귀에 들리는 /꽃/이라는 발음과, 종이 위에 쓰인 [꽃]이라는 글자의 형태다. 첫 번째 것은 청각 이미지고, 두 번째 것은 시각 이미지다. 이 물질적 형태들이 바로 시니피앙(기표)이다.

이 청각적 혹은 시각적 이미지가 {꽃}이라는 사물의 개념을 지시한

로빈슨 크루소의 사치 다시 읽기

다. 즉, '식물의 한 부분으로, 빨강 노랑 등의 색채가 아름다운…' 등 등 꽃의 개념을 지시한다. 이 개념을 시니피에(기의)라고 한다.

'꽃'이라는 기표와 '식물의 한 부분으로, 빨강 노랑 등의 색채가 아름다운…'이라는 기의가 결합하면 거기서 의미가 발생한다. 우리 귀에 들리는 /꽃/이라는 소리, 아니면 우리 눈에 보이는 검고 가느다란 선에 불과한 글자의 물질적 요소는 그 자체로는 아무런 의미가 없다. 그것을 듣고 보면서 우리의 머릿속에 꽃 한 송이의 상(像, 이미지)이 떠오를 때 비로소 거기에 의미가 생겨난다.

이처럼 모든 말은, 아니 모든 언어는 기표와 기의의 두 겹으로 분리되어 있다. 그러나 그 두 겹이 너무나 정교하게 밀착되어 있어서 서로 이질적인 두 항의 밀착이라는 것을 우리는 알지 못한다. 강의실에서 이 개념을 처음 대하는 학생들은 '개'는 {개}, '책상'은 {책상}이지 겉과 속이 분리되어 있다는 것이 무슨 소리인가 하고 당혹감을 드러낸다.

그러나 우리에게 친숙한 사물을 외국인들은 다르게 부른다는 사실을 주목하면 이 개념은 쉽게 이해된다. 외국어의 단어들에 한번만 눈길을 주면 모든 말이 시니피앙과 시니피에로 분리되어 있음을 명확하게 이해할 수 있다.

네 발 달린 짐승으로 인간에게 아주 친근한 동물인 {개}는 '개'일 뿐이라고 한다면, 왜 똑같은 짐승을 지칭하면서 영국과 미국에서는 dog라 하고, 프랑스에서는 chien이라 하며, 독일 사람들은 Hund라고 하는지를 설명할 수 없다. {개}라는 똑같은 개념, 다시 말해서 똑같은 시니피에를 지시하는 시니피앙들이 나라마다 다르다는 것은 하나의 단어가 시니피앙과 시니피에의 결합이라는 것을 잘 보여 준다.

그러니까 시니피앙과 시니피에를 잇는 끈이 자의적(恣意的)이라는 것을 우리는 알 수 있다. {개}를 반드시 '개'라고 해야 할 필연적인 이유는 없다. 다만 한국 사람들은 그것을 '개'라고 정했고, 프랑스인들은 그것을 'chien'이라고 정했을 뿐이다. 언어는 사회 구성원 간의 협약(convention)의 산물이다.

그런데 사회 구성원 간의 약속의 산물은 언제나 기호다. 모든 사람들이 초록색은 '통과', 빨간색은 '정지'라고 약속한 신호등이 바로 기호다. 모든 사람들의 합의한 의미를 갖고 있는 시각적 대체물이다. 모든 기호는 신호등처럼 약속의 산물이다. 그런 점에서 언어는 가장 대표적인 기호다. 언어가 그렇듯이 모든 기호는 시니피앙과 시니피에를 갖고 있다. 소쉬르의 구조주의 언어학에서 시작된 시니피앙과 시니피에는 현대 인문학의 기본 개념이다. 이것을 모르고는 현대문화를 해석하는 고급 이론을 소화하기 힘들다.

다시 한 번 쉽게 말해 보면 시니피앙은 '말'이고 시니피에는 그 말의 의미다. 단어에만 적용되던 이 개념이 요즘에는 '겉의 형식'과 '속의 내용'이라는 넓은 의미로 확대되었다. 겉으로 하는 말과 실제의 속생각, 하나의 문장과 그 문장의 진짜 의미, 광고의 이미지와 그 실제 상품의 내용 등에 두루 시니피앙과 시니피에의 개념이 적용된다.

로빈슨 크루소의 사치 다시 읽기

시니피앙과 시니피에가 가장 극명하게 드러나는 분야가 광고다. 일상 언어에서 우리가 흔히 '과대포장' 또는 '실체 없는 이미지'라고 말하는 현상이다.

시니피앙과 시니피에는 말이 만들어진 최초의 순간에는 정확히 밀착되어 있지만, 차츰 틈새가 생기고 미끄러지기도 해서 나중에는 반드시 서로 분리되는 경향이 있다. '꽃'도 처음에는 꽃을 지시했지만 나중에는 '예쁜 여자'라는 의미도 되었다. 386이라는 말도 처음에는 1980년대에 대학을 다니고 30대의 나이가 된 1960년대생을 당시 컴퓨터 운영체제에 빗대어 지칭하는 말이었다. 그런데 30대이던 나이는 차츰 40대가 되고, 50대가 되더니 이제는 60대가 되어 간다. 그래서 486, 586 등으로 바꿔 부르고 있지만, 이것은 언어의 성질을 모르고 하는 소리다. 언어란 언제나 최초의 기표-기의에서 분리되게 마련이기 때문이다.


## 현대의 광고

여기 '유러피언의 꿈'이라는 제목이 붙은 한 아파트 광고를 보자.

광활한 하늘 아래 울창한 나무와 푸른 잔디, 줄지어 선 조각품들 한가운데 고풍스러운 성(城)문, 그 앞 대리석 바닥의 입구를 걸어가는 롱드레스를 입은 여인의 우아한 뒷모습 등이 신문 두 면을 통단으로 연결한 넓은 지면 위에 시원하게 펼쳐져 있다. 그리고 "진한 홍차의 향을 / 이해할 수 있다면… // 4분의 3박자, / 왈츠에 리듬을 맞출 수 있다면… // ○○○에서 / 유러피언의 꿈을 이룰 수 있습니다"라는 광고 문안이 윗부분에 쓰여 있다. 이 광고를 보는 소비자는 유럽의 넓고 호사스러운 성을 얼핏 꿈꾸지만 그것은 어디까지나 꿈일 뿐, 한국의 모든 아파트가 그렇듯 이 아파트도 고작 나무 몇 그루가 형식적으로 심어진 삭막한 시멘트 덩어리에 불과하다.

시니피앙과 시니피에가 분리된 것이다. 이 광고사진에서 시니피앙은 유럽의 고급스럽고 고풍스러운 성이다. 그러나 그것이 지시하는 시니피에는 한국의 전 국토를 뒤덮은, 어디서나 그렇고 그런, 삭막한 사각형의 시멘트 입방체다. 시니피앙은 전혀 시니피에를 지시하지 않는다.

또 다른 아파트 광고를 보자. "공유할 수 없는 풍경, / 모방할 수 없는 품격!"이라는 카피와 어울리지 않게 송파의 도로 한가운데 높이 솟아 있는 고층 아파트 사진은 그냥 진부한 실제의 아파트 그대로의 사진이다. 이 사진에서 시니피앙과 시니피에의 분리는 없다. 사진 속의 아파트는 실제의 아파트를 지시한다.

그런데 거짓말인 줄 알면서도 소비자는 호사스러운 사진의 앞의 광고를 더 좋아한다. 두 광고를 보여 주며 학생들에게 어떤 아파트를 구입하겠느냐고 물었더니 대부분의 학생들이 성(城) 광고를 선택했다. 여기에 현대 광고의 특성이 있다.

로빈슨 크루소의 사치 다시 읽기

　우리는 허구의 것인 줄 알면서도 삭막한 시멘트 덩어리의 사진보다는 성의 그림을 더 선호한다. 광고에는 진위의 개념이 없다. 그것은 참일 수도 있고 거짓일 수도 있지만, 아무래도 상관없다. '유럽보다 더 유럽 같은 아파트'라는 말도 안 되는 카피를 누가 문제 삼지도 않는다.

　이처럼 광고 문안들은 무엇을 설명하는 것도 아니고 무슨 의미를 제시하는 것도 아니다. 진실도 거짓도 아닌 오로지 설득력 있는 문안을 만드는 것이 광고의 목적이다.

## 스타 제조 시스템

단순히 상품의 광고만이 아니다. 현대의 스타를 제조하는 시스템도 완전히 실체와 분리된 이미지를 만들어 낸다.

미셸 위가 처음 등장했을 때 그녀가 미국 시민이었음에도 한국인들이 열광했던 이유는, 미국에서 태어난 그녀가 자기 이름을 '위성미'라고 말하고, 영어로 질문하는 한국인에게 한국말로 대답했기 때문이다. 또 〈태풍〉, 〈왕의 남자〉, 〈달콤한 스파이〉, 〈궁〉 등 당시 한국의 10대 소녀들이 좋아하는 배우와 드라마를 좋아하고, 가장 토속적인 음식인 순대, 떡볶이 등을 좋아한다고 말했기 때문이다. 유난히 배타적 민족주의가 강한 한국인들을 사로잡기 위해 철저하게 계산된 이미지 메이킹이었다. 세계의 정상을 목표로 연습과 투어에 바쁜 그녀가 과연 그 많은 영화를 다 볼 시간이 있을까에 대해 사람들은 알려고도 하지 않고 알 필요도 없이 그저 스타 시스템에 복종하여 정교하게 관리된 이미지를 소비했을 뿐이다.

그러나 화려한 옷차림과 짙은 눈화장 등을 비롯해 그녀의 일거수일투족은 사실은 윌리엄 모리스라는 미국의 유명한 스타 매니지먼트 회사에 의해 철저하게 관리된 이미지였다. 일본 투어에서는 일본말로 인사한 후 초밥과 우동을 즐겨 먹는다고 말함으로써 일본 팬들의 뜨거운 반응을 얻어 냈다.

해외에서 성공한 한국계 외국인들을 과도하게 사랑하는 한국인들

골프 신동 미셸 위.

은 귀여운 얼굴의 골프 신동 미셸 위를 좋아할 충분한 준비가 되어 있었다. 그러나 고도의 마케팅 전략이 없었어도, 예컨대 한국어는 서툴고 한국 드라마 따위에는 아무 관심도 없다는 등의 실체가 그대로 노출되었어도 우리가 그녀에게 그토록 친근감을 느꼈을지는 극히 의심스러운 일이다.

그 후 미셸 위는 전설적 골프 스타 제리 웨스트의 아들인 조니 웨스트와 결혼하여 미셸 위 웨스트가 되었고, 딸을 낳았다. 결혼과 출산으로 2년 가까이 필드를 떠났으나 2021년에 미국 여자프로골프(LPGA) 투어에 복귀했다.

광고 혹은 마케팅은 대상을 가짜로 만들지만, 광고를 믿는 소비자들은 그것을 진짜로 믿는다. 마치 여론조사의 결과가 실제 선거에서 그대로 실현되듯이, 그리고 자연이 예술을 모방하듯이, 일상생활은 마침내 광고의 복제품이 되어 버린다.

어쩌면 진위의 경계선 자체가 모호한 개념이다. 유럽의 성을 보여 주는 아파트 광고는 실체와 다른 가짜 사진이라는 게 확실하지만, 늘씬하고 예쁜 모델이 입은 옷 광고는 과연 진짜의 이미지일까? 옷보다는 모델의 아름다운 몸매와 얼굴에 이끌려 옷을 사는 소비자에게 그 광고사진은 실제의 상품을 정직하게 전달했다고 볼 수는 없다. 이때 소비자인 우리가 구매하는 것은 실제의 물건인 옷이 아니라 다리가 긴 미녀가 갖고 있는 아름다움의 이미지다. 우리는 결국 비싼 돈을 들여 구름처럼 손에 잡히지 않는 상상의 물건, 즉 이미지를 사는 것이다.

모든 광고는 그것이 문장이건 이미지이건 간에 결국 시니피에와 연결이 잘 되어 있지 않은, 또는 완전히 분리된 시니피앙들의 거대한 부유물(浮遊物)이다.

## 신화의 생산

상품은 사회적 물건이면서 동시에 정신적 물건이라고 일찍이 마르크스는 말했지만, 현대의 기호학 이론에서도 상품은 사회적 물건이면서 동시에 정신적 물건이다.

　상품은 일차적으로는 특정의 사용가치를 지닌 물리적 사물이다. 냉장고는 냉장고, 자동차는 자동차, 옷은 옷이다. 그러나 기호학적 영역에서 상품은 그 자체를 넘어 다른 것을 의미하게 되었다. 자동차는 교통수단일 뿐만 아니라 사회적 신분을 나타내는 기호가 된 것이다. 언어학자 옐름슬레우의 용어를 빌리자면 그것은 코노테이션(connotation, 함축어)이 된 것이다. 자동차의 애초의 의미, 즉 교통수단으로서의 물건은 기호학 용어로는 디노테이션(denotation, 지시어)이다. 디노테이션을 외시(外示), 코노테이션을 공시(共示)로 번역하기도 한다.

　모든 단어의 의미는 디노테이션과 코노테이션 등 2개의 층위로 나뉘어 있다. 첫 번째 층위인 디노테이션은 단어의 '글자 그대로의 의미'다. '명백한 의미' 혹은 '상식적인 의미'다. 겉으로 보이는 것을 지시한다는 점에서 외시라고 번역한다. 사전에 나와 있는 모든 단어들의 의미가 바로 이것이다.

　그런데 모든 단어는 겉에 보이는 의미만 갖고 있는 것이 아니다. 표면적 의미 속에 사회문화적 연관 혹은 이데올로기적 연관을 지시하는 개념을 갖고 있는데, 이 두 번째 층위가 코노테이션이다. 예컨대 니그로(negro)라는 단어는 글자 그대로의 사전적인 의미는 '피부가 검은 사람'이라는 뜻이다. 이것이 니그로라는 단어의 외시다. 그러나 이 단어의 사회·문화·이데올로기적인 의미는 '백인 사회에서 천대받는 유

마릴린 먼로라는 한 배우의 사진은 글래머, 섹슈얼리티, 아름다움을 뜻한다. 더 나아가 할리우드적 신화 혹은 글래머 배우가 만들어 내는 아메리칸 드림을 뜻하기도 한다. 앤디 워홀, 〈마릴린 먼로〉(1967).

색인종'이다. 이것이 공시다. 사전에 나와 있는 의미대로 미국에서 흑인을 보고 '니그로'라고 했다가는 총 맞아 죽기 십상이다. 외시는 단하나지만 공시는 무수하게 많을 수 있다.

롤랑 바르트는 이 2차 의미작용을 넘어 세 번째 단계의 층위도 있다고 말했다. 다름 아닌 신화의 층위다. 가령 마릴린 먼로의 사진을

로빈슨 크루소의 사치 다시 읽기

예로 들어 보자. 디노테이션의 수준에서 이것은 마릴린 먼로라는 한 배우의 사진이다. 그리고 코노테이션의 층위에서 이것은 한 여배우가 표상하는 글래머, 섹슈얼리티, 아름다움이다.

그러나 세 번째 단계에서 이 사진은 할리우드적 신화 혹은 글래머 배우가 만들어 내는 아메리칸 드림을 뜻하게 된다. 이것이 바로 신화의 단계다. 이 세 번째의 신화·이데올로기적 의미작용은 그 사회 주류 문화의 세계관을 드러낸다.

언론과 광고는 똑같이 신화를 만들어 낸다. 다시 말하면 진실과 거리가 먼 사회적 편견이나 고정관념을 생산, 재생산한다는 뜻이다. 광고는 시장에서 가격이 매겨지고 교환가치가 부여된 어떤 용도의 물건, 즉 상품을 널리 알려 구매자의 구매행위를 부추기기 위한 행위였다. 상품에 대한 정보를 주고 그것을 묘사하여 욕망을 부추기는 것은 초기 단계 광고의 성격인데, 이 성격은 지금도 물론 사라지지 않았다. 그러나 다른 성격들이 여기에 추가되었다.

광고가 더 이상 소박한 알림이 아니라 꾸며 낸 뉴스가 되었을 때, 그리하여 사물의 객관적 특성을 제거하면서 사물을 사건으로, 모델로, 구경거리로 구성할 때 광고는 현대의 가장 주목할 만한 매스 미디어가 된다. 광고는 시각적인 것, 활자, 소리로 표현된다는 점에서도 뉴스와 똑같고 현대의 신화를 창조하고 유포한다는 점에서도 뉴스와 동일하다. 사람들의 호기심을 자극하고 스펙터클한 유희성으로 사람들을 빨아들인다는 점도 뉴스와 비슷하다.

여하튼 광고는 신화를 생산한다. 아니, 오히려 아무것도 생산하지 않으면서 과거의 신화들을 가로채 그것들을 강화시킨다.

앙리 르페브르가 『현대세계의 일상성』(1968)에서 인용한 애프터셰이브 로션 광고는 기존 신화를 재생산하면서 동시에 새로운 신화를 생산하는 과정을 여실하게 보여 준다.

여기에 거의 나체의 한 남자 운동선수를 보여 주는 광고사진이 있다. 바다를 가르며 전속력으로 달리는 요트의 난간에서 밧줄을 잡고 있는 그의 팔과 넓적다리는 곧게 뻗어 있고 근육은 팽팽하게 긴장되어 있다. 파도와 밧줄의 팽팽함에서 우리는 이 요트가 최고의 속도를 내고 있음을 알 수 있다. 이 멋진 청년의 눈은 수평선을 응시하고 있다. 우리가 볼 수 없는 어떤 것을 보고 있는 것일까? 위험, 모험, 기적? 이것은 애프터셰이브 로션의 광고사진이다. 거기엔 "매일 아침 애프터셰이브 로션의 짙은 향기를 발견하는 남성의 인생, 참으로 멋진 진짜 남성…"이라는 광고 문안이 곁들여 있다.

애프터셰이브 로션의 판매 촉진이라는 목적이 이 광고의 일차 목적이다. 이 목적을 위해 태양 아래 벌거벗은 남자, 바다, 배 등의 시니피앙과 진짜 인생, 충만함, 남성성 등의 시니피에를 서로 연결시켜 고정시킨다. 요트를 타는 남성의 코노테이션이 이렇게 형성된다. 즉 자연, 자연과 맞서는 남성, 남성의 자연성이라는 고정관념을 복원시킨다. 하나도 새로울 것이 없는 옛 신화들이다.

그런데 애프터셰이브 로션의 쾌적함을 표현하기 위해 요트를 타며

로빈슨 크루소의 사치 다시 읽기

멋진 제스처를 보이는 이 청년의 모습은 어느 순간 "깨끗한 남자가 되십시오. 매일 아침 멋있는 남자가 되어 자신도 만족하고 여자에게도 만족을 주십시오"라는 이차적 메시지를 전달하고 있다. 그리하여 자기 몸을 관리하는 깨끗한 남자가 사회에서 성공한다는 신화가 만들어졌다. 새로운 신화가 창조된 것이다.

이런 광고가 지배하는 사회에서 모든 남성들은 야망을 이루기 위해 자기 몸을 깨끗하게 관리하는 남자가 되려고 애쓰지 않겠는가? 그것은 은밀한 강제가 될 것이다. 강제의 성격을 띤다는 점에서 현대의 광고는 결국 하나의 테러리즘이 된다.

앙리 르페브르가 인용한 1960년대 광고와 아주 흡사한 광고가 2021년, 디오르의 남성용 향수 소바쥬 오드뚜왈렛 광고다.

물과 하늘이 광활하게 펼쳐진 평원에 앉아 있는 남자는 야성적이고 터프하다. 콧수염에, 이마 양옆으로 아무렇게나 삐죽삐죽 길게 내린 몇 가닥 머리칼, 약간 왼쪽으로 돌려 먼 곳을 바라보는 강렬한 눈빛. 목에 두른 줄무늬 거친 린넨 스카프는 어쩐지 사무라이를 연상시킨다. 문신이 가득 새겨진 양팔과 양손은 무릎 위에 무심하게 걸쳐져 있고, 두 손목엔 두터운 금속 팔찌를 끼었다. 앞에는 모닥불이 타오르고 있고, 짙은 푸른색 하늘엔 흰색과 분홍색의 구름들이 비껴 있고, 남성의 옆에는 디오르의 향수 소바쥬 오드뚜왈렛 병이 놓여 있다. 모델은 조니 뎁이다. 이 향수를 쓰면 조니 뎁처럼 터프하고 멋진 남성이 될 거라는 분명한 메시지다. 이어지는 카피의 메시지는 더 적

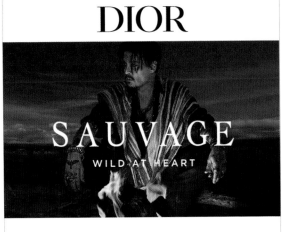

광활하게 펼쳐진 무한한 대지에서
영감을 받아 탄생한 소바쥬를 만나 보세요.

나라하다.

　강렬한 태양 아래 드넓게 펼쳐진 대지와 그 위를 드리운 끝없는 푸른 하늘, 그 광활한 자연에서 영감을 얻어 탄생했습니다.

　소바쥬의 대담한 구성은 강인한 남성성의 이미지를 있는 그대로 표현합니다.

　소바쥬 오드뚜왈렛은 거칠고 야성적이며 자연 그대로의 세련미가 어우러진 향수입니다.

　넘치듯 풍부한 상쾌함을 선사하는 소바쥬 오드뚜왈렛은

로빈슨 크루소의 사치 다시 읽기

생동감 넘치는 알싸한 베러가못의 탑노트에 앰버 우드의 자연 그대로의 세련미가 어우러진 향수입니다.

소바쥬는 자연 그대로의 거칠고 우디한 향기로 구성된
극도로 상쾌한 향수입니다.

거칠고 야성적인 오드뚜왈렛, 관능적이고 신비로운 오드퍼퓸,
그리고 본능적이고 맹렬한 퍼퓸을 통해
소바쥬의 강렬하고 고귀함을 동시에 경험해 보세요.

세상이 아주 빠르게 변하는 듯해도, 이 광고 문안을 보면 60년의 세월 동안 변한 것은 거의 없는 것 같다.

# 02

# 광고는 우리 시대의
# 이데올로기

## 문화상품이 된 광고

아침에 일어나 텔레비전을 켜면 광고 화면이 요란하게 소리를 지르고, 출근하기 위해 거리에 나서면 도시를 가득 메운 옥외 광고판이 시야를 가린다. 직장의 컴퓨터를 켜면 팝업 광고와 온라인 배너 광고가 눈을 어지럽히고, 이메일을 열면 수백 개의 스팸 메일이 쏟아져 들어온다. 페이스북, 트위터 같은 소셜 미디어에 들어가면 어떻게 알았는지 나의 관심사에 딱 맞는 상품 광고가 나를 기다리고 있다.

현대인은 공작인(工作人, Homo faber)도 슬기인(Homo sapiens)도 아니고, 놀이인간(Homo ludens)의 단계도 지나 글자 그대로 소비인간

(Homo consomatus)이 되었다. 광고비도 엄청나서 미식축구 슈퍼볼 경기의 광고 단가는 불과 30초에 560만 달러(2020년 2월)다. 초당 2억 원인 셈이다.

현대사회에서 광고가 엄청난 위력을 가지고 있다는 것은 더 이상 새로운 이야기가 아니다. 광고는 자본주의 사회의 생산자를 위해 소비자의 욕구를 창조하고, 욕망을 제조한다. 그런 광고는 이제 단순히 상품을 선전하는 매개 수단을 넘어서 그 자체가 일차적인 소비재가 되었다. 나이든 사람들은 TV에서 광고가 나오면 참을 수 없어 하지만, 젊은이들은 마치 뮤직 비디오나 드라마를 보듯 동영상 광고를 즐긴다. 광고를 문화상품으로 소비하는 세대다.

유튜브 채널에는 "제발 광고 넣어 주세요. 힘들게 영상만 올리시지 말고…"라는 댓글이 달린다. 메인 영상보다 광고가 오히려 재미있다는 얘기다. "유튜브 알고리즘 때문에 광고를 많이 붙일수록 노출 횟수도 더 높아진대요! 광고 붙이셔서 많은 사람들이 우리 언니 좀 알게 해 줘요…"라는 애정 어린 댓글도 달린다. 광고라면 일단 '건너뛰기' 하는 시니어 세대의 감성으로는 "광고 좀 넣어 달라"는 요구가 당황스럽다.

애드 무비는 영화와 마찬가지로 스토리가 있고, 탄탄한 시나리오와 빼어난 영상미가 있다. 2006년 5월 신문에 시리즈로 등장한 삼성 래미안 광고는 "5월 말 대개봉!"이라는 문구와 함께 '장서희·김성수'라는 주연 배우 이름 밑에 "감독/이성호, CD/오혜원" 등등의 자막을 일렬로 넣어 완전히 영화 포스터를 연상시켰다. 두 아름다운 배우가 바람 부는 갈대숲 앞에 앉아 있거나, 한 사람은 밝게, 한 사람은 어둡게 처리되어 남자는 정면, 여자는 4분의 3측면을 보여 주는 화면들은 그대로 한 폭의 수채화다. 어느 영화 장면이 이보다 더 아름다울 수 있을까? 광고는 우리 시대의 문학이라는 말이 실감 난다.

영화 포스터를 방불케하는 아파트 광고.

## 광고의 역할

광고의 원래 목적은 구체적인 상품의 정보를 알려 주는 것이었다. 그러나 현대 광고는 더 이상 사람들에게 상품의 정보를 제공해 주거나 가성비 높은 품목을 가리켜 주는 소박하고 정직한 중개자가 아니다.

집안 거실에 편안하게 앉아 TV 화면이나 스마트폰 액정 화면을 바라보고 있는 소비자는 순전히 자신의 자유의지로 물건도 사고 쇼핑도 하는 줄 안다. 그러나 사실은 텔레비전이라는 큰 화면, 스마트폰이라는 작은 화면에서 시키는 대로 따라 하고 있을 뿐이다. 크고 작은 스크린은 끊임없이 우리에게 무엇을 먹고 무엇을 마시며, 무슨 옷을 입고 무슨 가구를 들여놓으며, 어떻게 살 것인지를 말해 준다. 부지불식간에 우리는 그런 식으로 프로그래밍된다. 화면에 의해 전달되는 메시지보다는 화면이라는 미디어가 더 중요하다고 마셜 매클루언은 주장한 바 있다. 화면 속에 있기만 하면 우리는 뭐든지 믿을 준비가 되어 있다.

광고가 단순히 구호의 반복으로 소비 주체를 조건화한다는 것은 옛날이야기다. 오늘날 정교한 광고 문안은 개별 상품을 넘어서서 세계에 대한 개념을 보여 준다. 광고는 우리의 상상에 깊이 침투해 들어와 언어가 되고 문학이 된다. 현대 광고는 시(詩)보다 더 시적이고 회화보다 더 아름답다. 광고는 모든 사회적 이슈에 간섭하면서 예전의 수사학, 철학, 도덕, 종교, 미학의 자리에 대신 들어섰다. 광고 전문가는 높은 곳에 앉아 사람들의 욕망을 이리저리 배치하는 전능의 마술사이며, 세상의 모든 것을 만들어 내는 현대사회의 조물주라 할 만하다.

로빈슨 크루소의 사치 다시 읽기

# 광고는 현대사회의 예술이며 문학

2005년쯤인가, 따뜻한 분위기의 삽화와 함께 신문 2면에 종단(縱斷) 통판으로 실렸던 시리즈 광고가 한데 묶여 에세이집으로 출간되었다. 광고와 문학의 경계선이 허물어지는 현상이었다.

청계천의 곳곳을 그린 삽화와 함께 '청계천에 가면'이라는 제목이 붙은 카피는 도심의 개천이 우리에게 주는 따뜻한 정감을 다음과 같이 썼다.

어른들은 다리 위에서 / 흐르는 물을 굽어보고 / 꼬맹이들은 징검다리에 앉아 / 물장난을 칩니다.

하늘이 열린 계절에 / 청계천이 열렸습니다. / 어둠 속에 오래 갇혔던 물이 / 눈부신 가을 햇살을 받으며 / 시원스레 흘러갑니다.

나팔꽃이 벽을 타고 오르고 / 호박꽃이 난간 틈으로 / 얼굴을 내밉니다. / 벌

써 무성해진 풀숲이 / 오래된 풍경처럼 / 편안해 보입니다.

그것이 청계천의 매력입니다. / 새 것과 오래 묵은 것, / 부드러운 것과 단단한 것… / 청계천은 무엇이든 따뜻하게 / 끌어안고 조화를 이뤄 내지요. / 헌책방 옆에 핸드폰 가게, / 철물점 옆에 모자 가게…

그곳에 가면 없는 것도 없고 / 구하지 못할 것도 없습니다. / 혹, 다음과 같은 것이 필요하다면 / 지금 청계천에 나가 보십시오. / 희망과 용기, 활력… 혹은 / 우리가 살아가는 이유.

시인의 에세이와 이 광고 문안의 차이가 무엇일까? 가끔 광고의 수사(修辭)는 문학보다 훨씬 더 좋을 때가 많다. 가족의 가치와 아내 사랑을 다룬 다음의 문안은 또 어떤가?

아내는 아름다웠다. / 우유처럼 하얀 얼굴이 나를 보면 금세 빨개졌다. / 같이 살자는 무드 없는 청혼에 로맨틱한 눈물을 보였다. / 첫 아이를 낳던 날, / 세상에서 가장 아팠을 것이다. 가장 행복했을 것이다. / 엄마가 되고 나서 엄마를 생각했을 것이다. / 어느 날 아줌마란 말을 듣고 거울을 보았을 것이다. / 동창회 가기 일주일 전 다이어트를 했을 것이다. / 반상회를 다녀온 날은 집이 좁아 보였을 것이다. / 어제는 식용유를 샀더니 한 개 더 주더라며 좋아한다. / 아내는 웃었고 나는 미안했다. / 얼마 전 아이들 학교에 보내 놓고

로빈슨 크루소의 사치 다시 읽기

수영을 배워 보겠다 한다. / 나는 가만히 웃어 주었다. 그녀는 여전
히 아름답지만 / 아내의 인생은 길기에.

　'○○생명'이라는 하단의 로고만 없다면 따뜻하고 가슴 찡한 한 편
의 수필에 손색이 없다. 사람들이 책을 읽지 않는 이 시대에 광고는
예전의 문학이 해 왔던 기능을 하고 있다.

　사실 광고 문안은 문학과 똑같은 은유적 기능을 갖고 있다. 무관심
한 사람에게 열정을 주고, 일상을 상상 속에 옮겨 놓고, 소비자로 하
여금 행복의 미소를 띠게 하는 것이다. 문학작품의 텍스트들도 각 개
인의 일상생활 속에 일상생활 이상의 그 무엇을 가져다주지 않는가?
사람들은 문학작품에서와 마찬가지로 광고의 텍스트에서 실제적인
부분을 상상의 방식으로 읽고, 상상의 부분은 실제적인 것으로 착각
한다. 광고가 효력을 발생하는 것은 바로 이 부분에서다.

　광고는 서정적인 따뜻함만을 다루는 것이 아니라 노인 문제 같은

사회문제도 다루고, 애국심이나 청소년의 교육에도 관심을 돌린다.
'다시 태어난다면 어디에?'라는 제목의 다음 광고를 보자.

대학생 여러분, / 이런 질문을 받았다면서요. / "다시 태어난다면 / 어느 나라에 가고 싶은가?" / 여러분 중에 62%가 / 대한민국을 선택하고 싶지 않다고 / 했다면서요.

이유를 물으니, 아주 간단하게 / 잘라 말했다면서요. / "선진국에 태어나고 싶다."

솔직히 말씀드릴까요. / 그 말을 듣는 순간, / 어른들은 조금 섭섭했습니다. / 여러분이 나고 자란 땅에 대한 / 여러분들의 사랑이 / 그 정도인가 해서요. / 여러분들이 그렇게 말하면 / 이 나라는 누가 키워 갈 것인가 / 궁금해져서요.

그러면 어떤 대답을 듣고 싶으냐고요? / 이런 대답.

"지금은 좀 불만족스럽지만 / 다시 태어난다면 꼭 / 대한민국에 나고 싶습니다. 그때는 세계 어느

로빈슨 크루소의 사치 다시 읽기

나라 부럽지 않은 / 선진국이 되어 있을 테니까요. / 아니, 우리 세대가 그런 나라를 / 이루어 낼 것이니까요."

　마치 근대 이후의 소설이 그러하듯이, 광고가 다루지 못하는 분야는 하나도 없다. 그것은 서정적인 것 혹은 사회적인 것만을 다루고 있지 않다. 따뜻한 인간관계의 당위성을 나지막한 목소리로 강조하고 있는 다음의 광고는 거의 달관의 경지에 이른 도덕 교과서의 역할을 한다.

　행복한 사람은 / 세월과 사이가 좋은 사람. / 가는 시간은 아쉽게 떠나보내고 / 오는 시간은 가슴 설레며 / 기다리는 사람. / 행복한 사람은 / 사는 곳과 사이가 좋은 사람. / 자신의 고향은 아니지만 / 아들딸의 고향이라는 생각으로 / 아끼고 사랑하는 사람. / 행복한 사람은 / 사람들과 사이가 좋은 사람. / 소중하지 않은 인연이 / 어디 있느냐며, 누구에게나 / 한결같은 사람. / 모두 '사이 간(間)'자가 붙은 / 시간(時間), 공간(空間), 인간(人間). / 이 세 단어와 사이가 좋은 사람. / 세상에 갑자기 생긴 것이 / 어디 있느냐고 묻는 사람. / 홀로 이뤄진 것은 / 아무것도 없다고 믿는 사람. / 사람은 혼자선 살 수 없다고 / 힘주어 말하는 사람. / 손잡을 수 없는 사람은 / 하나도 없음을 깨달은 사람. / 그런 사람이 행복한 사람.

하단에 '대한민국을 새롭게 하는 힘'이라는 문구와 함께 기업의 로고만 새겨져 있지 않다면 독자는 눈물을 글썽이며 감동할 법도 하다. 광고는 단순한 상품 소개나 기업 홍보를 넘어서 이처럼 사회적인 문제와 정신적인 가치까지 다루고 있다.

이런 광고 스타일은 불과 10여 년 만에 완전히 사라졌다. 그런 점에서 2021년 2월 어느 날 한 신문에 실린 한 광고는 조금 이색적이었다. 골목 안 슈퍼마켓을 그린 세밀화에 "NH농협은행이 / 소상공인·자영업자의 / 든든한 힘이 되겠습니다"라는 큰 글씨 카피를 곁들인 농협은행의 광고가 그것이다. "늘 한자리에서 / 한결같이 동네를 지켜 온 / 작고 오래된 가게들이 있습니다 / 낮엔 쉬어 가라며 길을 내어주고 / 밤엔 조심히 가라며 길을 비춰 주던 / 그 가게들을, / 이젠 우리가 지켜 줄 차례입니다"라는 작은 글씨 카피의 문체는 영락없이 복고적이다.

오늘날의 광고들은 더 이상 감상적인 서사에 매달리지 않는다. 빠르고 화려하고 다이내믹하여, 조용히 앉아 성찰하는 시간은 단 1분도 허용하지 않는다. 광고의 타깃 고객층 생체 리듬이 그렇게 변한 것 같다. 전원적인 자연은 인공적 미로 바뀌었고, 거대서사는 가벼운 즉흥성으로 바뀌었다.

그렇더라도 광고가 우리 사회를 압축적으로 보여 주고 또 사람들이 광고를 실생활에서 모방한다는 사실은 변함이 없다. 광고는 결국 우리 사회의 지배 이데올로기다. '꽃미남', '연상녀', '당당한 여자', '동성애' 등이 자리 잡고 확산된 것은 모두 광고를 통해서였다.


## 가상현실의 세계


현대사회에서는 모든 것이 광고이고, 모든 것이 광고를 모방한다. 광고는 우리 시대의 모든 것이라고 해도 과언이 아니다. 정치, 예술, 문화 모든 분야에서 효과적인 광고가 성공을 결정한다. 대통령 선거 운동에 광고 전문가가 중요한 역할을 맡은 지는 오래되었다. 광고 전문가 탁현민이 대통령의 모든 정치행위를 쇼로 만든 것이 문재인 정부의 특징이다. 가장 정신적인 분야인 문학이나 학문도 광고의 후광 없이는 성공을 거둘 수 없다.

정치건 문학이건 성공하려면 일차적으로 많은 사람들이 알고 있어야 하고, 그다음에 대중이 그 대상에 대해 호감을 가지고 있어야 한다. 이 두 가지 요구를 충족시켜 주는 것이 바로 광고다. 광고의 속성은 우선 사람들에게 널리 알리는 것이고, 그다음에는 사람들에게 좋은 인상을 주는 것이기 때문이다. 좋은 인상을 주기 위해 반드시 진실만을 말할 필요는 없다. 아니, 진실을 말하지 않을수록 더욱 큰 효과가 있다. 광고의 소비자는 광고를 일차적 소비재로 생각하므로, 광고 자체의 완성도만 높으면 된다. 그리하여 20세기 후반 이후, 물건이건 개인이건 사회 그룹이건 그 어떤 것도 광고적 이미지가 추가되지 않으면 아무런 가치가 없게 되었다.

그러니까 현대사회에서 기호는 재화를 장식하고, 또 재화는 기호의 모습을 띠었을 때만 재화가 된다. 그 자체만으로 존재하는 것은 더 이상 재화가 아니다. 그런데 문제는 우리의 소비 행태 대부분이 단지 재화의 기호만을 목표로 삼는다는 사실이다. 현대사회는 더 이상 실체의 세계가 아니라 시뮬라크르의 시대가 되었다는 말의 의미가 바로 그것이다.

# 유행

19세기 프랑스 상징주의 시인 보들레르는 현대성(modernity)이란 '일시적인 것, 순간적인 것, 우연한 것 안에 들어 있는 불변의 것, 영원한 것'이라고 정의를 내린 바 있다. 모든 예술에는 영원성과 순간성이 들어 있는데, 현대성이란 그중에서도 상대적이고 우연적인 가치, 그러니까 순간성에 더 가치를 두는 시대정신이라고 했다.

보들레르 이후 모더니즘은 덧없음을 예찬했다. 덧없음은 현대성의 본질이다. 우리의 삶은 매순간 불안정하게 사라져 버리는 시간의 연속이지만, 언뜻 사라지는 찰나, 잡힐 듯 잡히지 않는 그 순간들 속에서 우리는 영원성을 힐끗 본다.

유행도 마찬가지다. 유행은 과거도 아니고 미래도 아니다. 단지 현재만이 유행이다. 그런데 현재란 시시각각 앞으로 나아가면서 과거를 무화(無化)시키는 찰나적 시간일 뿐 어떤 견고한 실체가 아니다. 결국 유행이란 이 세상 아무 곳에도 없다. 이 세상 아무 곳에도 없는 것, 그건 바로 유토피아가 아닌가. utopia란 '없는 장소'라는 뜻의 라틴어다. 그러니까 유행이란 아무 곳에도 없는 것, 실체가 없는 것이라는 의미가 된다. 그런데 우리는 유토피아를 이상향으로 생각하고 있지 않은가. 이 세상 아무 곳에도 없지만 우리에게 무한한 행복감을 주는 것, 그것이 바로 유행이다.

그렇다면 유행은 예술사조상으로도 가장 모던한 현상이라 할 수 있다. 근대 이전의 시대에는 오래 지속되던 양식(style)은 있었지만 덧없음을 추구하던 유행은 없었다.

유행의 본질은 한마디로 덧없음이다. 사람들은 어제 입었던 것을 기억하지 못하고, 내일 입을 옷은 아직 모른다. 어제의 유행은 우스꽝스럽고, 내일의 유행은 아직 구현되지 않아 생각조차 할 수 없다. 오늘만이 영원하다. 참으로 덧없는 영원함이다. 누가 시키는 것도 아닌 이 덧없음을 사람들은 능동적으로 기꺼이 원하고 열망한다. 이 덧없음이 한 사회의 유행과 취미를 만들어 낸다.

덧없음은 점점 더 가속화되고 있다. 물건이나 유행이 구식이 되어 쓸모없게 되는 현상은 점점 더 주기가 단축된다. 상류층 여성들은 바로 어제 산 옷을 벌써 과거 속으로 집어던지며 유행에 뒤떨어질까 전전긍긍한다. 유행을 만드는 것은 그녀들 자신이지만, 유행은 일단 세

로빈슨 크루소의 사치 다시 읽기

상에 나오면 금방 널리 퍼져 대중화되기 때문이다. 물질적 소모의 속도를 따라잡으면서 정신적 소모도 점점 빨라진다. 오늘 새로운 유행을 세상에 내놓은 사람은 벌써 내일의 유행을 준비한다.

자기파괴는 현대사회의 특징이다. 유행은 자기를 파괴함으로써 생명이 유지되는 이상한 존재다.


## 옷

### 옷은 그 옷을 입은 사람이 누구인지를 보여 준다

삶의 범주를 요약하는 우리말 '의식주(衣食住)'에서 '옷(衣)'이 제일 첫 글자인 것은 다 이유가 있나 보다.

옷은 한 사람의 사회적 신분을 가장 잘 드러내 주는 척도다. 학문의 영역에서는 미국의 경제학자이며 사회학자인 베블런이 처음으로 의복의 문제를 집중 조명하여 그것을 재력 과시 소비의 사례로 규정했다.

우리의 복장은 언제나 밖으로 드러나기 때문에 누구라도 첫눈에 그 사람의 재력이 어느 정도인지 짐작할 수 있다. 육체적인 편안함을 제공하는 데 필요한 것 이상으로 비싼 옷을 입었다면 그 사람은 벌써 자신이 마음껏 사치스럽게 소비할 수 있는 여력을 가지고 있음을 과시하고 있는 것이다. 더 나아가 생계비를 벌어야 할 필요가 전혀 없다는 사실도 과시적으로 보여 주고 있는 것이다. 베블런은 이런 소비 행태를 과시적 소비(conspicuous consumption)라고 명명했다. 그런 목적에 효과적으로 부응하려면 옷은 비싸야 할 뿐 아니라 그 의복을 입은 사람이 어떤 종류의 생산노동에도 종사하지 않는다는 사실을 확연히 간파할 수 있을 만큼 사치스러워야 한다. 우리의 의복 체계는 그런 목적에 완벽하게 부합할 정도로 세련되게 진화했다.

사치스러운 의복은 우선 비싸다. 그러니 상류계층이 아니면 살 수가 없다. 또한 아마도 한가함을 최대한도로 보여 주기 위해서인 듯, 우아하고 불편하다. 한마디로 그 옷을 입은 사람이 어떤 실용적인 노동에도 습관적으로 종사하지 않는다는 인상을 풍기도록 디자인되었다. 대체로 단정하고 깨끗한 옷이 사람들에게 즐거운 기분을 줄 수 있는 것은 그것이 일체의 생산활동을 하지 않는 사람의 여가를 연상시키기 때문이다. 그 옷을 착용한 사람은 남들보다 돈을 더 많이 소비하는 사람이며, 더군다나 어떤 생산활동에 종사하지 않고도 그 정도의 돈을 쓸 수 있는 사람임에 틀림없다.

베블런이 유한계급 신사의 품격을 높여 주는 아이템으로 지명한 에나멜 가죽구두, 깔끔한 린넨 양복, 사치스러운 실크해트, 산책용 단장(短杖) 등은 지금 보면 아무런 매력도 없지만, 그 시대에는 그것을 착용한 사람이 일상적 노동에서 면제되어 있다는 사실을 단적으로 보여 주는 기호였다.

로빈슨 크루소의 사치 다시 읽기

## 여성의 옷은 남편의 지불능력을 보여 준다

　생산적인 직업과 동떨어져 있음을 과시하는 데는 여성의 의복이 남성의 의복보다 훨씬 더 적합하다. 여성의 의복은 비천한 직업과 생산노동에서 면제받고 있다는 것을 증명하기 쉬운 디테일들을 갖고 있다. 러플 장식이 달린 긴소매라든가 하늘하늘한 시폰 원피스나 몸에 딱 맞는 모직 슈트 등은 일을 하기에 적합하지 않다. 하이힐은 가장 단순하고 기초적인 육체활동조차 곤란하게 만들 정도로 실용성이 없다. 사치스러운 옷만이 아니다. 젊은 여성들 사이에 유행하던 배꼽티나 로라이즈 진 그리고 초미니 스커트는 조금만 몸을 움직여도 배와 엉덩이, 허벅지가 드러나 제아무리 노출에 당당한 신세대라 하더라도 동작에 신경이 쓰이지 않을 수 없다. 그런 옷을 입고는 절대로 일을 할 수 없을 것이다.

　베블런 식으로 말해 보면, 여성들이 불편한 옷에 집요한 애착을 보이는 이유는 역설적으로 그것이 활동하기 불편한 옷이기 때문이다. 고급 기성복 디자이너들의 옷은 그것을 입는 여성이 실용적인 노동에 습관적으로 종사하지 않아도 되고 또 종사할 수도 없다는 사실을 남들이 보아 금방 알 수 있도록 주의를 기울여 디자인한 옷이다. 불편해서 그 옷을 입고는 도저히 실용적인 노동을 할 수 없다는, 혹은 하지 않아도 된다는 사실을 드러내 주기 때문에 여성들이 그런 옷을 좋아한다는 게 베블런의 생각이다.

　거기에 더하여 요즘에는 젊음이라는 계급적 가치가 추가되었다. 베블런의 말을 흉내 내어 말해 본다면, 현대의 디자이너들은 실용적인 노동에 일상적으로 종사하지 않아도 되는 젊은 여성들의 옷을, 나이 든 사람의 몸매나 감성으로는 도저히 접근할 수 없도록 각별히 주의를 기울여 만든다고나 할까.

여성의 의복이 가진 이런 특징은 과거의 여성과 현대 여성의 경제적 지위 변화를 확인하는 데도 흥미로운 사례로 참조할 수 있다.

전통적으로 여성의 직분은 가정에 머물며 집안을 아름답게 꾸미는 것이었다. 집안을 아름답게 꾸미는 역할만이 아니라, 여성 자신이 가정의 대표적인 장식품이 되어야 했다. 모든 시대의 예법이 여성에게 좀 더 비싼 의상과 장신구를 과시적으로 착용할 것을 집요하게 요구한다는 사실이 이 견해를 더욱 강력하게 뒷받침한다.

그러니까 우리의 사회제도는 특히 여성에게 가족의 지불능력을 입증하는 직무를 부여했다. 즉, 가족의 명성을 유지시키는 데 이바지하기 위해 여성은 명예로운 지출을 담당하고 여가활동을 과시적으로 활발히 해야만 했다. 여자가 걸치는 호사스러운 보석 액세서리나 값비싼 의상은 남편의 재력을 증명해 주는 명예로운 지출이었다. 오늘날에도 한가롭게 골프와 파티로 소일하는 여성의 여가생활이 집안의 명성을 높여 주는 과시적 행동이라는 원칙에는 변함이 없다.

여성이 완전히 남성의 재산으로 취급되었던 경제 발전 단계에서는 과시적 여가와 소비를 향유하는 것이 단순한 사치가 아니라 여성에게 요구되는 직무의 일부였다. 여성은 스스로의 주인이 아니었기 때문에 그녀들의 과시적 소비와 여가활동은 자신이 아닌 주인, 즉 남편의 명예를 높이는 일이었다. 그러므로 부인이 낭비적이고 비생산적인 지출과 여가활동을 많이 하면 할수록 가족이나 가장의 명예는 좀 더 효과적으로 높아졌다. 여성들은 여유로운 생활을 영위하고 있음은 물론 심지어 실용적인 생활능력이라곤 아예 없다는 사실을 과시적으로 입증할 필요가 있었다.

하이힐, 긴 치맛자락, 몸을 조이는 보디스(bodice, 어깨에서 웨이스트까지 몸에 딱 맞게 입는 상의)나 코르셋 등, 착용하는 사람의 편의성 자체를 아예 무시하는 듯한 의상들은 문명화된 생활 구조에서도 여성들이 여전히 이론적으로는 남성에게 경제적으로 의존하는 존재라는 것, 그리고 남성이 소유하는 동산(動産)이라는 것을 증명하는 품목이었다. 베블런이 간파한 동시대 상류층 여성들의 이러한 지위는 현대 여성들에게도 흔적처럼 남아 있다. 재력이 있는 남성과 결혼하는 예쁜 탤런트, 호화 장신구와 의상으로 파티장을 누비는 여성들이 모두 남편의 사회적 지위를 돋보이게 하는 화려한 장식품이기 때문이다.

여성들이 남성들보다 더 과시적 여가에 필요한 복장의 소비자로 자리 잡게 된 이유는 분명 과거의 경제적인 분업 과정에서 여성이 주인의 지불능력의 일부를 위임받은 하녀의 신분이었기 때문이다. 여성의 의복과 하녀들이 입는 제복 사이의 유사점이 그 오랜 기원을 떠올리게 한다. 물론 귀부인의 의복이 한가로움과 나태함을 더 섬세하게 강조하고 있지만, 불필요한 사치성이라는 측면에서는 하녀의 제복 또한

코르셋, 하이힐, 긴 치맛자락 등의 의상들은 여성들이 여전히 남성에게 경제적으로 의존하는 존재이며, 남성이 소유하는 동산(動産)이라는 것을 증명하는 품목이었다.

만만치 않다. 하녀의 제복은 그것을 착용하는 여성들의 신체적 편의성을 완전히 무시하고 있기 때문이다.

베블런의 시대에는 아직 코르셋이 여성 의복의 기본 품목이었다. 그러나 그것은 상류층이라는 제한된 계급에서만 사용되었던 부속품으로, 빈곤한 여성들, 특히 농촌 지역의 여성들에게는 일 년에 한두 번 열리는 축제 혹은 잔치에서나 부릴 수 있는 사치였다. 매일같이 열심히 일해야 했던 여성들은 일상생활의 불편함을 감수하면서까지 한가함을 가장할 여유가 없었다. 축제 때 코르셋을 착용한 것도 사실은

로빈슨 크루소의 사치 다시 읽기

상류계급의 규범을 모방한 것에 불과했다.

그러나 코르셋은 부유층이 극소수인 사회, 다시 말해 비교적 작고 고립적인 사회에서만 통용되던 상징성이었다. 부유한 유한계급을 사회의 어디서나 쉽게 찾아볼 수 있을 만큼 신분 간의 격차가 줄어들고 여가가 특별한 우월감을 얻기 어려워진 사회에서라면 코르셋은 그저 불편하기만 한 물건이 될 뿐이다. 그리하여 코르셋을 착용하지 않아도 된다는 규칙이 등장했고, 마침내 여성들은 코르셋에서 해방되었다.

21세기 한국 페미니스트들의 탈코르셋 운동은, 물론 비유적인 의미이기는 해도, 여성에 대한 일체의 번거로운 제약이 사라진 이 시대에 좀 뜬금없는 운동이기는 하다.

### 퍼프 슬리브의 귀환

비천한 직업과 생산노동에서 면제받고 있다는 것을 증명하기 쉬운 가장 전형적인 요소로 베블런은 코르셋과 보디스를 예로 들었다. 하지만 러플 장식으로 소매를 풍성하게 부풀린 퍼프 슬리브(puff sleeve)만큼 생산 노동과 거리가 먼 디테일도 없을 것이다. 소매선을 주름으로 봉긋하게 부풀려 둥그렇게 만든 퍼프 슬리브는 코르셋과 보디스가 사라진 현대에 유일하게 남은 사치의 요소다. 드레스나 블라우스에 활용되어 여성성을 강조하는 전형적인 로맨틱 패션이다.

당연히 청빈을 강조하던 사람들에게는 못마땅한 사치 요소였다.

『빨강 머리 앤』(1908)에서 마릴라 아주머니가 지어 준 밋밋한 옷을 입고 주일학교에 간 앤 셜리는 퍼프 소매 옷을 입은 여자아이들 틈에서 비참한 기분에 빠진다. 마릴라 아주머니는 유행의 한심한 속성을 조롱하며 이렇게 혀를 찬다. "저 퍼프는 날이 갈수록 부풀어 올라 점점 바보 같아지네. 지금은 풍선처럼 큰데, 내년이면 너무 커져서 아마 문도 똑바로 통과하지 못할걸."

퍼프 슬리브는 원래 남성복이 그 기원이었다. 헨리 8세(15~16세기)의 초상화가 잘 보여 주듯 왕이나 귀족 남성들은 가슴이나 등에 패드를 넣고 어깨에 퍼프를 넣어 소매를 과도하게 부풀렸다. 퍼프 소매가 여성복으로 옮겨가기 시작한 것은 17세기부터다. 목둘레는 정교한 레이스나 프릴로 장식하고 소매는 풍성하게 부풀렸다. 로베르 르페브르가 그린 마리 루이즈 황후(나폴레옹 1세의 두 번째 부인)의 초상(1812)을 보면 가슴까지 올라간 드레스 자락에 봉긋 부푼 퍼프 소매가 눈길을 끈다. 소위 엠파이어 드레스다. 이 스타일이 19세기 낭만주의 예술의 아이콘처럼 되면서 퍼프 슬리브는 차츰 부르주아 계급으로까지 전파되었다.

19세기 프랑스 최초의 백화점인 봉마르셰의 여성복 매장은 소매와 스커트 부분을 한껏 부풀린 크리놀린(crinoline) 드레스로 가득 채워져 있었다. 이 백화점은 단순히 드레스를 파는 게 아니라 라이프 스타일, 다시 말해 부르주아적 라이프 스타일을 팔았다(Philippe Perrot, *Fashioning the Bourgeoisie: A History of Clothing in the Nineteenth*

로빈슨 크루소의 사치 다시 읽기

*Century,* 1981). 의복을 통해 계급적 '구별짓기'가 가능하다는 것을 깨달은 부르주아 계급 덕분에 퍼프 소매는 20세기 초 벨에포크 시대에 이르기까지 다채로운 형태로 수명을 이어갔다. 같은 시기 미국에서도 삽화가 깁슨(C. D. Gibson)이 그린 퍼프 소매의 여성들이 인기를 끌며 깁슨 걸이라는 말도 생겨났다.

1차대전을 겪으며 의복에서 여성성이 제거되었다. 일터로 전쟁터로 나가야 했던 여자들에게 부풀린 소매나 긴 스커트 자락은 성가시기만 했다. 마침내 코코 샤넬과 함께 드레스 자락은 짧아지고 화려한 장식은 자취를 감추었다. 패션의 혁명이었다.

그러나 2차 세계대전 후 크리스찬 디올이 뉴룩을 발표하면서 둥글고 여성적인 라인이 되돌아왔다. 미국 교외 신도시의 풍요로운 가정주부들은 슬며시 볼륨 있는 퍼프 슬리브를 다시금 사들이기 시작했다. 그리고 1960년대 말부터 불어닥치기 시작한 여성 해방 운동과 함께 퍼프 슬리브는 한갓 '공주 룩'으로 전락하여 1980년쯤에는 완전히 올드 패션이 되는 듯했다.

그런데 요즘 다시 과장되게 부풀린 퍼프 소매가 돌아오고 있다. 거의 30년 가까이 유행의 주류에서 비켜나 있던 퍼프 슬리브가 2010년대 중반부터 간헐적으로 등장하더니, 2021 봄여름 시즌에는 로맨틱한 감성의 풍성한 소매 볼륨이 완전히 하나의 흐름을 형성했다. 알렉산더 매퀸은 트렌치 코트의 소매, 블루진 점퍼의 소매까지 엄청난 러플로 부풀려 마치 헨리 8세가 환생한 듯 했다. 한두 시즌 복고적 실험이 아닐까 싶었던 퍼프 소매의 롱런이 의외라고 패션 전문가들은 입을 모은다.

　현재 퍼프 슬리브를 입는 파워 걸들은 물론 과거의 여성들과는 다르다. 타인의 시선을 아랑곳하지 않고 자신의 당당한 힘과 내면의 여성성을 동시에 드러내려 하는 것이다. 어쩌면 퍼프 소매의 긴 드레스를 입고 햇볕 속에서 자전거를 타던 19세기 말 여성들과 비슷하기도 하다.

　권력의 상징이었던 과장된 부풀림에서 계급적 구별짓기의 열망으로 상승되었다가 이제는 자연 그대로의 여성성을 추구하기까지 퍼프 슬리브에 각인된 복장의 역사는 그대로 여성의 역사와 오버랩된다. 탈코르셋 운동과 나란히 가는 공주 패션의 강세는 여성주의의 관점에서도 매우 흥미로운 주제가 될 듯하다.

로빈슨 크루소의 사치 다시 읽기

# 유행의 변화

## 언제나 현재의 유행이 아름답다

사치스러운 의복은 현저하게 비싸고 불편해야 한다는 두 개의 큰 원칙 너머에 제3의 원리가 있는데, 그것은 최신 유행을 따라야 한다는 원칙이다. 왜 철마다 유행이 바뀌는지에 관해서는 어떤 만족스러운 설명도 제시된 적이 없다. 변천하는 스타일은 우리의 심미적인 감각에 맞는 무언가를 찾고자 하는 부단한 노력의 표현이며, 따라서 유행은 미적 완벽함에 접근하기 위한 노력이라고 설명할 수도 있겠다.

그러나 실상은 그렇지 않다. 오늘날 유행하는 의복의 스타일이 10년 전, 20년 전 혹은 100년 전의 스타일에 비해 인간에게 더 잘 어울린다고 자신 있게 말할 사람은 아무도 없다. 2000년 전에 유행하던 스타일이 오늘날 가장 공들여 만든 세련된 의복보다 인간에게 더 잘 어울린다는 주장도 물론 설득력이 없다.

한국, 일본, 중국 등의 아시아 국가들, 그리스와 로마를 비롯한 고대 유럽 국가들 그리고 중세 이후 유럽의 농민들은 모두 각자의 몸에 비교적 잘 맞는 옷을 입고 있었다. 그런 전통 의복은 대체로 사치스럽게 보이지 않고, 오랜 세월 동안 변화가 거의 없었다. 어느 시대 어떤 지역이건 한곳에 정착하여 비교적 동질적이고 안정된 생활을 영위했던 개인이나 계급은 상대적으로 안정된 복장을 착용하며 살았다. 그러나 구성원이 다양하고 편차가 큰 사회, 다시 말해 재화의 과시적 낭비가 절대적인 위력을 발휘하는 현대사회에서 유행은 불안정하고 가변적일 수밖에 없다. 이런 사회에서 의복은 아름답고 어울려야 한다는 미학적 혹은 실용적 요건을 따르지 않는다. 유행의 원리에는 사치의 규범이나 미적 규범만으로 설명할 수 없는 무언가가 있다.

그렇다면 유행은 왜 끊임없이 창조되고 쇄신되는 것일까? 베블런은 이렇게 설명한다.

끊임없이 유행이 변화하는 것은, 우선 인간의 본성이 늘 새로움을 추구하고 있기 때문이다. 어떤 새로운 스타일이 잠시 유행하면서 세인들의 호평을 받게 되면 최소한 그 스타일이 유행하는 기간만큼은 사람들이 그 스타일에 매력을 느낀다. 언제나 현재 유행하는 것이 아름답게 느껴진다. 이런 현상은 한편으로는 새 유행이 과거의 것과 다르다는 사실로부터 얻는 심적 위안에서 비롯되고, 다른 한편으로는 그 유행을 따르면 사람들 사이에서 어느 정도 좋은 평판을 얻을 수 있다는 심리에서 비롯되는 것이다.

그러나 지금 유행하는 스타일 중 최상의 것이라도 몇 년 후가 되면, 비록 흉하게 보이지는 않더라도 최소한 이상하고 기이하게 보일 수 있다. 한때 유행하는 스타일이 일시적으로만 멋지게 보일 뿐 영속성이 없다는 것은 대부분의 유행 스타일이 시간과 함께 사라지고 만다는 사실로 입증된다. 신제품이라면 가리지 않고 애착을 느끼는 인간의 심리는 심미적인 것에 근거하고 있지 않다.

베블런의 저서 『유한계급론』은 1899년에 나온 책이다. 120여 년

로빈슨 크루소의 사치 다시 읽기

전 베블런의 시대에도 유행이 몇 년마다 바뀌었다는 사실이 놀랍다. 베블런은 부유층의 인적 네트워크가 확대되고 그들의 지출 가능한 부가 확대되면 유행은 더 신속하게 변하며, 유행하는 스타일들도 갈수록 기괴하고 참을 수 없는 것이 될 것이라고 말했다. 그의 예측은 정확히 맞았다. 어지럽도록 빠르게 변화하는 오늘날에는 유행의 주기에도 가속도가 붙어 하나의 스타일이 1년을 버티기 힘들다.

유행이 빠르게 변하는 두 번째 이유는 역설적으로 비싼 가격의 낭비적 요소가 사람들에게 불쾌감을 일으키기 때문이다. 옷이 사람들의 존경을 유발하는 가장 적절한 수단이 되기 위해서는 아주 값이 비싸서 돈을 낭비적으로 지출했음을 과시할 수 있는 증거가 되어야 한다. 그러나 또 한편으로 사람들은 누구나 사치에 대해 근본적인 반감을 갖고 있다. 사치에 대한 강렬한 욕구가 있는 한편, 무익한 노력이나 지출에 대한 심한 반감도 있다. 사람들은 누구나 소박함을 좋아한다. 그런데 유행은 낭비적이다. 이 낭비적 요소가 사람들이 근본적으로 갖고 있는 소박한 취미를 거스르며 반감을 유발한다. 따라서 사치성을 노골적으로 과시하는 의복은 본능적으로 추악하게 여겨지고, 극도의 불쾌감을 일으키게 된다.

결국 우리는 이 불쾌감에서 벗어나기 위해 새로운 스타일을 찾아 도피한다. 그러나 그 새로운 스타일도 역시 명성을 얻는 데 필수적인 낭비와 무익성이라는 요건에 부합해야 한다. 따라서 다시 사치와 낭비에 흐르지 않을 수 없다. 그러면 사람들은 또 한 번 반감을 가지고,

거기서 피하기 위해 또다시 새로운 유행을 만들어 낸다. 낭비에서 벗어나기 위해 다시 낭비하는 이 역설, 불쾌감에서 벗어나기 위해 다시 불쾌감 속으로 들어가는 이 끊임없는 도피의 과정이 바로 유행이다. 베블런이 갈파하는 유행의 본질은 근본적인 추악함을 끝없이 반복적으로 재생산하는 피상적인 변화에 다름 아니다.

## 유행의 문법

### 청바지

사람들은 꼭 필요한 생활용품의 구입은 줄일망정 옷은 우선적으로 사는 경향이 있다. 체면 유지에 필요하다면 낭비해도 된다고 생각하는 품목 중 대표적인 것이 의복이기 때문이다. 현대사회에서 의복이라는 상품이 지닌 가치는 단순히 실용성이 아니다. 유행에 맞는 옷을 입음으로써 남의 인정을 받을 수 있다는 것이 의복의 가장 큰 효용성이다. 따라서 의복에 대한 욕구는 단순한 물질적 욕구가 아니고, 그 이상의 정신적인 욕구다.

옷에 대한 정신적인 욕구는 우리 사회에 이미 확립되어 있는 관습을 준수하려는 욕구이거나, 또는 한 계층이 갖고 있을 것으로 간주되는 취미의 기준에 자신의 생활수준을 맞추려는 욕구다. 언제 내 옷차림을 가장 불만스럽게 생각했는지를 한번 생각해 보니, "나는 교수인

로빈슨 크루소의 사치 다시 읽기

데, 아까 그 모임에는 교수에 걸맞은 옷을 입고 가지 못했어"라거나 "지인의 전시회 오픈 날인데 좀 더 화려하게 차려입고 갔어야 했어"라는 후회가 떠오른다. 그러니까 우리는 자기가 속한 사회계층의 수준에 걸맞은 복장을 갖추지 못했을 때 심한 수치심을 느낀다. 모든 계급이 의복 구입에 지출을 많이 하는 것은 사회적 관습이 규정하는 자신의 지위에 의상의 수준을 맞추려 하기 때문이다.

다른 제품의 소비에서도 향유보다는 의무가 우선이었듯이, 유행 품목을 구매하는 것도 개인적인 취미나 욕구에 의한 것이라기보다는 사회적 강제에 의한 측면이 강하다. 유행을 따르는 것은 개인적인 취미나 욕구보다는 사회적 강제에 의한 것이 더 많다는 이야기다. 그러므로 의복에 대한 욕구를 단순히 지불능력 과시의 성향으로 생각하는 것은 조금 잘못이다.

사회적 강제의 기준은 단순히 계층만이 아니라 연령, 몸매의 조건 등으로 넓게 확산된다. 어느 정도의 소득 이하에서는 비싼 옷을 입어서는 안 된다든가, 젊은 사람은 발랄하게 옷을 입어야 하고 나이든 사람은 점잖은 옷을 입어야 한다든가, 어떤 디자인은 어떤 몸매에 어울리지 않는다든가 하는 것이 그것이다. 이 기준들은 법조문에 씌어 있는 성문법(成文法)이 아니지만 말없는 관습법으로 강력한 강제력을 행사하고 있다.

그런데 이 관습법은 누가 만드나? 언론이다. 팬티가 드러나는 반바지나 찢어진 청바지가 젊은이 개인의 대담한 개성이나 반항이 아니듯, 시니어 세대가 청바지를 입는 것도 개인적인 도전정신이 아니다. 그것은 이미 신문에서 "지난해(2020) KBS 추석 스페셜 '대한민국 어게인' 콘서트를 시청률 29퍼센트라는 히트작으로 끌어올린 가황(歌皇) 나훈아가 일흔셋이라는 나이가 무색하게 흰색 러닝셔츠에 찢어진 청바지 차림으로 무대에 올랐다"는 기사를 썼거나, 영화 〈미나리〉로 아카데미 여우조연상 후보에 오른 배우 윤여정이 청바지에 검정 폴라를 무난하게 소화하고 있는 사진을 실었기 때문이다. 요즘 중년의 나이 파괴 패션이 유행이라든가, 청바지 착용 연령층이 상향 이동하고 있다는 등의 기사를 읽고 그에 따르는 것일 뿐이다. 아마도 의류업계의 교묘한 마케팅의 결과다.

## 중고거래 열풍

MZ세대와 기성세대를 구별하는 특성 중 가장 두드러진 것이 '중고거래'다.

기성세대에게 중고란 남이 쓰던 물건이라는 부정적인 이미지였고, 가난의 상징이었다. 하지만 MZ세대에게 중고시장은 합리적인 가격으로 가치 있는 소비를 하는, 투자의 수단이다. 여러 차례 거래되더라도 신상품과 다름없이 받아들여지고, 거기에 프리미엄을 붙여 되팔아 상당한 시세차익까지 남기는 것이 지금 MZ세대의 새로운 재테크다. 그래서 리셀(resell)이라는 세련된 이름도 붙었다. 중고제품을 부정적으로 생각하지 않는 정도가 아니라 아예 새 제품보다 더 값어치 있고

로빈슨 크루소의 사치 다시 읽기

매력적이라고 보는 것이다. 소위 'N차 신상'이다.

2020년 여름 스타벅스는 전국 매장에서 계절음료 3잔을 포함한 17잔의 음료를 구매하면 사은품으로 '서머 레디백'과 '서머 체어' 중 한 가지를 제공하는 'e-프리퀀시 이벤트'를 벌였다. 이벤트 시작 바로 다음 날 서울 여의도 한 스타벅스 매장에서 약 130만 원어치 커피 300잔을 주문한 구매자가 딱 한 잔의 커피와 사은품 여행가방 17개만 챙겨 가는 일이 벌어졌다. 뉴스가 전해지자 즉각 중고거래 플랫폼에서 서머 레디백 검색이 쇄도하여 총 25만 건에 달했고, 그중 2,500건이 거래되었다. 17개를 챙긴 구매자는 개당 약 3~5만 원 정도의 이익을 낸 것이다.

2021년 여름 행사에서는 1인당 주문 가능한 음료가 20잔으로 제한됐다. 스타벅스 온라인 쿠폰(e-프리퀀시)으로 살 수 있는 아이스박스 '서머 데이 쿨러'는 판매가 시작된 지 35분 만에 준비한 물량이 모두 판매됐다. 그리고 즉각 3만 7천 원짜리 쿨러가 당근마켓에 5만~8만 원으로 올라왔다.

스타벅스가 2018년 이후 여름마다 출시하는 한정판 굿즈는 늘 품절 대란을 일으킨다. MZ세대의 '소확행(작지만 확실한 행복)' 아이템으로 입지를 굳혔기 때문이다. 여름마다 이벤트로 한정판 굿즈를 만들어 내놓는 나라는 한국밖에 없다. 스타벅스의 원조인 미국에서는 코로나로 스타벅스 매장 수가 400개가량 줄어들었는데, 한국에서는 매장 수가 한 달에 10여 개씩 늘어나고 있다. 2021년 4월 말 기준 한국

스타벅스 점포 수는 1,550여 개다.

'샤테크'라는 말도 있다. 샤넬 백을 사면 큰 차익으로 되팔 수 있다는 것이다. 실제로 샤넬 클래식 플립백 미디엄은 2020년 5월에 715만 원이었는데, 3개월 뒤인 8월 중고나라에서 860만~900만 원에 판매되었다. 오픈런(백화점이 문을 열자마자 달려 들어가 구입하는 구매 방식)으로 715만 원에 구입해 900만 원에 팔았다면 수익률은 25.9퍼센트다.

리셀 시장이 커지면서 기업도 이 시장에 뛰어들었다. 네이버 자회사 스노우는 최근 한정판 운동화 거래 플랫폼 '솔드아웃'을 오픈했다. 서울옥션블루도 스니커즈 거래 플랫폼인 엑스엑스블루(XXBLUE)를 론칭했다. 롯데쇼핑은 국내 최초의 한정판 스니커즈 리셀 거래 플랫폼 아웃오브스탁과 손잡고 시장에 뛰어들었다.

국내 중고거래 시장 규모는 무려 20조 원에 이른다. 1차 시장보다 더 활발하다. '당신 근처 마켓'의 준말인 당근마켓 일일 사용자 수는 약 156만 명이다. 이는 쿠팡 이용자 397만 명 다음으로 이커머스 2위다. 이용자의 거주 지역 반경 6킬로미터 이내에서만 거래가 가능한 당근마켓 앱의 총 다운로드 횟수는 2천만 회를 넘는다. '당근하다'라는 신조어까지 나올 정도다.

## 콜라보 열풍

하얀색 백팩에 소주 참이슬의 글자와 로고가 새겨져 있다. 소주 포장 백인가? 그런데 그게 아니고 개당 4만 9천 원에 판매되는 어엿한 백팩이었다. 2019년 11월 진로소주와 커버낫 백팩은 400개 한정판매로 '참이슬 백팩'을 출시했다. 발매 5분 만에 400개 모두 완판되었고, 이후 중고거래 사이트에서 10만~20만 원 선에 거래되었다. 고객들의 끊임없는 재판매 요청이 이어지자 플랫폼 유통업체인 무신사는 참이슬 백팩을 추가로 400개 한정 출시했다. "패션과 주류의 경계선을 허물어 연령, 성별 상관없이 모두 진로와 커버낫을 즐길 수 있도록 만들었다"고 무신사 측은 밝혔다. 아무리 그래도 그렇지, 소주 포장 박스 같은 가방을 돈 주고 사서 메고 다니다니.

2020년 1월 커버낫과 진로의 콜라보 상품은 티셔츠, 후드 집업(zip-up), 가방, 에코백, 모자, 휴대폰 케이스 등으로 확대되었다. 진로의 푸른색 두꺼비 디자인을 적용하여 후드 집업, 크루넥 셔츠, 반팔 티셔츠 등 의류 3종과 탬버린 백, PVC 백, 핸드폰 케이스, 그립톡 등 액세서리 7종, 머그잔 1종을 포함해 총 11종을 출시했다.

'진로 후드 집업'은 진로의 시그니처 캐릭터인 두꺼비를 연상시키는 푸른색 색상의 점퍼인데, 지퍼를 머리끝까지 올리면 두꺼비 캐릭터가 완성된다. '진로 탬버린 백'은 지퍼 사이에 와이어를 삽입해 소주병 뚜껑을 그대로 재현시키기도 했다.

서울 신당동 돼지고기 맛집 '금돼지식당'은 가게 로고인 '돼지코'가 그려진 이불과 베개 등 침구류를 네이버쇼핑에 올려 완판했다. 보험 상품 이름이 들어간 즉석우동도 있고, 라면 봉지와 똑같이 생긴 이불

곰표 밀가루, 말표 구두약과 이종 콜라보 한 맥주.

도 있으며, 라면 로고 캐릭터 '너구리'가 그려진 옷도 있다.

전혀 어울릴 것 같지 않은 두 업종의 브랜드를 한데 합쳐 소비자에게 재미를 선사하는 이런 이종(異種) 콜라보 마케팅이 대유행이다. 이종 콜라보의 원조는 곰표 밀가루로 유명한 대한제분이다. 2018년 여름 패션회사 4XR과 손잡고 '곰표 티셔츠'를 만들어 완판 기록을 세웠다. 2020년엔 편의점 CU와 손잡은 '곰표 맥주'가 히트를 쳤다. 곰표 밀맥주는 2020년 6월 출시 당시 사흘 만에 준비한 10만 개가 모두 팔렸고, 공급이 수요를 따라가지 못하는 상황에서 누적 판매량 150만 개를 기록했다. 인스타그램에서 '곰표'라는 키워드로 올라온 게시물

로빈슨 크루소의 사치 다시 읽기

은 2만 건이 넘는데, 절대다수가 '곰표 밀가루' 아닌 CU 제품의 맥주들이다. 첫 출시 1년이 지난 2021년 5월에는 사상 처음으로 카스, 테라 등 전통의 강자들을 제치고 곰표 밀맥주가 편의점 맥주 매출 1위에 오르는 이변을 일으켰다. 그러니까 젊은이들은 곰표 밀가루 병에, 또는 말표 구두약 병에 담긴 맥주를 맛있게 마시고 있는 셈이다. 맥주만이 아니라 톡톡 튀는 콜라보 상품들을 선보여 출시하는 족족 화제를 불러일으켰다. 2020년 4XR과 함께 출시한 '곰표 패딩'은 소셜 미디어에서 큰 화제가 됐으며, 뷰티 트렌드와 함께한 '곰표 밀가루 쿠션' 등의 아이템도 눈길을 끌었다.

해태제과는 캐주얼 의류 브랜드 폴햄과 '맛동산 에디션' 티셔츠를 제작했고, 젤리 브랜드 하리보는 질스튜어트 스포츠와 콜라보했으며, 의류 브랜드 지이크(Sieg)는 대웅제약의 우루사와 협업한 제품을 내놓았다.

꽃게랑 스낵은 아예 독립적인 스카프 브랜드를 만들었다. 온라인 패션몰 무신사가 2021년 2월 스카프 300장과 넥타이 300장을 추첨제 판매로 사흘간 한정판매했는데 무려 1만 300명이 몰렸다. 이탈리아산 실크 원단에 꽃게 무늬를 수놓고 태그엔 'Côtes Guerang'이란 브랜드를 새겼다. côte는 불어로 '갈비뼈' 또는 '언덕'이나 '해안'이라는 뜻이다. 프랑스 브랜드 같지만 실은 빙그레의 최장수 스낵 꽃게랑을 소리 나는 대로 표기한 것이다. 빙그레가 이 브랜드를 선보인 것은 2020년 7월, '디자인온'이란 패션업체와의 협업을 통해서였다. 가수

지코가 '꼬뜨게랑 가운'을 걸친 채 꽃게랑을 먹는 모습을 촬영해 유튜브에 올리기도 했다. 이 영상은 반년여 만에 조회수가 256만을 넘었다. 빙그레 관계자는 "홍보용으로 만든 꼬뜨게랑 브랜드 인기가 과자 매출에도 긍정적 영향을 주었다"고 했다.

과거에도 '대중 스타와 패션 브랜드', 또는 '패션 브랜드와 타 패션 브랜드' 사이의 콜라보가 있었지만 이렇게 '문구와 음료', '금융과 라면', '식당과 패션', '시멘트와 가방' 등 이종 콜라보 상품이 쏟아지는 것은 매우 이례적이다. 재미를 소비하는 젊은이들의 '펀슈머(fun+consumer)' 경향 덕분이다.

성공의 관건은 신세대 소비자의 '재미 감각'을 자극한 것이었다고 전문가들은 말한다. 유통업계 관계자는 "재미 요소를 갖춘 이종 콜라보 상품은 회사가 홍보하지 않아도 소비자들이 인스타그램에 올리기 위해 찾아서 제품을 사고, 산 제품을 알아서 홍보해 준다"고 말했다. 그냥 저절로 젊은이들이 알아서 사 주다 보니 우연히 대성공을 거두게 되었다는 것이다.

과연 그럴까? 그 소비행위의 뒤에는 숨은 신(神)이 있는 게 아닐까?

## 무신사

온라인 패션 커뮤니티 무신사는 2009년 전자상거래 '무신사 스토어'를 열고 옷과 신발을 팔기 시작했다. 회사 이름이 올드한 듯 촌스러운 듯해 무슨 한자 이름인가 아니면 외국어인가 했지만, '무진장 신

로빈슨 크루소의 사치 다시 읽기

발 사진이 많은 곳'이라는 뜻이라고 한다. 2001년 고등학교 3학년이던 조만호 대표가 운동화 마니아 커뮤니티로 시작한 회사다.

2019년에는 국내 열 번째 유니콘 기업이 됐다. 유니콘 기업이란 기업 가치가 1조 원 이상이면서 주식시장에는 상장되지 않은 중소기업을 말한다. 현재 무신사 회원은 840만 명, 그중 남성이 54퍼센트, 여성이 46퍼센트이며, 전체 회원의 88퍼센트가 10~30대다. 지금은 단순히 제품만 판매하는 게 아니라 서로 전혀 어울리지 않는 두 업체의 이미지를 한데 합쳐 콜라보 제품을 만들어 내는 일에 주력한다.

무신사의 성장세는 무섭다. 삼성물산을 비롯해 LF, 신세계인터내셔날, 코오롱FnC 등 국내 패션 대기업 브랜드와 폴로, 랄프 로렌, MCM, 라코스테, 베네통, 티어리 같은 해외 브랜드들도 앞다퉈 무신사에 입점해 물건을 팔고 있다. 삼성전자도 갤럭시 M20과 갤럭시 워치 액티브2를 무신사에서 판매했다. 2021년 현재 무신사의 입점 브랜드는 6천 개가 넘는다. 2013년 연간 거래액이 100억 원이었는데 2020년 거래액은 1조 2천억 원, 매출은 3,319억 원이다. 그야말로 한국의 대표적 패션 빅테크(big tech)가 되었다.

## 전문가들의 청년 찬양

"요즘 젊은 세대들은 개성 만점이야. 딴 사람 신경 안 쓰고 자기 좋은 대로 헌 신발도 사 신고, 소주병 로고 백팩도 메고 다니니 말이야.”

이것이 젊은 세대를 흐뭇하게 바라보는 기성세대의 일차적 평가다. 트렌드 전문가들의 평가도 모두 MZ세대 찬양 일색이다. 이 세대에게 중고 마켓은 보물찾기 놀이터라는 것, 단지 물건을 사고파는 장소가 아니라 시간을 보내는 여가 수단이어서, 제품을 구매하는 것이 아니라 마치 정글을 탐험하듯 온라인 쇼핑을 즐긴다는 것, 그때그때 유행을 경험해 보고 다른 트렌드로 빨리 갈아탈 수 있어서, 지루한 것을 참지 못하는 세대가 싫증을 해결하는 나름의 솔루션이라는 거다.

이 모두가, 젊은이들이 충실하게 자기 의지에 따라 소비한다는 것을 전제로 한다. 업체가 우연히 내놓은 상품이 젊은이들의 취향에 우연히 맞았고, 그러다 보니 그냥 저절로 우연하게 대성공을 거두었다는 것이다. 과연 그럴까? 그 뒤에 ‘숨은 신’이 있는 건 아닐까? 파스칼은 세상 모든 것의 뒤에는, 비록 우리 눈에 보이지는 않지만 신이 숨어 있다고 했다. 그 신은 “아무 데도 없지만 그러나 도처에 있고, 언제나 현존하지만 또 언제나 부재하는 신”이라고 했다.

### 젊음의 개성 같은 것은 없다

비싼 운동화 열풍, 중고시장 선호, 명품의 리셀 유행, 그리고 이색 콜라보 열풍까지 젊은이들의 톡톡 튀는 소비 행태를 젊은이 특유의 참신성 또는 펀슈머 경향에 돌리는 것은 틀린 말은 아니라 해도, 절반만 맞는 얘기다.

로빈슨 크루소의 사치 다시 읽기

"누가 봐도 어울리지 않는 생뚱맞은 조합이 낯설지만, 재밌는 것에 열광하는 젊은이들의 취향을 정확히 파악한 전략이었다"라는 평가는 앞뒤를 바꿔 말해야 한다. 거대한 청년 집단을 먼저 조직하고, 젊은이들에게 그런 성향을 가지라고 등 떠밀며 소비를 부추긴 누군가가 먼저 있었다. 그러자 젊은이들은 그런 성향을 갖게 되었고, 그런 소비를 하게 되었다. 젊은이들은 순전히 자기 개인의 취향대로 헌 신발을 신고 곰표 밀가루 로고의 맥주를 마시는 것으로 알고 있지만, 실은 또래의 다른 친구들이 다 그렇게 하니까 자기도 따라 하는 것이다. 그런데 그 또래집단의 소비 행태를 결정해 주는 것은 거대하고 강력한 유통업체의 보이지 않는 손이다. 무신사 같은 유통 플랫폼의 정교한 마케팅 시스템이 그들 뒤에 숨어 있는 것이다. 정치 영역도 다르지 않을 것이다.

## 패션 저널리즘

패션이라는 유토피아가 신기루처럼 드리우는 장소는 여성잡지 혹은 신문의 여성란이다. 패션쇼에서 모델이 입고 나오는, 가슴을 다 드러낸 옷이나 몸매를 훤히 보여 주는 투명한 옷을 누가 입을 수 있는가? 사진 속의 모델이 입고 있는 옷을 현실 속에서 입고 있는 여성은 아무도 없다. 기발한 디자인에 매혹되어 고급 의상을 사는 상류층 여성들도 실제로 옷을 구입할 때는 평소에 입을 수 있는 보수적인 디자인을 택한다. 그녀들은 유행을 따른다는 환상만 가지고 있을 뿐, 실은 유행을 소비하는 것이 아니다. 패션 관련 사진과 기사를 보며 유행을 따른다고 생각하는 것은 착각일 뿐이다.

그런 의미에서 유행은 대중매체의 패션 기사와 함께 태어나고 그 사회적 존재는 패션 기사에 의해 강화된다. 2021년 한 백화점 잡지에 실린 기사는 패션 저널리즘의 유토피아적(현실에는 없다는 의미의) 특징을 극명하게 보여 주고 있다.

그 무엇보다 눈길을 끈 건 이 스포츠 아우터를 페미닌한 포멀 룩과 믹스매치한 스타일링이다. 루이 비통이 대표적. 윈드 브레이커 패딩 재킷에 완전히 상반되는 무드와 질감의 러플 스커트, 몸에 밀착되는 포멀한 팬츠 등을 매치해 의외의 매력을 선사한다. 이너 위로 무엇을 입든 결국 아우터가 룩 전체의 분위기를 결정한다는 패션계 통념에 반하는, 의외의 조합이 스타일리시할 수 있음을 알려 주는 좋은 예다. 기능성과 심미성을 동시에 잡고자 하는 이 시대 여성의 요구를 고스란히 반영한 브랜드의 노력은 계속 이어진다.

다음은 15~16년 전의 기사다. 별 차이가 없다.

금년도 봄여름 패션의 트렌드를 간단히 요약하자면 과거와 현재

로빈슨 크루소의 사치 다시 읽기

의 절묘한 매치, 페미닌한 이미지와 매니쉬한 스타일의 쉬크한 조화, 복고적인 무드의 낭만적인 시선으로 바라본 미래의 이미지 등이다. (…) 여성스러운 이미지가 돋보이는 로맨틱한 분위기의 의상들은 단순히 큐트한 이미지에서 벗어나 좀 더 볼륨감 있고 우아하게 느껴지는 꾸뛰르적인 스타일이나 또는 복고적인 스타일과 믹스되어 더욱 여성스럽고 쉬크하게 느껴지는 레트로 쉬크 룩이 탄생할 것으로 보인다. 예를 들어 프릴 장식이 돋보이는 블라우스와 클래식한 테일러드 자켓에 스키니한 데님의 믹스매치는 (…)

패션이 근본적으로 현실에는 없는, 상상의 유토피아라는 것을 증명하기라도 하듯 유난히 외국어를 많이 쓰고 알 듯 모를 듯 모호한 문장들을 구사하는 기사들이다. 문장 스타일 자체가 현실에 발을 딛지 않고 몽상적인 언어를 구사한다는 점에서 패션 저널리즘은 그야말로 현대의 수사학이다. 실재의 세계에 지시대상을 갖고 있지 않고 오로지 '언어에 대한 언어'라는 점에서 그것은 메타언어다. 현실과 상상의 경계선 위에 깃발처럼 꽂혀 있는 이 메타언어는 사회에 대해 그리고 사상과 이데올로기에 대해 막강한 힘과 영향력을 행사한다. 이 세상 어느 곳에도 없는 하나의 추상적 존재인 패션을 견고한 실질로 만들어주는 것은 패션 저널리즘의 수사학을 통해서이다.

새로움과 비싼 가격이 특징인 패션을 일반 서민들은 도저히 따라잡을 수가 없다. 서민들의 일상적 생활양식은 권태로운 반복이지, 결코 매일 바뀌는 새로움이 아니다. 그러나 일상을 배제하는 듯하면서 패션은 실제로 일상을 지배한다. 강력한 사회적 강제인 패션을 그 누구도 무시할 수 없기 때문이다. 햄릿이 현대에 살았다면 "패션을 따를 것이냐 따르지 않을 것이냐, 그것이 문제로다"라고 말했을 것이다. 우리 사회에서 패션이 행사하는 힘은 가히 테러의 수준이다. 패션은 사회 구성원들을 강하게 압박하면서 강력한 사회통합적인 기능도 하고 있다.

문제는 패션이 의상에만 적용되는 게 아니라는 점이다. 학문도, 사상도, 문학도, 예술도 모든 것이 유행을 탄다. 패션 좌파라는 말도 있지 않은가. 유행 현상이 사상, 예술, 문화, 그 밖의 모든 분야에 확대됨에 따라 유행의 지배력은 더욱더 강고해진다. 특정 정치인에 대한 젊은이들의 쏠림 현상, 빠르게 바뀌는 학문의 경향, 예측할 수 없는 전공학과의 인기, 이 모든 것을 유행의 논리가 아닌 그 무엇으로 설명할 수 있겠는가?


## 스포츠 패션의 명품화 현상

과거 유명 디자이너의 패션쇼에는 일반 서민들이 입을 수 없는 파티복이나 실험적인 의상들만 나왔었다. 모델들은 굽 높이 10센티미터 이상 되는 구두만 신었다.

그런데 사회가 광범위하게 대중화되는 것과 동시에 소비 민주화가 일어났다. 과거에 중년 이상 계층이 소비하던 명품을 이제는 젊은 세대가 소비하게 되었고, 과거에 돈 많은 계층이 소비하던 명품이 이제는 몇 달 월급을 모아 지출하는 젊은 계층으로 내려오게 되었다. 명품 소비가 아래 계층으로 내려오면서 고가의 패션 의상과 스포츠웨어가 뒤섞이는 현상이 일어났다. 모델들은 런웨이에 운동화를 신고 나오기도 하고, 여성스러운 레이스 스커트 위에 아웃도어 점퍼를 입기도 했다. 흰색 부드러운 긴 주름치마 위에 오토바이를 탈 때 입는 바이커 재킷을 입기도 한다. 그런데 그 바이커 재킷은 몸판은 검정 가죽이지만 소매는 부드럽고 투명한 튈(tull) 소재의 과장된 퍼프 슬리브다. 백화점 명품 매장에 흰색 농구화들이 가득 진열되어 있는 모습은 과거 같으면 상상도 할 수 없는 일이다. 물론 점퍼나 운동화라고 해도 그 가격은 어마어마하다. 이제 상류층의 소비를 꿈꾸는 중간계층의 젊은 이들은 모두 운동화와 점퍼를 구입하지 못해 안달을 하는데, 물론 그 운동화와 점퍼는 비록 스타일은 저가의 시장 물건과 똑같다 해도 가격은 쉽게 넘볼 수 없는 고가다.

고급 패션과 스포츠웨어는 전혀 별개의 것인 줄 알았다. 그런데 패션과 거리가 먼 투박한 스포츠웨어를 섬세한 여성 옷에 믹스매치하는 스타일이 최신의 트렌드가 되었다. 골프장에서나 입을 법한 바람막이 재킷을 완전히 상반되는 질감의 풍성한 미니스커트와 함께 입는다든가, 조깅하러 나갈 때 입기 좋은 스웨트 셔츠를 시폰 소재의 롱스커트와 매치한다든가 하는 식이다.

옷차림은 머리끝에서 발끝까지 일관성이 있어야 한다는 것이 기존의 의상 예절이었다. 출근할 때는 정장 슈트 차림에 중간 굽 높이의 구두를 신어야 하고, 저녁 모임에는 하늘하늘한 시폰 드레스 아니면 장식이 많은 모직 투피스에 좀 더 굽 높은 하이힐을 신어야 하며, 운동하러 나갈 때는 신축성이 좋은 나일론 원단 바지에 점퍼를 걸치고 운동화를 신어야 한다는 등의 룰이 그것이다. 이를 어기고 사무실 혹은 저녁 모임에 점퍼 차림으로 운동화를 신고 가면 완전 미친 사람 취급받기 십상이었다.

그러나 이제는 투박한 부츠를 신었다고 해서 그에 맞춰 옷차림이 투박해질 필요가 없다. 드레스가 나풀거리면 오히려 부츠는 탱크처럼 투박해야 한다. 당장 파티에 참석해도 어색하지 않을 듯 드레시한 원피스에는 헐렁한 후드 점퍼를 걸쳐야 하고, 패셔너블한 옷에는 운동화를 받쳐 신어야 제격이다. 패션계의 통념은 다 무너졌다. 물론 그 운동화 자체가 웬만한 구두 값과는 비교도 할 수 없이 비싼 품목이라는 게 새로운 럭셔리 룰이다.

그리고 이 파격 또한 젊음의 특권이다. 겐조의 크리에이티브 디렉터인 펠리페 올리베이라 바티스타는 "젊음은 단지 어린 사람들이란 의미가 아니라 하나의 정신"이라고 했다. 그러니까 젊음은 특정 연령대의 나이를 말하는 게 아니라 이 시대를 선도하는 하나의 이데올로기라는 뜻이다. 또는 나이든 사람도 기죽지 않고 도전해 볼 수 있는

로빈슨 크루소의 사치 다시 읽기

영역이라는 뜻이다.

그럼 왜 스포츠웨어가 패션의 영역으로 들어온 걸까? 우선 모든 유행은 지루함을 극복하기 위한 것이라는 앙리 르페브르의 말을 상기할 필요가 있다. 모든 여성스러움, 모든 세련됨을 끝까지 추구해 본 패션은 이제 더 이상 나아갈 곳이 없어 스포츠 룩으로 눈길을 돌렸을 것이다. 두 번째는 스포츠에 대한 사람들의 관심이 엄청나게 높아졌다는 점이다. 팬데믹으로 건강에 대한 관심이 커지기 전에도 건강관리가 모든 세대에게 최우선의 관심사가 된 것은 이미 오래전 일이다. 운동이 중요한 일과가 되면서 자연스레 스포티 룩에 관심이 커지기 시작했다. 운동할 때마저 스타일리시해 보이기를 원하는 젊은 세대들이 멋진 운동복에 관심을 갖게 되었고, 더 나아가 운동복을 일상복으로 활용하기까지 하게 되었다. 그렇게 해서 액티브 웨어라는 새로운 장르가 등장했다.

이런 트렌드에 명품 디자이너들이 가세하면서 스포티 룩은 패션의 가장 중요한 한 축이 되었다. 마크 제이콥스, 알렉산더 왕, 미우미우, 샤넬, 구찌, 루이비통 등 거의 모든 럭셔리 브랜드가 '뉴 스포티즘'의 붐을 이끌고 있다. 뉴 스포티즘이란 스포티 룩에 전혀 어울리지 않을 법한 실크, 새틴 등의 소재를 사용하거나, 가장 여성스러운 요소인 러플이나 레이스를 가미하여 스포티 룩의 투박함을 중화시키는 기법이다. 나일론 스커트를 니트와 함께 입는다든가, 짧게 크롭한 스웨트 셔츠를 정장 모직 스커트와 매치한다든가 하는 식이다. 스포티 룩이 일상복의 영역으로 격상되기까지에는 지지 하디드, 켄달 제너, 헤일리 비버 등 옷 잘 입기로 유명한 할리우드 스타 모델들의 공이 컸다.

로빈슨 크루소의 사치 다시 읽기

# 04

# 육체

## 몸의 해방? 여성 해방?

중세 기독교 사상에서 구원과 인격 도야는 모두 영혼의 주변에서 이루어졌고 육체는 죄의 근원으로 간주되었다. 그러나 근대 이후 육체는 본래의 중요성을 되찾았다. 보다 큰 자유와 진리를 얻기 위해, 그리고 종교의 질곡에서 인간성을 해방하기 위해 성스러운 것을 비판하다 보니 자연스럽게 육체의 권리가 회복된 것이다.

기성 종교를 공격하기에 가장 효과적인 무기는 육체였다. 육체를 인정한다는 것 자체가 신성에 대한 반항이었기 때문이다. 서구 역사는 육체의 복권을 위한 오랜 탈신성화와 세속화의 역사라고 해도 과언이 아니다. 18세기 이후에는 감각론, 경험론, 유물론 등의 철학이 그것을 이어받아 전통적 정신주의의 도그마를 맹렬히 공격했다. 그리고 마침내 육체가 시민권을 획득하고, 새로운 윤리의 대상이 되었다.

그러나 이처럼 승리를 쟁취한 육체가 인간을 기만에서 해방시켜 주는 역할을 하고 있는지는 의심스럽다. 신에 대항하여 쟁취한 육체가 이번에는 그 자체로 신성화되고 있기 때문이다.

중세 기독교가 영혼을 숭배했다면, 현대사회는 몸을 숭배한다. 그 이데올로기적 기능은 여전하다. 그러니 해방된 육체라는 말은 또 한 번 우리를 기만하는 현대의 신화에 불과하다. 육체는 자유롭기는커녕 엄격한 기호(記號)로서의 사물이 되었고, 우리는 끊임없이 섹시해야 한다, 건강해야 한다, 아름다워야 한다는 보이지 않는 검열에 시달리고 있다. 과거에 영혼을 구속하던 이데올로기가 산업사회에 들어와서는 몸을 구속하는 이데올로기로 대체되었을 뿐이다. 현대의 신화가 만들어 내는 육체는 경제적으로는 생산의 도구이고, 심리적으로는 사회 통합의 원칙이며, 정치적으로는 사회 통제의 전략이다.

성(性)은 어떠한가? 전통사회에서 여성은 섹스의 존재로 여겨졌고, 그 이유로 단죄되었다. 여성을 섹스와 동일시하던 당시 사람들의 의식 안에서 여성은 사람의 '몸'을 대표하는 것이었다. 다시 말하면 남성은 '정신'이고 여성은 '몸'이어서, 남성은 보다 고급의 정신적 존재이고 여성은 저급한 동물적 존재였다. 그러므로 서구 역사에서 여성과 몸은 똑같이 예속과 추방을 경험했다.

로빈슨 크루소의 사치 다시 읽기

여성과 몸이 똑같이 예속되었으므로 여성 해방과 몸의 해방은 논리적으로나 역사적으로나 밀접하게 연관되어 있다. 다시 말해서 여성 해방은 성해방과 동일한 것으로 여겨진다. 그런데 섹스란 몸으로 하는 것이다. 그러므로 아이러니하게도 여성은 해방되면 될수록 더욱더 육체적인 존재가 되는 셈이다.

수천 년 동안의 예속과 망각 이후 새롭게 떠오른 여성, 젊은이 그리고 육체는 가히 혁명적 잠재력을 가지고 있어서 기존 질서에 위협이 될 수도 있다. 그러나 겉보기와는 달리 이들은 실제로 기존 질서에 통합되고 회수되었다는 것이 보드리야르 등 현대 사회학자들의 생각이다. 사회는 여성들에게 여성성을 소비하도록, 젊은이들에게 젊음을 소비하도록 판을 깔아 주었고, 이 자기도취적이고 형식적인 해방을 통해 사회는 교묘하게 그들의 진정한 해방을 막았다는 것이다. 예컨대 '기성세대에 반항하는 젊은이'라는 허울 좋은 구호를 대중문화나 패션에 한정시키면 그것은 반항을 사회 전체로 확산시키는 것을 막는 역할을 하게 된다.

보이지 않는 손에 의해 관리되는 해방은 여성에게도 그대로 적용된다. 여성을 성해방과 동일시함으로써 그중 하나가 다른 하나에 의해 중화되는 결과를 낳았다. 여성은 성해방을 통해 소비되고, 성해방은 여성을 통해 소비되는 현상이 그것이다. 그렇게 함으로써 여성과 몸이라는 관념 속에 성해방의 모든 사회적 위험성을 가두고, 성해방이라는 관념 속에 여성 해방의 모든 위험성을 가두었다. '기성세대에 반항하는 젊은이'라는 개념이 고작 동성애 예찬으로 끝나듯 여성 해방의 이론도 몇 명의 여성 고위 공직자 배출이라는 알리바이로 끝날 위험이 있다.

그런 의미에서 우리는 미셸 푸코나 보드리야르의 어조를 흉내 내 여성 해방이나 성해방은 전혀 해방이거나 혁명이 아니다, 라고 말해야 할 것이다.


## 외모 집착

2021년 3월 중국 전역의 유니클로 점포 아동복 코너는 새로운 고객들로 붐볐다. 어른 여자들이 유니클로 아동복 티셔츠를 입고 셀카를 찍어 올리는 바이럴 챌린지가 소셜 미디어를 휩쓸었기 때문이다. 소셜 미디어 웨이보에는 '어린이 복장을 입어 보는 어른들'이라는 해시태그에 6억 8천만 명의 뷰가 달렸다.

이런 트렌드는 이미 이탈리아의 컬트 브랜드 BM(Brand Melville) 스타일 유행으로 한번 치렀던 홍역이다. BM이 2019년 상하이에서 문을 열었을 때 이 브랜드는 젊은 여성들의 최애 심벌이 되었다. 젊고 캐주얼하고 날씬한 옷들만 만들어 내는 BM 스타일 매장은 오직 엑스트라 스몰(xs) 한 사이즈만 취급하고 있다.

중국은 전통적으로도 그렇지만 오늘날도 살결이 희고, 젊고, 마른

로빈슨 크루소의 사치 다시 읽기

몸매가 지배적 미의 기준이다. 이 미적 기준에서 벗어나면 사람들은 자신의 몸매를 수치스럽게 생각한다. 여성에 대한 엄청난 사회적 압박이다. 홍콩대 자 탄 교수는 이런 미적 기준이 "여성들에게 마른 몸매를 강요할 뿐만 아니라 여성을 과도하게 성도구화한다"고 말하며, "의류산업이 왜 우리의 외모 기준을 정하는 막강한 파워까지 갖게 되었는가?"라고 개탄했다.

현대인들에게 몸은 얼마든지 조작할 수 있는, 자기결정의 대상이다. 뛰어난 몸매를 통해 부와 인기를 거머쥐는 연예인들의 예가 증명하듯, 돈도 벌고 권력도 얻을 수 있는 수단이다. 그러나 애초에 열등하게 태어났거나 몸을 가꿀 여유가 없는 보통 사람들에게는 또 다른 심리적 압박이다.

외모가 개인 간 우열과 인생의 성패를 가르는 기준이라고 믿으며 외모에 집착하는 경향을 영어로는 루키즘(lookism)이라고 한다. 외모가 받쳐 주지 않으면 아무리 좋은 학교를 나와도 결혼할 수 없고, 아무리 학점이 좋아도 취업이 되지 않는다고 젊은이들은 호소한다. 외모도 경쟁력이라는 인식이 생겨났고, 면접 때 좋은 인상을 주기 위한 '취업 성형'까지 등장했다.

실제로 2015년 12월 한 마케팅 업체가 올린 채용 공고에는 "C컵 이상, 지성과 미모를 겸비한 여직원만 채용합니다"라는 문구가 올라온 적이 있다. 후에 사과문을 올렸지만, 사람들은 분노했다. 예능 프로그램 〈비정상회담〉에 출연하는 미국인 타일러는 '취업 성형'이 한국에만 있는 아홉 번째 스펙이라고 했다. 결혼정보업체들은 여성의 외모와 몸무게에 따라 등급표를 만든다는 말도 있다. "과거는 용서해도 못생긴 얼굴은 용서할 수 없다"거나 "외모가 경쟁력"이라는 말을 공공연히 하는 곳이 우리 사회다.

외모에 대한 관심은 전 세계적인 현상이지만 특히 한국이 심각하다. 영국의 〈이코노미스트〉지가 유엔 자료를 인용해 보도한 바에 따르면 한국은 인구 대비 성형수술이 가장 많은 나라다. 1천 명당 16명 정도가 수술을 했고, 서울 여성의 5분의 1이 성형을 했다고도 한다. 여의도연구원이 2014년 10월 2일부터 20일까지 전국 4년제 대학교 68개교 재학생 5,617명(남학생 3,403명, 여학생 2,214명)을 상대로 설문 조사한 결과, 취업을 위해 성형수술을 받을 의향이 있느냐는 질문에 여학생의 21.4퍼센트가, 남학생은 6.8퍼센트가 "그럴 의향이 있다"고 답했다. 여성들이 외모에 대한 사회적 압박을 더욱 강하게 받는다는 방증이다.

성형수술의 부작용에 대한 공포가 비극적으로 펼쳐지는, 〈기기괴괴 성형수〉(2020)라는 호러 애니메이션이 나올 정도다. 네이버 연재 당시 웹툰 스릴러 부문에서 인기 1위와 평점 9.9점의 기록을 남긴 오성대 작가의 만화가 원작이다. 뛰어난 실력으로 발레리나를 꿈꾸던 어린 소녀 예지는 예쁘지 않은 얼굴 탓에 만년 2위로 밀리면서 꿈을 포기했다. 성인이 되어 메이크업 아티스트가 된 그녀는 스트레스를 음식으로 풀어 엄청난 거구가 되었다. 우연히 물(水)로 성형을 한다는

로빈슨 크루소의 사치 다시 읽기

성형수 이벤트에 당첨되어 아름다운 여성으로 거듭났다. 그리고 새로운 삶이 시작되었다. 성형수를 사용해 완벽한 얼굴미인이 된 예지는 뚱뚱한 자신의 몸까지 바꾸기 위해 2억 원의 거금을 들이기에 이른다. 그러나 피부가 녹아 들어가는 부작용을 겪게 되고 결국 살인까지 저지른다. 외모에 대한 우리 사회의 엄격한 잣대가 얼마나 폭력적인지, 그로 인해 한 인간이 얼마나 비뚤어질 수 있지를 잘 보여 주는 애니메이션이다.

타고난 몸매나 외모는 고칠 수 없는 것이므로 아름다워지고 싶다는 원망(願望)은 영원히 실현될 수 없는 환상이다. 한 다국적 생활용품 메이커가 아시아 지역 10개국 여성을 상대로 한 의식조사에 의하면 스스로 아름답다고 생각하는 여성의 비율은 한국이 단 1퍼센트로 최하위였다. 당연히 성형수술을 고려한다는 비율은 최상위였다. 패션 모델처럼 키 크고 균형 잡힌 몸매를 가진 극소수의 젊은 여성을 빼고는 온 국민이 자기 외모에 심한 불만을 느끼며 산다는 이야기다. 구성원의 대다수가 현실에 만족하지 못하고 좌절감을 느끼며 살고 있는 사회는 결코 안정되고 편안한 사회라 할 수 없다. 사회적 코드가 강제하는 이상적인 몸매는 실체가 아니라 기호(記號)일 뿐인데, 이런 기호의 유통 속에서 몸이라는 실체는 사라져 버렸다.

우리 시대의 아름다움의 기준은 마른 몸매다. 다이어트로 무리하게 살을 빼다가 죽음에 이른 경우도 있다. 날씬해지고자 하는 여성들의 욕망을 부추기는 것은 물론 여성 의류 광고, 패션쇼, 카탈로그 등이다. 광고나 패션쇼에 등장하는 깡마르고 창백한 모델은 젊은 여성들에게 마른 몸매에 대한 환상과 집착을 갖게 함으로써 그녀들을 거식증, 폭식증과 같은 식이장애로 내몰고 있다.

날씬한 몸매에 대한 집착은 세계적인 현상이지만 특히 한국에서 두드러진다. 2018년 현재 세계보건기구(WHO)의 비만 기준을 적용하면 한국의 비만 유병률은 5.5퍼센트에 불과하다. 그런데 한국 기준으로는 비만 유병률이 35.5퍼센트다. 대부분 국가에서는 WHO 기준에 따라 체질량지수(체중을 키의 제곱으로 나눈 수치인 BMI) $25kg/m^2$ 이하를 정상으로 보지만, 한국에서는 $23kg/m^2$ 이하를 정상으로 분류하고 있기 때문이다. 국내 비만 기준이 WHO 기준보다 훨씬 낮게 책정된 것이다. 이렇게 한국의 비만 기준이 다른 나라들보다 낮게 책정돼 있어 국민을 근거 없이 비만의 공포에 떨게 하고 있다. 특히 젊은 여성들을 과도한 다이어트로 몰고 간다.

물론 비만은 큰 문제이지만 그러나 과도한 살빼기 또한 그에 못지않은 문제를 제기한다. 오늘날 몸은 생존하기 위해 필요한 생물학적 요소이기에 앞서 지위 획득을 위한 필수불가결의 수단이 되었다.

## 자기파괴 충동

몸의 선(線)을 아름답게 유지하고 싶다는 생각은 완전히 강박관념

로빈슨 크루소의 사치 다시 읽기

이 되었다. 현대사회에서 육체는 미학적 목적을 위해 감시하고, 억누르고, 괴롭혀야 할 적대적 대상이다. 미와 억압의 이런 결합은 분명 우리 문명의 커다란 패러독스다. 그것은 유행의 원리로도 설명할 수 없다. 유행은 오래된 것과 새로운 것, 아름다운 것과 추한 것, 도덕적인 것과 부도덕한 것 등을 무차별적으로 넘나드는 것이 특징이다. 롱스커트, 미니스커트처럼 정기적으로 대립항을 갱신할 뿐 어느 한 가지가 다른 하나를 결정적으로 배척하는 차별적 기호가 되지는 않는다. 그런데 유행의 일부인 몸의 관념만이 상당히 오랫동안 날씬함을 우위에 고정시켜 놓고 있다. 과잉소비의 시대, 다시 말해 과잉영양의 시대이기 때문에 날씬함이 그 자체로 차별적인 기호가 되었다고 할수도 있겠다.

그러나 여기에는 차별화 전략과는 다른 좀 더 근본적인 무엇인가가 있는 듯하다. 처음에는 아름다운 몸매를 만들겠다는 것이 목적이고 살을 빼기 위한 다이어트는 그것을 이루기 위한 수단이었다. 그러나 점차 목적과 수단이 뒤바뀌어 살빼기 자체가 목적이 된다. 결국 아름다운 몸매라는 최초의 목적은 간 데 없고 해골 같은 모습만 남아 생존까지 위협하게 된다. 날씬한 몸매에 대한 과도한 집착으로 이런 증세에 시달리는 여성이 전 세계적으로 수백만 명에 이르는 것으로 추산된다. 풍요로운 사회에서 일어나는 이 기이한 현상은 단순히 유행이 아니라 자기파괴적 충동의 표출이라는 것이 보드리야르의 생각이다.

보드리야르는 그것을 육체에 대한 공격성 또는 죽음에의 충동으로 해석한다. 날씬한 몸의 숭배와 다이어트에는 유행의 원칙과 죽음의 원칙이 한데 들어 있다는 것이다. 생리적 욕구를 제한하는 집단의식을 역사 속에서 살펴보면, 종교적인 축제와 연관된 집단적 금식의 의식(儀式)이 있었다. 성체배령 전(前)이라든가 대림절(待臨節) 중의 단식, 참회 화요일 후 사순절 중의 금육(禁肉) 등이 그것이다. 이것은 육체에 대한 공격적 충동을 집단적 의식(儀式) 속으로 흡수하는 기능이다. 그러나 금식과 고행의 이 모든 제도들은 육체의 전면적 해방이라는 현대적 관념과 양립할 수 없어 결국 폐기처분되고 말았다.

어떤 억압적 규범도 참지 못하는 우리의 소비사회는 모든 금욕적인 기제들을 원칙적으로 배제했다. 그러나 해방이라는 이름으로 모든 욕망을 분출시키면서 우리 사회는 인간과 육체 사이에 원초적으로 존재하는 자기파괴적 충동까지 해방시키지는 못했다. 결국 사회적으로 분출될 길이 막힌 모든 공격적, 적대적 충동이 개별 육체 쪽으로 역류하면서 자기 몸을 학대하는 현상이 생긴 것이다.

매일같이 강박적으로 징벌에 가까운 운동을 하는 헬스클럽 회원들에게서도 우리는 자기파괴적 충동을 감지할 수 있다. 그들의 필사적인 동작은 스스로에게 가하는 폭력이며, '아름다운 몸'을 만든다는 최초의 목적은 어쩌면 자기학대적 폭력의 구실에 불과한지도 모른다.

굽 높은 구두도 마찬가지다. 하이힐만큼 미와 억압의 결합을 잘 보여 주는 것도 없을 것이다. 굽 높이가 10~15센티미터나 되는 하이힐은 넘어지기 쉬워 발목을 삘 위험도 크지만, 무엇보다 건강에 치명적

로빈슨 크루소의 사치 다시 읽기

이다. 높은 굽 위에서 아슬아슬하게 중심을 잡으려다 보니 온몸의 근육들이 과도하게 긴장하여 허리, 어깨, 목 등에 통증이 생기고 쉽게 피곤해진다. 그러나 젊은 여성들은 허리 통증, 관절염, 디스크, 혈액순환장애 같은 위험까지 감수해 가면서 오로지 아름다워지고 싶다는 일념으로 하이힐을 신으며 자기 몸을 학대했다. 값비싼 디자이너 브랜드 운동화가 인기를 끄는 최근의 유행은 여성들의 건강을 위해서는 매우 바람직한 현상이 아닐 수 없다.

## 외모는 자본이다

우리의 몸은 에너지의 근원이고, 활동적이며, 성적인 능력을 갖고 있다. 그것이 육체의 실질적인 가치다. 그런데 외모의 윤리는 몸의 실질적인 가치를 무시한 채 아름다운 몸, 욕망하는 몸, 즐기는 몸만을 강조한다. 그리하여 남성의 건장한 몸매와 여성의 미모 그리고 에로티즘만이 남았다. 이렇게 재발견된 자신의 몸에 스스로 도취되는 동안 몸은 하나의 사물로 간주되며, 사물이 된 육체에서는 경제적 수익성이 발생한다. 결국 몸의 사용가치는 사라지고 기능적인 교환가치만 남았다. 건강하고 아름다운 몸매는 비싼 값에 팔리는 고가의 재화가 되었다.

다른 모든 재화가 그렇듯이 육체도 위세를 가져다주는 신분상승의 도구다. 과거에는 인격이나 실력을 강조하며 외모를 별로 중요시하지 않았었는데, 이런 전통적 가치관은 이제 완전히 구식의 도덕이 되어 폐기처분 직전이다. 요즘에 외모는 정신적 자질에 덧붙여지는 부차적인 것이 아니라 모든 것을 압도하는 전체가 되었다. 예전 사람들이 부지런히 자신의 정신을 도야했다면 요즘 사람들은 불철주야 자신의 용모와 몸매를 갈고닦는다.

육체는 재화 중에서도 가장 아름다운 사물이며, 가장 귀중한 교환물이다. 이제 육체는 한 개인이 가진 자본, 재화 그리고 경제적 의미에서의 생산수단이 되었다. 아름다운 용모와 멋진 몸매는 마치 위세상품인 양, 그것을 소유한 사람의 신분을 높여 준다. 보잘것없는 집안출신이어도 뛰어난 미모만 있으면 재벌가의 자제와 결혼하여 신분의 계단을 뛰어오른다. 능력이 비슷해도 건장한 몸매의 잘생긴 40대 남자가 CEO에 발탁될 확률이 더 높다. TV 드라마나 광고 혹은 영화에 등장하는 비즈니스 엘리트의 모습은 언제나 균형 잡힌 몸매와 준수한 용모의 젊은 남성이다. 똑같이 전문지식을 갖춘 여성이라도 용모 단정한 여성이 더 큰 능력을 가진 듯한 착시 현상을 일으킨다.

현실 속의 젊은 남자와 여자들은 그 허구의 이미지를 닮기 위해 죽을힘을 다한다. 여성들은 신분상승을 위해, 남성들은 사회적 성공을 위해 외모 가꾸기에 피나는 노력을 기울인다. 외모는 더 이상 타고나는 것이 아니라 스스로 만들어 가는 것이라는 인식이 확산되고 있다. 미모는 뼈를 깎는 노력에 대한 신의 선택이자 보상이라는 이런 인식

로빈슨 크루소의 사치 다시 읽기

은 어쩌면 선민(選民)과 구원이라는 기독교 사상과도 닮았다.


## 힘든 노동이 된 몸매 가꾸기


　인간의 육체는 종교가 사람들의 삶을 절대적으로 지배했던 중세 때는 오로지 죄짓기 쉬운 '살(肉)'이었다. 그러다가 산업사회 이후에는 오로지 노동력으로 간주되었다. 연못에 비친 자기 얼굴을 황홀하게 바라보던 나르시스(나르키소스)처럼 자기 육체를 감상한다는 것은 산업사회 노동자들에게는 상상도 할 수 없는 일이었다. 자기 몸매를 가꾸기 위해 투자를 한다는 것은 생각도 할 수 없었다. 그저 단지 자기 몸은 노동의 도구라고만 생각했다.

　마침내 현대에 이르러 육체는 원래의 물질성을 되찾았다. 그리하여 몸은 나르시스적 숭배의 대상이 되었고, 사회생활의 전술적 요소가 되었다. 몸의 아름다움과 에로티즘이 현대 생활의 가장 중요한 주제라고 해도 과언이 아니다. 그리고 소위 '몸의 해방'으로 일컬어지는 몸짱 열풍이 일었다. 이것은 단순히 개인의 심리적 문제가 아니라 우리 사회의 경제적, 이데올로기적 의식의 반영이다. 사람들은 자신의 몸을 관리하고 소중한 물건처럼 아끼면서 거기에 투자한다.

　육체에 대한 나르시스적 투자는 가장 효과적이고도 경쟁력 있는 투자다. 일단 자기와 분리시켜 대상으로 만든 후 재소유한 육체는 단숨에 자본주의적 성과를 안겨 준다. 투자 있는 곳에 과실(果實) 있다는 경제 원리는 여기서도 확인할 수 있다. 이렇게 재소유된 육체는 주체의 자주적 목적에 봉사하는 것이 아니라 수익성의 원칙에 종속된다. 다시 말하면 누군가에 의해 유도되는 소비를 통해 사회적 생산의 도구로 사용되는 것이다.

우리 시대의 온갖 광고들은 우리가 단 하나의 육체만을 가졌으며 따라서 그것을 잘 유지 보존해야 한다는 것, 육체를 공경하지 않고 소홀히 하면 벌을 받을 것이라는 강한 메시지를 끊임없이 상기시킨다. 중세 기독교 문명에서 영혼의 연마를 게을리하면 신이 벌을 내린다고 했듯이 현대문명은 자신의 몸을 보살피는 일을 게을리하면 육체가 벌을 내린다고 생각한다. 반대로 잘 관리하기만 하면 육체는 우리에게 축복을 내려 준다. 마치 광맥처럼 발굴하고 처녀지처럼 탐사하여 거기서 행복, 건강, 아름다움을 찾아내면 우리는 패션이 지배하는 현대사회에서 승리자가 되는 것이다. 이것이 육체가 우리에게 주는 축복이다.

자본주의 사회에서 육체는 사유재산이기도 하다. 생산과 소비가 중요한 축을 구성하는 현대사회에서 사람들은 자신의 육체를 한편으로는 자본, 다른 한편으로는 페티시(fetish)로 간주한다. 페티시란 원시사회 토인들이 숭배하는 주술적 물신(物神)이다. 육체를 자본으로 생각하건 숭배의 대상인 페티시로 생각하건 여하튼 육체는 언제나 경제적 심리적 투자 대상이다.

로빈슨 크루소의 사치 다시 읽기

수세기 동안 기독교 문명은 육체가 없다는 것을 역설해 왔는데 현대문명은 이처럼 육체만이 전부라고 강조하고 있다. 우리 눈에 보이고 손에 만져지는 엄연한 실체인 육체가 왜 이토록 시대에 따라 없어졌다 생겨났다 하는가? 육체의 지위야말로 자명성의 문제가 아니라 문화의 산물인 듯하다. 육체에 대한 관계는 한 문화가 사물과 맺는 관계 혹은 그 시대 사람들의 사회적 관계를 결정한다. 범죄자에 대한 체형(體刑)이 교화의 개념으로 바뀐 이후 감시에 기반한 규율권력 체제가 들어섰다는 푸코의 유명한 권력이론도 육체와 문명과의 관계에 대한 성찰에서 나온 것이다.

낙태나 성형 문제에 대해 페미니스트들은 '자기결정권'이라는 말을 즐겨 쓴다. "나의 몸은 더 이상 국가나 민족의 것이 아니며, 나는 나의 몸을 향유할 권리가 있다"는 말로 풀이될 수 있다. 그러나 과연 현대인들은 자기 몸 상태를 자기가 결정하고, 자기 몸을 자기가 향유하는가? 회사에서 명퇴당하지 않고 경쟁에서 살아남기 위해 헬스클럽에서 땀 흘리며 무거운 역기를 들어올리는 처절한 몸짓은 그 옛날 갤리선(船) 죄수들의 강제노동과 별반 다르지 않다. 몸매를 가꾸는 노력은 그 어떤 경제적 노동보다 더 힘겨운 노동이며, 그 어떤 노동보다 더 인간을 소외시킨다. 그러니 자신의 몸을 '향유한다'는 것은 당치 않은 말이다. 역사상 그 어느 때보다 인간은 더 소외되었으며, 그것도 바로 자기 자신에 의해 소외되었다.

## 남성의 몸매 가꾸기 열풍

현대사회에서 젊음과 아름다움의 열망은 여성의 전유물이 아니다. 요즘은 남성들도 화장을 하고 피부 관리에 신경을 쓴다. 여고생만이 아니라 남자 고등학생들도 쌍꺼풀을 선호하며 성형외과를 찾는다. 이미 구식의 말이 됐지만 한때 유행했던 '꽃미남', '메트로섹슈얼', '위버섹슈얼', '크로스섹슈얼' 등은 현대사회가 남성의 육체를 성적 대상으로 소비하고 있음을 잘 보여 주는 신조어였다. 패션, 유통업계에서도 예뻐지려는 남성들을 잡기 위해 남성 전용 각질 제거 비누에서 레이스가 달린 셔츠까지 그야말로 '꽃미남'을 만들기 위한 아이템들을 앞다퉈 내놓고 있다.

남성이 피부를 관리한다는 건 과거엔 상상도 할 수 없는 일이었다. 오히려 "남자가 무슨 화장을?"이라는 핀잔을 받았다. 2006년 한 신문 인터뷰에서 40대 사업가가 피부과에서 얼굴에 화학약품을 발라 각질을 제거하는 시술을 받았다고 했다. 한 달에 한두 번 정도 피부과에서 마사지를 받는다며 "비즈니스를 하려면 젊어 보이는 게 중요하다"고 말했다. 그 기사를 보고 사람들은 모두 놀랐다. 그런데 불과 7년 후인 2013년에 한국 남성 10명 중 약 3명이 1주일에 2번 이상 화장을 한다(서울대 컨슈머트렌드센터). 그리고 2018년 글로벌 시장조사기관 유로모니터는 한국 남성 화장품 시장 규모가 1조 원을 돌파했다고 확인하면서, 2019년에는 1조 4천억 원대에 이를 것으로 예상했다.

2020년대에 이르러 한국 남성들은 더 이상 피부 관리를 쑥스러워하지 않는다. 스킨로션은 기본이고, 비비크림이나 파운데이션으로 피부 톤을 정돈하거나 잡티를 감추거나, 은은한 색조화장까지 한다. 패션과 미용에 아낌없이 투자하는 남성이라는 의미의 '그루밍(grooming)족'이라는 말까지 생겼다. 대학 졸업 앨범을 촬영하는 날이나 입사 면접, 혹은 중요한 미팅이 있는 날, 젊은 남성들은 전문 메이크업 숍에서 화장을 한다. "요즘 남성들은 본인 피부 타입에 맞는 기초화장을 스스로 선택해 사용하고, 원하는 눈썹 디자인을 요구할 만큼 외모에 관심이 높다"고 한 남성 메이크업 전문업체 원장은 말했다.

그들은 무한경쟁 시대에 외모는 타인과 차별화된 본인만의 경쟁력이며, 따라서 외모를 가꾸는 것이 곧 자기관리 능력이라고 생각한다. 남성 전용 메이크업 브랜드까지 탄생했다. 남성을 위한 최초의 메이크업 라인 '보이 드 샤넬'은 4가지 컬러의 파운데이션 기능 스킨크림과 물속에서도 지워지지 않는 눈썹 펜슬을 선보였다. 아모레퍼시픽은 소위 Z세대(1990년대 중반~2000년대 초반 생) 남성만을 타깃으로 한 '비레디(BeREADY)'를 론칭했다. 한국 남성의 화장품 수요 증가세는 다른 나라에서 찾아보기 힘들 정도로 가파른 상승세를 보이고 있다.

남성 메이크업 시장을 겨냥한 유튜브나 영상도 무수하게 등장하고 있다. 신세계면세점은 업계 최초로 〈K팝 남성 아이돌의 일상 메이크업 따라 하기〉 영상을 제작했다. 한국, 일본, 동남아를 커버하는 페이스북, 인스타그램 등에는 남성 아이돌과 그들의 뷰티 팁을 올리는 글이나 이미지가 가득하다. '#남자 메이크업'이라는 해시태그는 국내 SNS에서 2만 건 이상이 생성돼 있다고 한다.

남성들의 외모 가꾸기 열풍은 젊은 남성만이 아니라 중년 남성으로까지 번지고 있다. 2019년 스포츠 브랜드 뉴발란스가 '아빠 프사(프로필 사진) 바꿔 드리기'라는 이름으로 벌인 메이크오버 캠페인이 그 도화선이었다. 평범한 중년의 아버지가 세련된 스타일링의 신사로 변신한 비포 앤드 애프터 사진들은 즉각 온라인에서 화제가 되었다. 무채색의 펑퍼짐한 양복이나 등산복, 등산화 차림이었던 아저씨들이 스타일과 머리 모습과 피부 톤만 바꾸었는데 갑자기 젊고 자신감 넘치는 모습이 되었기 때문이다.

한국의 몸 프로젝트 산업은 폭발적으로 팽창하고 있다. 그러나 외모와 사회적 성공을 직결시키는 생각은 서구에서는 이미 1960년대에 시작되었다. 1960년대 프랑스의 한 헬스클럽의 다음과 같은 광고가 그것을 잘 보여 준다.

40세의 관리직, 현대문명은 그에게 젊음을 요구한다. 과거에 사회적 성공의 상징이었던 뚱뚱한 배는 지금은 면직, 해고와 동의어다. 직장의 상사, 부하 직원, 아내, 비서, 애인, 자녀들 그리고 카페에서 우연찮게 대화를 나누는 초미니의 아가씨들, 이들 모두가 의복의 질과 스타일, 넥타이, 향수 그리고 몸의 유연성과 날씬함으로 그를 평가한다. (…) 자신감이 있고, 느긋하게 여유가 있으며, 육체적으로

로빈슨 크루소의 사치 다시 읽기

나 정신적으로 균형 잡힌 남자, 반은 제임스 본드 같고 반은 헨리 폰다 같은 미국의 건강한 비즈니스맨 신화가 현대문명 속에 뿌리 내렸다. 박력과 활력이 넘치는 다이내믹한 중견 관리자를 발견하여 붙잡아 두는 것이 모든 경영자들의 첫 번째 관심사다. (…) 40세의 남성이 바로 이 이미지의 공범자다. 현대의 나르시스라고나 할까. 그는 자기 몸에 관심을 갖고 또 자기 몸을 사랑한다. 다이어트, 영양제, 체력 단련 그리고 금연의 괴로움을 그는 즐기고 있다. 사회적 성공은 자신에 대한 타인의 이미지에 전적으로 달려 있다는 것, 그러므로 사회라는 도박판에서 그의 몸이야말로 가장 중요한 카드라는 것을 그는 잘 알고 있다.

젊음과 아름다움이 성공의 조건임을 말하고 있는 이 광고 문안은 50~60년 전의 이야기지만 바로 지금 한국 사회를 묘사하는 데 써도 손색이 없을 정도다. 그리고 이상적 남성의 모델이 영화배우를 닮은 미국의 건강한 비즈니스맨이라는 것도 여전히 놀랍다.

# 키치의
# 시대

팝아트를 키치 미술이라고도 하듯이, 가짜 모조품이라는 의미의 키치는 현대성의 풍경에서 작지만 중요한 위치를 차지하고 있다. 있어도 좋고 없어도 좋은, 값싸고 자질구레한 장식품인 키치는 백화점이라는 현대적 총아를 탄생시킨 역사적 물건이다.

## 부르주아 시대의 산물

현대는 가짜의 시대다. 소위 짝퉁이라는 이름으로 사치품의 모조품이 정밀하게 만들어지고, 사람들은 그 가짜를 소유하면서 상류층이 된 듯 희열을 느낀다. 짝퉁의 범람은 상류층이 되고자 하는 욕구가 팽배한 중간계층이 두터운 층을 형성하고 있는 사회의 상징물이다. 값싼 모조품, 그것이 바로 키치(Kitsch)다. 현대는 키치의 사회다.

키치란 원래 값싸고 조잡한 자질구레한 장식품을 뜻하는 독일어다. 아프리카의 전등갓이나 흑인의 가면, 토속적인 액세서리 등 모든 조잡한 싸구려 장식품들을 뜻하는 말이었다. 현대에 와서는 실물보다 크거나 작은 복제품, 소재를 회반죽이나 플라스틱으로 모조한 것, 형태를 일부러 우스꽝스럽게 하거나 어울리지 않게 조합한 것, 값비싼 진품을 모사한 복제품이나 모조품 등 여하튼 모든 가짜 싸구려 상품을 지칭한다.

반전의 묘미가 압권인 모파상의 유명한 단편소설 「목걸이(La parure)」(1884)도 지금 생각하면 키치 이야기다.


상류사회를 꿈꾸던 가난한 하급 관리의 아내 마틸드는 장관이 주재하는 파티에 부부 동반 초청장을 받고 황홀해 하지만 꾸미고 갈 액세서리가 하나도 없는 것에 낙담한다. 그래서 수녀원 기숙학교 동창이자 부잣집 딸인 친구에게 다이아몬드 목걸이를 빌린다. 파티가 끝나 싸구려 삯마차를 타고 집에 온 그녀는 목에서 목걸이가 사라져 버린 것을 보고 경악한다.

빚을 내어 거금을 지불하고 비슷한 목걸이를 사서 친구에게 돌려준 후 10년간 부부는 허리가 휘도록 일을 하여 빚을 다 갚는다. 젊고

로빈슨 크루소의 사치 다시 읽기

매혹적이던 자태는 다 사라져 버리고 초라한 빈민층의 모습이 된 마틸드는 빚을 다 갚은 후련함에 샹젤리제 거리로 산책을 나선다. 거기서 우연히 옛날의 그 친구를 만난다. 아직 젊고 우아한 친구는 힘든 일을 하느라 폭삭 늙은 그녀를 알아보지 못한다. 그러나 마틸드는 이제 당당하게 진실을 말할 수 있었다. 옛날에 되돌려준 목걸이는 새로 사서 준 것이라고, 그 빚을 갚는 데 꼬박 10년이 걸렸노라고. 놀란 친구가 말한다.

"그건 가짜 목걸이었어."


소비사회는 계급의 이동이 가능한 유동적인 사회다. 계급의 사다리를 타고 올라 한 등급 더 높은 지위에 오르면 사람들은 그에 걸맞은 문화적 욕구를 지니게 된다. 상류층의 상징물인 보석에 대한 욕구가 그중 하나다. 신분상승을 이루어 새롭게 상류층이 된 19세기 유럽 부르주아들에게는 귀족의 장신구야말로 가장 대표적인 차이 표시 도구였다. 그것은 지위를 나타내 주는 하나의 기호(記號)이기 때문이다. 그러나 마틸드처럼 그들에게는 욕구만 있을 뿐 그것을 충족시킬 수단이 없었다. 즉, 고가의 진품을 구입할 만한 돈은 아직 갖고 있지 못했다. 이런 하류층 사람들을 겨냥한 것이 가짜 보석이고, 그 가짜 보석이 바로 키치다. 겉보기는 똑같고 값은 저렴한 모조품의 수요는 그렇게 해서 생겨났다.

키치는 철두철미하게 부르주아 사회의 산물이다. 진짜 보석을 소유하고 있었던 귀족들에게 모조품 따위는 필요 없었다. 하류층 사람들이 상류층을 모방하기 위해 상류계층의 물건들을 비록 가짜로나마 소유하는 것, 이것이 키치적 현상이다. 그러니까 키치는 사회적 이동이 없는 사회에서는 존재하지 않는다. 왕과 귀족이 지배하던 전통 왕조 사회에 모조 액세서리가 있었다는 얘기를 우리는 듣지 못했다.

## 백화점

### 부르주아식 민주주의의 현장

역사적으로 부르주아 계급의 상승과 밀접한 연관이 있는 키치는 백화점의 탄생과도 직접적인 관계가 있다.

국내의 번성한 상업이 세계의 구석구석으로 세력을 확대하던 19세기 유럽인들에게 지금까지 듣도 보도 못했던 진기한 사물들이 소개되고 알려지기 시작한다. 예컨대 중국의 도자기나 인도의 나무 장식품 같은 것들이다. 귀족이나 상층 부르주아들은 이런 이국적이고 진기한 물건들을 인테리어 장식품으로 사용했다.

어느 날 미세한 변화가 발생한다. 이전에 오로지 상류계층에 한정되었던, 값비싼 원료로 제조된 약이라든가 중국 도자기에 대한 수요가 점차 중류 이하의 계층으로 확산되어 갔다. 그러나 중류 이하의 계층은 많은 돈을 지불할 여력이 없었다. 저렴한 가격으로 비슷한 물건을 사기를 원하는 그들의 요구를 충족시켜 준 것이 바로 백화점이었다.

백화점은 진품과 거의 비슷한 좋은 품질의 모사품을 '새로운(neo-)'이라는 접두사를 붙여 판매했다. 그것들은 인도의 봄베이나 중국에서 만들어진 것이 아니라 드레스덴이나 브뤼셀에서 만들어진 것이었다. '새로운'이라는 이름이 붙은 대용품을 상품으로 내놓음으로써 백화점은 사람들의 다양한 욕구를 눈뜨게 했고, 동시에 그 욕구를 충족시켜 줄 물건을 공급했다. 아울러 그 물건들을 사용할 줄 아는 쾌적한 라이프 스타일까지 창출하였다.

세계 최초의 백화점은 1852년 프랑스 파리에서 문 연 봉마르셰 백화점이다. 양복점에서 변신한 이 백화점은 건물 안팎을 화려하게 장식해 호화 사교 살롱의 이미지를 갖췄다. 천장에 유리를 달아 빛이 진열 상품을 비추게 함으로써 '천상에서 내려온 환상적인 상품'이라는 이미지도 조성했다. 엘리베이터, 조명 등 당시로선 첨단 시설을 갖추고 도서실, 휴게실에 미술관까지 설치했다. 당시로선 획기적인 정찰제 판매를 도입함으로써 유통의 새 장을 열었다. 영업시간이 끝나면 무도회나 음악·회화 교실을 열었다. 사회적 역할이 커진 여성들의 욕망 분출 공간이던 봉마르셰는 베르사유 궁전에 버금가는 '소비의 궁전'으로 불리기도 했다.

에밀 졸라의 소설 『여인들의 행복(Au Bonheur des Dames)』('여인들의 행복'도 백화점 이름이다)에서 우리는 백화점의 등장으로 인근의 군

봉마르셰 신관 개점 초기 전경(1850년대).

소 상점들이 연쇄적으로 몰락하는 당시의 사회 현상을 읽을 수 있다. 백화점의 출현과 함께 있어도 좋고 없어도 좋은, 진품이 아닌, 온갖 자질구레한 장식품들이 상업의 가장 활발한 부문 중의 하나가 되었다.

백화점이 생기기 이전 유럽의 골목들에는 창과 문이 작고 실내는 항상 어두컴컴한 작은 상점들이 있었다. 상점의 입구에는 계단이 있으며, 가게에 출입하기 위해서는 그 계단을 오르내려야 했다. 주인은 손님의 신용과 사회적 지위에 따라, 그리고 손님이 원하는 물건과 그

로빈슨 크루소의 사치 다시 읽기

물건 값을 고려해 가면서 손님에게 적합한 상품을 소개해 주었다. 모든 매매가 흥정과 탐색으로 이루어졌으며 가격은 명확하게 책정되어 있지 않았다. 가게 주인은 손님들의 구매 욕구를 돋우기 위해 상품을 아름답게 전시한다든가 꾸며 보인다든가 하는 것에 아무런 관심이 없었으며, 단지 상품의 재고를 산처럼 쌓아 둔 채 방치할 뿐이었다. 물건의 가격, 품질, 상태 등은 절대 비밀에 부쳐졌으며, 매매는 대단히 복잡한 일종의 의식(儀式)이었다. 이 의식의 기본 규칙은 손님이 물건에 직접 손을 대서는 안 되고, 주인이 물건과 조건을 제시할 때까지 손님은 무조건 기다려야 하며, 구매할 물건의 결정에 그다지 신경을 쓰지 말아야 한다는 것이다. 이처럼 고도로 세련된 상거래로 벽지와 향료 그리고 수공업제품 등이 매매되었다. 발자크와 졸라가 즐겨 묘사한 상점들의 모습이 바로 이런 것이다.

가게 안에서는 하느님 다음으로 위대한 존재가 바로 가게 주인이었다. 그는 절대권력으로 상점을 지배하고 있었다. 가게 주인은 독재군주와 다를 바 없는 존재였고, 가게와 자신의 일에 관해서는 하나에서 열까지 모르는 것이 없었다. 그의 행동은 자신감에 넘쳐 있었고, 공격적이며 자발적이었다. 그에 반해 손님은 자신감이 없고 말수도 적었으며, 어수룩한 존재였다. 가게 주인이 보여 주는 상품에 대한 사전지식이 전혀 없으므로 그저 위축되어 주인의 말을 그대로 따를 뿐이었다. 오늘날 프랑스의 고서점에서 이런 매매 방식의 흔적을 발견할 수 있다.

그러나 거리의 모퉁이에 새롭게 생겨나 화려한 불빛을 발산하고 있는 백화점은 전통적인 상점과 너무나 달랐다. 태양처럼 떠올라 대도시의 상업활동을 지배하는 백화점은 그야말로 환락과 감동의 꽃이 만발한 지상낙원이며, 젖과 꿀이 흐르는 약속의 땅이었다. 수천 명의 종업원과 수만 평의 매장을 갖추고 하루에 수만 명의 고객이 들락거리는 백화점은 말 그대로 상업의 전당이다. 그 입구는 들어가기 쉽게 지면과 같은 높이에 있어서 사람들은 거리를 걷다가 곧장 매장으로 들어갈 수 있다. 지하철이 널리 보급된 요즘에는 모든 나라 모든 도시들의 백화점이 지하철역과 그대로 연결되어 있다.

백화점의 가장 큰 장점은 그 안에 들어가는 사람들이 반드시 무엇인가를 사야 한다는 부담감을 가질 필요가 없다는 점이다. 누구에게나 열려 있는 공간, 그 익명의 공간에서 사람들은 어떤 구속도 느끼지 않는다. 마음이 약한 사람도 안심하고 들어갈 수 있으며, 자신의 신분보다 더 화려한 상품들 앞에서도 위축되지 않은 채 당당하게 걸어다닐 수 있다. 거리에 면한 커다란 쇼윈도에는 고급 상품들이 화려하게 진열되어 유행에 민감한 사람들을 유혹한다. 그것은 우리의 눈을 즐겁게 해 주는 동시에 우리의 구매 충동을 자극한다.

백화점에서 어두운 곳은 한 군데도 없다. 너무나 밝아서 손님들은 백화점에 발을 들여놓는 순간 현기증을 맛볼 지경이다. 그것은 우리가 사원에 발을 들여놓는 순간 맛보는 현기증과 비슷하다. 금으로 도금된 사각형의 천장과 유리 칸막이, 도처에 비춰지는 조명, 완전히

로빈슨 크루소의 사치 다시 읽기

미로와도 같은 내부 구조, 이 현기증 나는 사원은 입장객으로 하여금 보이는 것은 무엇이든 사고 싶다는 욕망을 불러일으킨다. 그래서 사람들은 무엇이 진짜 필요한 것인지 생각해 볼 겨를도 없이 단지 모든 것을 갖고 싶다는 강렬한 욕구에 휩싸여 맹목적인 충동구매를 저지른다.

아브라함 몰은 『키치의 심리학』에서 백화점을 철과 유리로 건축된 사원, 상업의 크리스털 궁전, 하나의 세계를 팔려고 내놓은 거대한 상점으로 묘사했다.

과연 백화점은 하나의 세계다. 거기서는 상품 가격이 일목요연하게 가격표에 명시되어 있고, 온갖 물건들이 진열되어 팔리고 있다. 모든 것이 공명정대하게 행해지며, 그야말로 상업 분야에서 실현되고 있는 부르주아식 민주주의의 현장이다. 모든 사람은 자신의 기본적인 수입이나 옷차림에 상관없이 매력적인 판매원으로부터 평등한 대우를 받는다. 판매원은 익명의 존재이며, 문간에 앉아 눈살을 찌푸리는 주인은 없다. 이제 손님은 가게 주인의 권유에 수동적으로 응하는 존재가 아니라 스스로 자신을 대단한 사람이라고 생각한다. 아니, 착각한다. 백화점은 "손님은 왕이다"라는 선동적인 구호로 이런 착각을 부추긴다.

여왕처럼 화려하던 그 백화점이 사양길에 들어섰다. 전 세계적인 현상이다. 젊은 사람들 사이에서는 백화점에서 옷을 사거나, 특히 세일도 아닌 제값을 주고 옷을 사면 "감 떨어졌네"라고 말할 정도로 백화점은 매력을 상실했다. 그런 점에서 여의도에 들어선 '더현대'의 오픈은 아주 특이한 현상이다.

## 더현대의 신개념

2021년 2월 여의도에 문을 연 더현대서울이 화제를 불러 일으켰다. 매장 면적이 엄청나게 넓고, 그 넓은 매장에 발 디딜 틈 없이 사람이 많이 몰렸기 때문이다. 백화점이 사양산업이라고 하더니, 뭐든지 규모가 크고 화려하기만 하면 사양산업은 없는가 보다.

그러나 단순히 크고 화려하다고 해서 고객을 끌어모을 수는 없을 것이다. 더현대서울의 일차적 성공은 '젊음', 즉 MZ세대를 타깃으로 설정했기 때문이다.

요즘엔 도처에서 MZ세대라는 단어가 보인다. 밀레니얼+Z세대, 즉 20~30대를 지칭하는 말이다. 이 세대는 모든 소비 분야에서 주인공으로 우뚝 섰고, 명품 소비에서도 큰손으로 떠올랐다. 더현대서울도 지하 2층 전체를 MZ세대를 위한 맞춤 공간으로 만들었다. 그중 한 매장이 국내 백화점 최초의 스니커즈 리셀 전문 매장 BGZT이다. BGZT라고 해서 무슨 명품 해외 브랜드인가 했는데, 알고 보니 '번개장터'의 이니셜이다. 쓰던 물건을 되파는(리셀) 매장이니 결국 중고매장이다. 그러나 허름하고 값싼 헌 신발을 파는 매장이라고 생각하면 큰코 다친다. 이 매장에서 가장 비싼 신발이 '나이키 덩크 SB 로우 스테이플 NYC 피존' 모델인데, 값이 무려 7천만 원이다.

로빈슨 크루소의 사치 다시 읽기

Nike Dunk SB Low Staple NYC Pigeon.

　더현대서울은 우선 넓다. 여의도에 지하 7층~지상 8층 규모이고 영업 면적은 축구장 13개 크기인 8만 9,100평방미터(2만 7천 평)다. 넓어진 매장에는 식품관과 고객 휴식 공간이 들어섰다. 지하 1층의 식품관 '테이스티 서울'은 축구장 2개를 합친 것보다 더 크다. 90여 개의 식음료 브랜드가 입점해 있다. 서울 밤도깨비 야시장을 표방한 푸드트럭용 매장 8곳, 133만 구독자를 보유한 유튜버 '밥굽남'이 참여한 샤브샤브 매장 '강호연파' 등이 입점해 있다. 커피 브랜드 블루보틀과 샌드위치 브랜드 에그슬럿 등 트렌드에 밝은 MZ세대를 주 타깃으로 삼았다.

　새로운 활로를 모색하기 위해 백화점업계는 넓은 매장 확보를 전략으로 삼은 듯하다. 온라인 쇼핑이 대세가 되면서 오프라인 유통업체로선 고객을 온종일 붙잡을 수 있는 공간이 필요하게 되었기 때문이다. 신세계 부산 센텀시티점(29만 3,905㎡)은 이미 국내뿐만 아니라 세계 최대 규모 백화점으로 기네스북에 올라 있다.

문화공간을 중시하는 것도 특이하다. '백화점의 얼굴'인 1층에 180평 규모인 아트워크 '스튜디오 스와인'이 들어섰다. 사면을 거울로 만들고 곳곳에 비눗방울을 떨어뜨리는 기둥을 세웠다. 6층에는 350평 규모의 복합문화시설 알트원(ALT.1)이 있다. 미술품의 상태를 보존하기 위해 고가의 항온항습 장치를 설치했고, 오픈 기념으로는 앤디 워홀의 대규모 회고전 '앤디 워홀: 비기닝 서울'이 열렸다.

파리의 첫 백화점 봉마르셰가 마치 세계를 축약해 놓은 듯 넓고 화려하여 사람들의 눈을 휘둥그렇게 했듯이 여의도의 더현대는 21세기 젊은이들의 발길을 다시 사로잡고 있다.


## 가제트

### 기술에서의 키치

1980년대 초에 〈가제트 형사〉라는 텔레비전 만화영화가 있었다. 가제트(gadget)는 기발한 가정용구, 새로운 것을 좋아하는 사람들을 즐겁게 하는 신제품 등의 뜻이다. 기술을 기기묘묘하게 이용하여, 상자 뚜껑을 열면 개구리가 탁 튀어나온다든가 하는 식의 의외성으로 사람

로빈슨 크루소의 사치 다시 읽기

들을 즐겁게 만드는 아이디어 상품이다. 꼬마 주인공이 기발한 아이디어로 두 강도를 골탕 먹이는 영화 〈나 홀로 집에(Home Alone)〉(1990)의 신기한 장치들이 바로 가제트다.

현실적인 쓸모는 없으면서 테크놀로지의 실제적 기능을 흉내 내는 가제트는 기술(技術)에서의 키치라고 할 수 있다. 키치가 그러하듯 가제트도 사회적 기능과 깊은 관계가 있다. 기계가 산업사회의 상징이라면 가제트는 후기 산업사회의 상징이다. 아무런 실용적 기능을 갖지 않은 일종의 기능적인 무용성(無用性)이라는 점에서 그러하다.

현대 소비사회에서 소비의 대상은 도구로서의 대상적 기능은 상대적으로 약화되고, 기호(記號)적인 기능이 더욱 중요해지고 있다. 세탁기가 단순히 빨래기계라는 실용적인 수단이 아니라 주부의 행복과 위세의 기호로서 소비되는 것과 마찬가지다. 유용함과는 전혀 다른 어떤 것을 소비하는 것이 현대인들의 소비생활의 특징임을 인정한다면 가제트야말로 진정한 소비사회의 사물이다.

본래의 용도와는 다른 어떤 것, 즉 기호적인 기능으로 소비될 때 그 사물을 가제트라고 한다. 현대의 모든 사물은 잠재적인 가제트다. 원래 용도는 전화기였는데 그 안에 카메라도, 금융도, 엔터테인먼트도, 소셜 미디어도 모두 들어가 있는 스마트폰은 가제트 중에서도 최고의 가제트다. 가제트의 쓸모는 실용성이나 상징성에 있지 않고 유희성에 있다. 모든 어른들은 신기한 신제품 앞에서 천진난만하게 기쁨을 느끼던 절대적인 유년시절로 되돌아간다. 그리하여 현대사회에서는 모든 것이 가제트화(化)한다.

인간관계나 문화, 정치 등의 이벤트화도 분명 가제트 현상이다. 이미 최고 공직에 오른 대통령이 진지한 정책 이야기보다는 사람들의 이목을 끄는 이벤트성 행사에 더 힘을 쏟는 것은 우리가 미성숙한 사회로 퇴행하고 있음을 보여 주는 사례다.

문재인 정부는 코로나19 백신 접종까지 최대로 가제트화했다. 2021년 2월 23일 부산시민공원 내 코로나19 백신접종센터에서 실시한 경찰특공대의 대테러진압 전술모의훈련이 대표적이다. 테러단체가 코로나19 백신접종센터에 침투할 것을 대비해 하는 훈련이라는데, 도대체 백신을 누가 훔쳐 간다고 경찰 특공대 기동훈련까지 하는가? 아무리 생각해도 코미디 수준의 쇼였다. 기관단총, 권총, 방탄복으로 중무장한 경찰특공대가 4각형 지그재그 칸막이 접종소 앞에서 진압 전술을 펴는 모습은 영락없이 프라모델 박스 앞의 피규어들 같았다. 팬데믹 상황 속에서 국민의 건강이 달려 있어 진지해야 할 백신 접종을 순전히 쇼를 위해 가제트화한 것이다.

젊은이가 사회 주도층으로 등장한 새로운 사회에서 유희성은 제품의 생산성을 높이고, 정치적으로는 국가의 최고권력까지 창출해 내는 위력을 발휘하고 있다. 유아적이라고 우습게 보아서는 안 되고, 경계해야 할 현상이다.

## 자동차

　일찍이 앙리 르페브르는 자동차가 물건 중의 왕이고 첨단의 사물이라고 말한 바 있다. IT 시대 이전의 이야기이기는 하지만 아직도 경제에서 담론에 이르기까지 자동차가 행사하는 지배력은 그 어떤 사물도 따라올 수 없을 정도다. 컴퓨터 관련 기기들이 기술의 발달과 대중적 보급에 힘입어 가격이 파격적으로 내려가는 것과 달리 자동차는 기술 축적과 대중적 보급에도 불구하고 값이 점점 올라가는 이유가 아마 거기에 있을 것이다. 자동차는 하나의 교통수단에 불과한데 그 도구에 사회적 특권이 부여되어 있는, 매우 특이한 예다.

　단일한 품목으로 단연 현대성의 대표적 물건인 자동차는 사람을 실어 나르는 단순한 운반 수단이 아니다. 그것은 계층 간의 소통을 방해함으로써 공동체의 와해를 가속화시키는 주범이기도 하고, 사회적 신분의 상징이기도 하다. 사회적 생활수준의 등급과 자동차의 등급 사이에는 유사성이 있다. 교통 기구이고 운행 도구인 자동차는 일차적으로 실용적인 물건이지만 실제로는 사회적 존재의 일부분이다. 다른 어떤 것보다 더 강한 이중성을 가진 강력한 이중 존재다. 그것은 감각의 대상인 동시에 상징적이고, 실용적인 동시에 상상적인 물건이다. 안락과 힘과 위엄과 속도의 상징이며 꿈인 자동차는 동시에 사회적 신분의 상징이고 위엄의 상징이다.

　실제 사용과 기호의 소비가 중첩된다는 점에서 자동차는 사회·경제적 수단인 동시에 마법의 물건이다. 자동차에는 크기, 동력, 가격 등 자체의 등급이 있다. 그러나 이처럼 지각될 수 있고 감각될 수 있는 등급 외에 우리 눈에 보이지 않는 좀 더 복잡하고 미묘한 등급이 있다. 앙리 르페브르가 '행위 수행의 등급'이라고 이름 붙인 이 등급은 다름 아닌 사회적 지위를 결정해 주는 등급이다.

자동차와 사람의 관계는 스포츠에서의 체급과 육체와의 관계와 아주 흡사하다. 사회적 생활수준의 등급과 자동차의 등급이 비슷하게 같은 급수를 유지하게 된다. 스포츠에서 물리적 등급(무게, 힘, 크기)과 행위 수행의 등급이 항상 조정될 수 있듯이 자동차의 등급과 생활수준의 등급도 항상 조정될 수 있다.

그러나 스포츠와는 달리 자동차의 등급은 반드시 사회적 등급과 일치하지는 않는다. 사람들은 결정적 지점을 찾지 못한 채 끊임없이 한 등급에서 다른 등급으로 이동한다. 두 등급이 일치하는 지점은 결코 확정될 수 없으며 언제나 재검토의 대상이 되면서 항상 역전이 가능하다.

사회 전체를 관통하는 의미의 총체 안에서 자동차는 아주 중요한 시니피앙적 물체가 된다. 자동차를 사용하는 것은 기호를 소비하는 것이고, 이 기호를 소비하는 것이 또 행복의 기호가 된다. 기호들은 자동차 안에서 서로 얽히고 서로 강화되며 상호 중화시킨다.

로빈슨 크루소의 사치 다시 읽기

# 자가용 통근

## 공동체는 와해되고 개인의 고립됐다

현대사회에서 단순한 교통의 수단이 아니라 사회적 기능의 일부분이 된 자동차는 19세기 중반에 등장하여 20세기에 대중화되었다. 미국에서 자동차 보유 대수는 1969년에 한 가구 한 대이던 것이 1995년 이후에는 한 가구 두 대가 되었다고 한다. 우리나라는 2005년 말 차량 등록 대수가 1,536만대에 이르러 총 가구수의 98.8퍼센트에 이르렀다. 2006년에 한 가구 한 대 보유 시대가 한국에서도 본격적으로 시작되었다. 자동차의 보급은 도시의 교외화를 촉진시켜 도시인의 생활 반경을 100킬로미터까지 확대시켰다.

자동차의 보급으로 현대사회에서는 주차, 통로, 도로행정이 가장 중요한 문제가 되었다. 음식점의 매상도 자동차의 주차 공간 유무에 달려 있고, 정겹고 운치 있던 옛 도시는 철거되어 주차장이 된다. 도시계획은 자동차의 강제에 의해 개념이 정해진다.

운행이 거주의 개념을 대치하기까지 하여, 젊은이들은 집이 없어도 차는 있어야 한다고 생각한다. 많은 사람들에게 자동차는 거주의 한 부분이자 실제로 자신의 한 편린이기까지 하다. 정체된 도로에서 운전자들이 다른 차의 사람들과 상호소통 없이 자기 자동차 안에 꼼짝 없이 앉아 있는 모습은 공간의 공유가 감정의 공유로 이어지지 않는 냉혹한 도시생활의 은유인지도 모른다.

미국의 사회학자 퍼트넘은 자가용 통근 시간이 하루 10분 증가할수록 지역공동체 현안에 대한 관심과 참여가 10퍼센트 감소한다고 주장했다. 사람들이 땅 위를 걸어다니는 시간이 줄었고, 게다가 대중교통수단을 이용하지도 않고 홀로 자동차를 타고 다님으로써 '이웃사촌'의 개념이 사라지기 때문이다. 자동차 속의 나만의 아늑함을 즐기는 현대인들은 전철이나 버스 안에서 익명의 타인들과 만나는 최소한의 '사회적 혼합(social mix)'의 기회마저 없기 때문에 그만큼 더 공동체에 대한 관심이나 타인에 대한 배려를 상실하게 마련이다.

자동차는 이처럼 공동체의 와해와 개인의 고립에 기여할 뿐만 아니라 인간의 숨겨진 잔혹성을 대리만족시켜 주기도 한다. 우리의 권태로운 일상에서 아스팔트 위의 교통사고는 마치 게임이나 모험 같은 쾌감이며 일종의 놀이다. 거친 파도와 괴물들과 싸우며 마침내 고향에 다다른 트로이 전쟁의 영웅 율리시즈(오디세우스)가 고대의 영웅이었다면, 더 이상 야망도 꿈도 없이 아스팔트 도로를 달리고 있는 현대인들은 한없이 왜소해진 반(反)영웅이다. 이 보잘것없는 반영웅들에게 남겨진 유일한 모험이 유혈낭자한 도로의 교통사고다. 물론 타인이 당한 사고다.

앙리 르페브르와 보드리야르의 이런 주장이 너무 잔인하고 위악적이라고 생각될 수도 있다. 그러나 거의 일상사가 돼 버린 교통사고 장면을 텔레비전은 왜 매일 뉴스 시간에 보여 주는지, 그리고 우리는 왜 그 장면들에서 눈을 떼지 못하는지 생각해 보면, 폭력의 소비 현상이

로빈슨 크루소의 사치 다시 읽기

현대인의 아픈 진실일 수도 있다고 고개를 끄덕이게 된다.


## 빅테크 시대의 자동차

### 자율주행 자동차

자동차는 스스로 달리고, 운전대에서 손을 뗀 사람들이 스마트폰으로 소셜 미디어를 즐기거나 영상을 보는 모습. 빅테크 기업들이 그리는 미래 모습이다. 완성차 업체가 아닌 IT 기업들이 자율주행 자동차 기술 개발에 총력을 기울이는 것은 특이한 현상이다. 애플의 최고경영자 팀 쿡이 말했듯이 자율주행차는 자동차라기보다는 하드웨어와 소프트웨어 그리고 서비스를 통합한 사실상의 로봇이다. 사람들은 이제 손 안의 스마트폰이 아니라 덩치 큰 스마트카를 즐길 준비가 된 듯하다.

2021년 1월 현재 구글과 아마존은 이미 자율주행 택시를 내놓았고, 바이두, 알리바바, 텐센트, 화웨이 등 중국의 빅테크 기업들도 자율주행 기술을 고도화하고 있다. 그러나 자율주행 기술은 미국 자동차공학회(SAE)의 분류상 레벨 0부터 5까지 여섯 단계가 있는데, 현재 기술은 레벨 2~2.5 수준이다. 운전자 개입이 전혀 필요 없는 레벨 4 이상의 완전자율주행은 아직 구현되지 않았다. 상용화 일정은 계속 늦춰져, 자율주행차가 단시일 내에 현실화된다는 예측 자체가 과장이라는 말도 나오고 있다. 여하튼 미래에 실현될 모습인 건 틀림없다. 빅테크들은 오늘도 자율주행차의 연구에 여념이 없다.

## 아마존의 로보택시

온라인 서점에서 출발한 아마존도 자율주행 자동차 시장에 뛰어들었다. 2020년 6월 자율주행차 스타트업 '죽스(Zoox)'를 인수한 후 그해 12월 첫 자율주행 택시(로보택시)를 공개했다. 스티어링 휠(핸들)과 가속 페달, 브레이크 등 수동제어장치가 없는 완전자율주행 차량이다. 운전석, 조수석도 없이 최대 4명의 승객이 2명씩 서로 마주보고 앉는 기차 객실 형태다. 최대시속은 75마일(약 120km), 133kWh 배터리를 한 번 충전하면 최대 16시간을 주행할 수 있다. 양방향 주행 기능과 4륜 조향 기능을 갖추고 있어, 좁은 공간에서 방향 전환이 용이하다. 차량의 네 귀퉁이에 카메라와 레이더, 라이다(LiDAR, 레이저 측정 장치) 센서가 내장돼 있다. 각 귀퉁이에서 270도의 시야각이 확보돼 동시에 360도 이상의 지형을 한번에 볼 수 있으며, 모든 좌석에 에어백 시스템이 장착돼 있다. 차량을 원격으로 조작할 수 있고, 승객과 실시간으로 소통할 수도 있다.

죽스의 로보택시는 도시 환경에서 주행하도록 설계됐다. 라스베이거스, 샌프란시스코 등에서 모바일 앱 기반의 차량 공유 서비스를 시작할 계획이다. 온라인 배달업체이므로 아마 어느 시점에서는 화물 운송에 무인 자동차를 사용할 것이다.

로빈슨 크루소의 사치 다시 읽기

## 테슬라

테슬라가 2020년 10월 소수의 고객을 상대로 시작한 FSD(완전자율주행) 서비스도 아직 레벨 2 수준에 해당한다. 신호등이나 정지 신호를 읽을 줄 알고, 제한속도를 인지하고, 회전 로터리에 진입하거나 비보호 좌회전이 가능한 수준이지만, 운전자의 감시와 통제가 항상 필요하다는 점에서 레벨 3 기준에는 미치지 못한다.

다만, 테슬라 자율주행 자동차의 상대적 우위는 주행 데이터다. 자사 고객의 주행 패턴과 돌발상황 데이터를 수집해 경쟁사들보다 압도적으로 많은 실(實)도로 주행 데이터를 축적해 놓았다. 사막과 눈길 등 다양한 도로 환경에서 실제 운전자의 주행 데이터를 수집하고 있으며, 보행자나 야생동물 난입, 타이어 펑크, 블랙아이스 등 돌발상황에 대한 학습도 진행하고 있다. 테슬라의 누적 주행거리 데이터는 2021년 1월에 51억 마일에 달할 것으로 알려졌다. 구글 모기업 알파벳의 자율주행차 사업 부문인 웨이모가 축적한 2천만 마일과 비교가 안 되는 방대한 양이다.

테슬라가 자율주행에 필요한 높은 수준의 인식·판단·제어 기술력을 갖추게 된 것은 슈퍼컴퓨터 '도조(Dojo)'를 통해서다. 고화질 영상 데이터를 빠르게 처리할 수 있는 도조는 전 세계 테슬라 차량의 자율주행 영상과 이미지를 스스로 분석하고 학습해 자율주행의 정확도를 높이고 있다. '의사(擬似) 라이다(Pseudo-LiDAR)' 시스템도 테슬라만이 가진 우수한 기술이다. 사람이 자신의 두 눈으로 보는 사물의 속성과

거리를 즉각 정확하게 판단하듯이, 여러 대의 카메라가 촬영한 이미지를 통합하여 사물을 정교하고 입체적으로 판단하는 기술이다.

독립형 시스템을 갖고 있다는 것도 테슬라의 장점이다. 기존의 자동차업체들이 개발 중인 자율주행 시스템은 정밀지도 기반 정보와 도로 인프라를 필요로 하지만, 테슬라는 센서가 수집한 데이터를 자체적으로 판단하는 독립형 시스템이어서 대규모 인프라 투자가 필요하지 않기 때문이다.

### 애플의 자율주행 자동차

애플도 자율주행 자동차를 추진하고 있다. 새카만 자동차 뒷면에 한입 베어문 하얀 사과 로고가 그려지면 고객의 충성도가 높은 전 세계 애플 소비자들이 열광할 것이다. 현대자동차그룹과 애플의 자동차 협업 계약이 성사 직전이란 소식과 무산됐다는 관측이 제기되면서 주식시장이 요동치기도 했다.

애플은 2014년부터 자율주행차 개발 사업 '프로젝트 타이탄'을 추진했으나, 기술 부족으로 완성차 대신 자율주행 시스템을 개발하는 방향으로 초점을 바꿨다가 다시 자율주행차 연구를 진행하고 있다. 2025년이면 애플카가 출시될 것으로 업계는 예상하고 있다.

애플카의 정체는 여전히 베일에 가려져 있지만 애플이 미국 특허청에 제출한 자료를 살펴보면 애플카의 특징을 대략적으로 짐작해 볼 수 있다.

로빈슨 크루소의 사치 다시 읽기

우선 손동작만으로 주차와 차로 변경을 해 주는 기능이다. 2017년 특허를 출원해 2021년 2월 '제스처 기반 자율주행차(Gesture Based Control of Autonomous Vehicle)'란 이름으로 등록됐다. 차로를 계속 직진할지, 왼쪽으로 움직일지 오른쪽으로 움직일지 등 기본적인 운전 명령을 손동작으로 선택하게 하는 것이다. 지금도 일부 자동차는 손동작으로 라디오 조작이 가능하다. 이를 자동차 운전 조작 전체로 확대하겠다는 구상이다.

증강현실(AR) 기술을 차내 디스플레이 기능에 적용하기도 한다. 차 안에서 대형 디스플레이를 통해 책이나 영화를 볼 수 있고, 창 너머 건물과 풍경에 대한 정보도 알 수 있다.

차량 승객의 체온에 맞춰 창문과 선루프 등을 열고 닫아 차내 온도를 자동으로 조절해 주는 기능, 외부 환경(밝기) 변화에 맞춰 자동차 유리의 틴팅(tinting, 착색)을 바꿔 승객 프라이버시를 보호해 주는 기능, 사람이 차에서 내려 코드를 꽂지 않아도 무선으로 충전하는 기술 등이 특허 등록됐다.


## 자동차의 새로운 지위


자동차 생산업체가 아닌 IT 기업들이 자율주행 자동차 기술 개발에 경쟁적으로 뛰어들어 총력을 기울이는 것은 자동차가 더 이상 단순한 운반 수단이 아니라는 의미다.

승용차가 단순히 사람을 실어 나르는 운반 수단이었던 적은 한 번도 없었다. 20세기에는 사회적 신분의 상징이었다. 그럼 21세기에는? 자율주행 자동차의 보급은 엄청난 지각변동을 일으키며 사회, 경제, 문화 전체를 뒤흔들 것이다. 르페브르나 보드리야르의 사회학이 여전히 유효하게 될는지 아니면 완전 폐기될 것인지는 아무도 알 수 없는 일이다.

로빈슨 크루소의 사치 다시 읽기

# V 현대의 예술

# 현대성의 특징을
# 압축해 보여 주는
# 팝아트

미키 마우스 캐릭터나 만화같이 대중에게 친숙한 것들을 소재로 쓰는 팝아트는 분명 현대의 대중사회를 가장 잘 반영해 주는 예술이다. 팝아트에 대한 예술적인 평가는 미술평론가들의 몫이지만 그 사회학적 의미가 우리에게는 더욱 흥미롭다.

1950년대 중반부터 일련의 화가들이 텔레비전, 라디오, 영화, 잡지, 신문 등의 매체를 통해 전달되는 이미지를 미술의 소재로 삼아 평면 또는 입체작업을 시도하였다. 그것은 이때까지 미술사에서 다뤘던 고급미술과 순수미술의 범주에서 벗어나는 일상적이고 비전문가적인 미술이었다. 게다가 특별한 지식이나 취향 없는 일반인들도 즐길 수 있는 대중예술이었다. 대중이 즐기는 저급한 예술의 확산이라는 점에서 팝아트는 키치적 현상의 연장이다.

미술사에서 고급미술이 저급문화를 반영한 것은 물론 이것이 처음은 아니다. 프랑스의 사실주의 화가 쿠르베는 〈만남: 안녕하세요 쿠르베 씨?〉(1854)에서 당시의 대중적인 판화 〈방랑하는 유대인〉의 일부를 모방하여 사용했다. 1910년대에 이르러 고급문화와 저급문화 간의 교류는 하나의 트렌드가 되었다. 입체파가 시도했던 종이 뜯어붙이기 기법, 즉 콜라주는 표현 기법과 재료가 대중적이었고, 뒤샹의 레디메이드는 일상적 소재를 선택했다는 점에서 예술의 대중화 시도였다. 그러나 그것들은 어디까지나 일부의 현상이었다. 반면에 팝아트는 전면적이고도 대대적으로 대중문화를 반영하여, 저급문화와 고급미술 사이의 구분을 흐릿하게 만들었다.

팝아트의 특징은 우선 일상적인 사물 또는 대중적인 이미지를 미술의 소재로 삼았다는 점이다.


## 상품을 소재로 삼은 팝아트

전통적인 미학에서는 상표가 붙어 있는 상품이 미술의 소재가 될 수 없다. 사람들은 캔버스에 상품을 그려 놓은 그림이 미적 감흥의 대상이 될 수 있다는 것을 상상조차 할 수 없었다. 가령 도상봉의 라일락꽃이 꽂힌 백자 항아리 그림이라든가 천경자의 〈미인도〉를 보며 예술적 감동을 느꼈던 한국의 1950~60년대 미술 애호가들이 삼양라면 봉지를 그대로 옮겨 놓은 그림을 보고 그것을 미술이라고 인정했을 것인가? 그런데 그런 일이 미국에서는 1960년대 초부터 일어났다.

상품은 너무나 진부하고 일상적인 것이어서 미술의 소재가 될 수 없다는 두터운 편견을 깬 것이 앤디 워홀이었다. 그는 "팝아트란 사물을 좋아하는 것"이라고 말하면서 상표가 부착된 대량생산의 공산품을 그대로 재현함으로써 사람들에게 충격을 주었다. 예컨대 1965년의 〈캠벨 수프 깡통〉은 각기 색깔만 달리한 똑같은 크기의 토마토 수프 깡통을 위에 2개, 아래 2개씩 배치하여 그린 것이다.

1964년에는 스테이블 화랑에서 '상자 전시회'를 열었는데 이것은 슈퍼마켓의 마분지 상자를 본딴 나무 상자들을 무더기로 쌓아 놓은 데 지나지 않았다. 이 나무 상자들의 각 면에는 여러 가지 상표들, 즉 브릴로, 하인즈, 델몬트, 캠벨 등의 상표들이 실크스크린 기법으로 인쇄돼 있었다.

거대한 다슬기 조각이 청계천에 어울리느니 않느니 논쟁을 불러일으키며 한국인들에게도 이름이 익숙하게 된 클래스 올덴버그(Claes Oldenburg)는 최초로 팝아트의 입장을 제시하고 순수한 팝아트의 주제를 사용한 사람들 가운데 하나다. 1961년에 그는 "빨강과 흰색의 휘발유 펌프와 깜빡거리는 비스킷 광고의 미술을 지지한다. 그리고 또 쿨 미술, 세븐업 미술, 펩시 미술, 선키스트 미술, 수소폭탄 미술, 30센트짜리 미술, 9.99 미술을 지지한다"고 말하면서 거침없이 상업적인 주제를 택했다.

　네온의 조명을 받아 반짝반짝 빛나는 케이크를 그린 웨인 티보(Wayne Thiebaud)의 그림들도 소재의 면에서나 사용된 색채의 면에서 전형적인 팝아트다. 그는 달콤하고 화사한 색조의 물감을 삽화적인 드로잉 기법과 결합시키는 방식으로 과자, 립스틱 튜브, 핀볼 기계 등을 텅 빈 배경 앞에 일렬로 세워 놓았다. 반짝이며 끈적거리는 하얀 유화물감으로 케이크 위의 크림 장식을 사실적으로 표현함으로써 물감의 특성과 주제를 최대한 접근시켰다. 영락없이 어느 제과점의 광고 그림 같아서, 유럽의 지적 전통을 내면화하고 있는 한국의 반미 성향 지식인들이 보았다면 "역시 미국은 천박해"라고 득의의 미소를 띨지도 모르겠다.

　그러나 이처럼 일상적인 사물을 미술의 소재로 삼는 기법의 씨앗은 그들보다 50년 전 유럽의 큐비즘(입체파)과 초현실주의에서도 이미 시도된 적이 있다.


## 큐비즘과 초현실주의의 상업적 소재

　20세기 초 몇몇 화가들은 그림에 상업적 소재를 사용했다. 피카소는 1914년 작품 〈압생트 술잔〉과 〈웨이퍼 과자 접시〉 그리고 특히 1941년에 제작한, 성냥갑 위에 놓여 있는 목제 담배 등에서 상품을 소재로 삼았다.

　　　　　　　　　　　　　로빈슨 크루소의 사치 다시 읽기

파블로 피카소, 〈압생트 술잔〉(1914).
피카소도 술잔과 과자 접시, 성냥갑 위
에 놓여 있는 목제 담배 등의 상품을 작
품의 소재로 삼았다.

키리코는 1916~17년에 〈한 정신의 죽음〉과 〈형이상학적 실내〉에서 비스킷과 성냥갑을 등장시켰는데 이는 상표가 부착된 소재를 최초로 사용한 작품 중의 하나였다.

1930년대 초현실주의자들은 화가가 직접 제작한 물체가 아니고 열쇠고리, 구부러진 쇳조각, 낡은 주전자 같은, 이미 어딘가에 있는 물체를 가져다가 전시대 위에 올려놓았다. 그것은 '주워 온 물건(objet trouvé)'이라는 장르가 되었다. 오브제 트루베, '발견된 오브제' 혹은

조르조 데 키리코, 〈비스킷이 있는 형이상학적 실내〉(1916). 상표가 부착된 소재를 최초로 재현한 작품 중 하나다.

'습득물'이라는 뜻이다.

초현실주의 화가들은 자신의 꿈이나 잠재의식적 이미지를 보여 주기 위해 '주워 온 물건'을 사용했다. 엄밀히 말해서 초현실주의의 '주워 온 물건'과 팝아트의 상품 사용은 직접적인 관련이 없다. '주워 온 물건'은 화가의 정신적 상태를 가시화시키기 위한 상징물이었기 때문이다. 초현실주의의 오브제가 인간의 내면을 향하고 있다면 팝아트의 사물들은 인간의 밖으로 나간다고 말할 수도 있겠다.

로빈슨 크루소의 사치 다시 읽기

오브제에 '최소한의 인간성도 담지 않기 위해' 팝아티스트들은 새 상품만 사용했다. 같은 상품이라도 누가 쓰던 것이 아닌 새로운 물건만을 소재로 삼았다는 얘기다. 사용되었다는 사실은 이미 과거를 암시하고 있고, 과거는 아무리 최근의 과거라 할지라도 추억을 불러일으킨다. 따라서 헌 물건을 사용한다는 것은 이미 사물에 대한 냉정하고 중립적인 시선이 아니라 인간의 감정을 매개시키는 것이다. 누군가가 그것을 사용했다면 이미 그것은 대량생산의 제품이 아니라 한 사람의 손길이 닿은, 세상에서 유일한 것이 되고 말기 때문이다.

팝아트는 시간에 의해 획득된 이러한 유일성을 단호히 배격한다. 팝아트의 오브제는 아직 덜 닳았거나 쓰다가 남겨진 것이 결코 아니다. 공장에서 갓 출고된 새 캠벨 수프 깡통들이다. 그것들은 개성을 획득할 시간이 없기 때문에 서로 똑같다. 미국에서 팝아트가 폭넓고 즉각적인 호소력을 가질 수 있었던 것은 이처럼 도시인과 농촌인, 젊은 세대와 늙은 세대를 가릴 것 없이 모든 미국인들에게 공통된 체험을 주었기 때문인지 모른다.

어떤 심리적인 상징의 수단으로서가 아니라 순수하게 상품 그 자체를 미술에 끌어들인 것은 팝아트가 처음이었다. 하기는 가장 흔하게 발견되는 진부한 사물들을 우리가 미술의 소재로 다루지 말라는 법이 없고, 이때까지 그것을 금기시했던 것이 일반 대중과 유리된 일종의 엘리티즘이었을 것이다. 그런 점에서 팝아트는 이름 그대로 대중의 예술이었다.

# 사물의 시대

## 수프 깡통은 수프 깡통의 모습으로, 햄버거는 햄버거의 모습으로

팝아트는 사물을 중시하고 오로지 사물만을 소재로 삼았다. 팝아트 화가들은 자신들이 사물을 좋아한다는 것을 숨기지 않으면서, 자신들이 사물을 원하므로 자신들의 주변에 보이는 사물들을 즐겁게 그린다고 했다. 따라서 이것은 자발적인 사실주의라고 말했다.

사실 예술과 문학에서 사물의 지위는 그 시대의 미학이론과 직결된다. 예술작품 안에서 사물의 재현 방법을 고찰하는 것만으로도 미학이론의 진화 여정이 그려질 것이다.

전통적인 예술에서 사물은 상징적인 역할을 했다. 예컨대 소설에서 황량한 늦가을의 풍경 묘사는 주인공의 쓸쓸한 심리상태를 상징한다고 문학비평은 흔히 말한다. 또 반 에이크의 그림 〈아르놀피니의 혼약〉에서 침대 시트의 주홍색은 육체적인 사랑을 상징한다고 미술비평가들은 흔히 말한다. 그러니까 전통 미학에서 사물은 인간을 대신하여 인간의 심리상태나 정신적인 내면을 상징적으로 보여 주는 역할을 했다.

20세기에 들어와 예술에서 사물은 더 이상 인간의 심리적, 정신적 가치를 대변하지 않고 그 자체로 자율적인 요소가 되었다. 큐비즘이 좋은 예다. 사물은 거의 추상적인 형태로 산산조각이 났다. 그 후 다다(Dada) 혹은 초현실주의 예술에서 패러디적 의미와 함께 사물의 형

로빈슨 크루소의 사치 다시 읽기

태가 일시적으로 살아났지만, 추상화에 이르러 완전히 다시 해체되어 형체를 알아볼 수 없게 되었다.

이처럼 회화에서 완전히 사라져 버렸던 사물이 1950~60년대의 팝아트와 함께 다시 예전의 온전한 형태를 되찾았다. 수프 깡통은 수프 깡통의 모습으로, 햄버거는 햄버거의 모습으로 우리 앞에 나타난 것이다. 모습 그대로 나타났을 뿐만 아니라 사물 그 자체가 가장 중요한 지위에 올라서게 되었다.

사물이 가장 중요하게 되었다는 것, 그것이 바로 현대 소비사회의 특징이다. 프랑스의 소설가 조르주 페렉이 현대 세계의 일상성을 그린 자신의 소설에 『사물들』이라는 제목을 붙였듯이 현대는 사물의 시대다. 그러니까 자신들이 살고 있는 세계에 등을 돌리지 않고 그 세계를 탐구하려는 예술이 상품으로서의 사물을 주요 소재로 삼는 것은 당연한 일이다. 팝아트는 오로지 사물에만 관심이 있고, 사물만을 그렸다.

그런데 의자, 햄버거, 자동차, 핀업 걸 등은 그것들이 원래 놓여 있던 자리에서 벗어났을 때는 더 이상 평범한 사물이 아니게 된다. 신문에 난 마릴린 먼로의 얼굴은 그저 매일 보는 여배우의 얼굴이지만 일단 워홀이 실크스크린으로 다채롭게 증식시켜 놓은 먼로의 이미지는 함축적 의미를 띠게 된다. 즉, 스타의 얼굴이 상품이자 소모품이라는 함의를 갖게 되는 것이다. 사물도 마찬가지다. 매일같이 거실 안에 놓여 있는 의자는 일상적인 것이지만 화폭 위에 단 하나의 의자만을 고

앤디 워홀, 〈자화상〉(1986). 기존의 권위를 거부하고 대중성을 표방한 워홀의 작품은 가장 권위 있는 문화적 아이콘이 되었다. 앤디 워홀은 세계 미술 경매 시장에서 가장 비싼 화가 중 하나다.

립시켜 놓으면 그때 그 의자에서는 일상성이 제거된다.

사물은 원래의 용도로 사용되고 무엇인가에 쓰일 때는 우리의 눈길을 끌지 않는 평범한 물건이다. 그러나 일단 어떤 의미를 가지게 되면 그것은 더 이상 평범하지 않다. 평범하지 않을 뿐만 아니라 그것은 사물이 아닌 기호가 된다. 자동차가 단순히 교통의 도구가 아니라 위세의 수단이 되면 그것은 '무엇에 쓰이는 것'이 아니라 '어떤 의미를 지니는 것', 다시 말하면 도구가 아니라 기호가 된다는 것을 우리는 앞에서 본 바 있다.

앤대 워홀은 "사물은 매개가 필요하지 않다. 단순히 그것을 환경에

로빈슨 크루소의 사치 다시 읽기

서부터 떼어내 화폭에 옮겨 그리기만 하면 된다"고 말했다. 그러나 일단 화폭에 옮겨 놓으면 일상성이 제거되고 특별한 의미를 띠게 되는데, 이런 팝아트를 일상성의 예술이라고 할 수 있는지는 의심스러운일이다. 원천적으로 미술은 일상 속에 흡수될 수도 없고, 일상을 있는그대로 포착할 수도 없다. 왜냐하면 의자가 그려진 화폭이 곧 의자는아니며, 화폭 속에 그려진 의자가 곧 실물로서의 의자도 아니기 때문이다. 한마디로 일상성 혹은 평범함의 미술이란 없다. 팝아트의 논리적 궁지가 바로 그것이다.

## 예술의 민주주의

팝아트는 마릴린 먼로, 재클린 케네디 등 매스컴을 통해 잘 알려진인물들로부터 코카콜라, 수프 깡통 등의 소비상품, 신문에 실린 사진,만화 등 그 사회의 모든 대중이 공유하는 범속한 이미지들을 소재로썼다. 이러한 태도는 고상한 미술의 이상을 수호하려는 엘리트주의자들의 강력한 반발을 불러일으켰다. 범속한 소재들을 추구하고 고상한예술과 저급한 예술을 구별하는 수직적인 미술 개념에 도전한 것은미술의 민주주의라 부를 만하다.

팝아트는 또한 자본주의적이고 상업주의적이다. 상표가 부착된 사물을 소재로 삼았으며, 작가들은 상업적인 성공을 거두었다. 자본주의 사회의 특징인 상업성과 결부되었다는 점에서 그리고 예술의 자율성을 포기하고 일상성과 통합되었다는 이유로 팝아트는 순수미술 쪽에서 비판받았다. 그러나 대중이 알고 있는 동일한 이미지가 보는 사람에 따라 반드시 같은 의미와 내용을 전달하는 것은 아니다. 그러므로 팝아트는 대중문화에 대한 풍자일 수도 있고, 아니면 순진한 찬미일 수도 있다. 평자들의 상반된 견해가 나오는 이유다.

미술의 민주주의가 과연 바람직한 것인가는 여전히 논란의 대상이다. 그러나 대중의 미적 감수성을 저열하게 만드는 데 기여했을 뿐이라는 비난에 동조하건 아니건, 또 그것이 보여 준 상업주의의 문제에도 불구하고, 팝아트가 현대 산업사회의 혁신적인 자기표현 양식이었음은 부인할 수 없을 것이다.

보드리야르는 팝아트를 한마디로 소비예술이라고 규정하며 비판했다. 그러나 과거의 회화들은 순수하게 상업성에서 자유로웠던가? 과거의 회화가 작가의 천재성에 의존했고, 그림의 주제가 초월적인 성격을 갖고 있었다고는 하나 그것도 결국은 화가의 서명이 그림 값을 좌우하던 상업적인 물건이었다. 한국에서 끊임없이 이어지는 위작 시비도 화가의 서명이 진짜냐 아니냐의 문제에 집중되어 있다.

그렇다면 예술적 사물의 상업성을 굳이 감추지 않는 팝아트가 차라리 정직한 예술인지 모르겠다. 팝아트는 더 이상 위선이나 가식 없이 회화의 대상이 곧 사물이고, 회화 자체도 사물이라는 냉정한 두 진실을 화해시켰다. 여하튼 팝은 상표가 부착된 사물과 식료품을 그리면

로빈슨 크루소의 사치 다시 읽기

서 또 그것으로 상업적 성공을 거두면서, 역사상 처음으로 서명의 위력을 갖춘 소비예술품이 되었다.

# 팝아티스트

## 앤디 워홀

### 마릴린 먼로와 수프 깡통의 동일성

앤디 워홀은 누구에게나 호소력이 있는 대상을 미술의 소재로 삼았다. 210개의 콜라병을 한 화면에 반복적으로 찍어 낸 〈녹색의 코카콜라 병들〉, 깡통 제품의 표면을 실크스크린 기법으로 캔버스에 옮긴 〈캠벨 수프 깡통〉 등은 공장의 생산 라인이나 슈퍼마켓의 진열장을 연상시킨다. 사실상 제품 광고로도 볼 수 있는 이 그림들은 광고 문안이 없고 목적이 다르다는 점에서만 겨우 광고가 아닌 '작품'으로 분류될 수 있었다. 그는 자신의 작업실을 '공장'이라고 부르면서 작품을 상품이나 제품으로 간주하고, 작가라는 존재를 생산자나 공장장 정도의 위치로 전환시켰다. 동시대의 상업적 제품 생산 체계와 예술의 작품 제작 과정이 완전히 동일화되었다.

〈마릴린 먼로〉(1962)나 〈두 명의 엘비스〉(1963) 등은 당대 최고의 인기 가수나 할리우드 스타의 이미지를 그대로 사용한 것이다. 팝아트의 아이콘이 된 유명한 작품 〈마릴린 먼로〉의 얼굴은 영화 〈나이아가라 폭포〉의 홍보 포스터에서 가져온 것이다. 워홀은 먼로의 얼굴 사진 한 장을 반복적으로 배열한 후, 각각의 얼굴에서 입술, 머릿결, 눈을 강조하거나 색채들을 변화시켜 현란한 연속화를 만들어 냈다. 과장되고 조작된 이미지는 마치 디자인 기호처럼 변하여 일러스트레이션의 효과를 냈다. 이렇게 해서 먼로의 얼굴은 할리우드 여배우의 화려하고 성적인 매력을 강조하는 상투적 도상이 되었고, 스타성을 대표하는 소비적 이미지로 자리 잡았다.

먼로를 캠벨 수프 깡통이나 코카콜라와 같은 방식으로 반복 배치하여 그린 것에서 우리는 할리우드의 배우나 대중 스타가 생산되고 유통되는 과정이 다른 대량생산의 소비제품과 하등 다를 것이 없다는 의미를 읽어 낼 수 있다. 즉, 매일같이 매체를 통해 지루하리만큼 자주 생산되는 먼로의 이미지와 그녀에 대한 기사는 마치 컨베이어 벨트 위에서 조립되는 제품만큼이나 동일하고 기계적이어서, 그녀의 얼굴은 상품이자 소모품이 된 것이다. 현대사회에서 배우나 스타는 이미 인간이기를 그치고 대중적인 이미지인 동시에 하나의 소비품이라

로빈슨 크루소의 사치 다시 읽기

앤디 워홀, 〈마오쩌둥〉(1972). 적대국의 정치인을 가볍고 재미있게 밝은 이미지로 변환시켜 무감동한 현대의 아이콘으로 만들어 버린다.

는 것을 이 작품은 상징적으로 보여주고 있다.

워홀은 어떤 주제든지 그것의 정치·사회적 의미나 무게에서 벗어나 일정한 거리를 둔다. 분홍색 화면 위에 노란색과 연두색 형광색조로 채색한 〈마오쩌둥〉(1972)도 냉전이 심각하던 시대에 적대국의 정치인을 가볍고 재미있게 밝은 이미지로 변환시켰다.

심지어 죽음조차 그렇다. 워홀은 1960년대 초 한동안 〈죽음과 재앙〉 연작에 매달렸는데, 자동차 사고 현장이나 고층건물에서 투신자살하는 찰나의 소녀, 사형수가 앉을 전기의자 등을 〈마릴린〉이나 〈코카콜라 병들〉처럼 반복적으로 찍었다. 1963년부터는 교통사고 장면이나 폭동, 사형 도구 등의 연작을 만들기도 했다. 찌그러진 자동차와 차체 밖으로 늘어진 시신들, 폭동에 투입된 개와 사람 간의 혈투, 전기의자 등의 충격적이고 끔찍한 장면들을 오렌지색이나 분홍색의 밝은 색채 속에서 반복적으로 변주함으로써 참혹한 사건까지도 무감동한 현대의 아이콘으로 만들어 버렸다.

비극조차 미디어로 끝없이 재생산되며 상품화되는 현실을 비판한 것인지, 아니면 재난을 팝아트라는 이름으로 상품화한 것인지 비평가들의 논쟁이 분분했지만 워홀은 아무런 대답도 하지 않고, 그저 말없이 과감하게 비즈니스에 가까운 작품 제작을 했을 뿐이다. 어쨌든 그는 시대를 정확히 예언했으며 그의 작품 기법은 미술만이 아니라 아예 현대의 라이프 스타일 자체가 되었다.

### 복제의 복제

워홀은 '제품'이라고 말해야 제격일 작품들을 처음에는 손으로 그렸지만 나중에는 상업적 테크닉을 써서 실크스크린으로 처리하기 시작했다. 그리고 차츰 다른 사람들을 고용해서 자신의 작품을 복제시켰고, 나중에는 작품 제작까지도 대신하게 했다. 그런데 이것도 역시

로빈슨 크루소의 사치 다시 읽기

여러 개의 복제판으로 다시 나왔다. 그의 작품 자체가 원래 복제한 그림을 또 복제하는 것이었는데, 최초의 것이 원본으로 간주되어 엄청난 가격이 매겨지고, 그 후의 복제품도 상당한 가격이 매겨졌다. 미술 작품에서 원본과 복제의 개념은 이렇게 해서 완전히 교란되었다.

기존의 상품이나 친근한 일상적 이미지를 인쇄해서 반복적으로 찍어 냈던 워홀은 상업용 그림 제작에 사용하던 실크스크린을 본격 미술에 도입한 최초의 화가다. 실크스크린이란 이미지를 화판에 붙여 감광시킨 후 물감을 투과시켜 찍어 내는 기법이다. 이 기법의 특수성을 활용하여 그는 하나의 이미지를 무수하게 반복하고 복사할 수 있었다. 판화를 찍는 과정에서는 일부러 실수를 하여 물감의 양이 균일하게 묻어나지 않도록 했는데, 이 때문에 이미지가 약간씩 달라지면서 기계적 복제품과 차별화되었다. 일상적 사물이 미술품의 훌륭한 주제가 될 수 있음을 보여 줌으로써 소재의 면에서 미술의 혁신을 이루었지만, 동시에 실크스크린 기법을 도입함으로써 상업적 제작 방식과 미술 창작의 방식 사이의 구분도 무의미하게 만들어 버렸다.

## 세월과 함께 더욱더 인기 있는 워홀

요즘 인스타그램에는 자기 사진을 알록달록 여러 색깔로 반복하여 격자 구조로 만든 사진이 많이 올라온다. 자기 사진을 워홀의 셀럽 초상화처럼 만들어 인스타그램에 올릴 수 있게 해 주는 앱도 많이 있다. 앤디 워홀의 그림은 이렇게 대중화되었다.

지금은 거의 전 세계 사람들 손에 스마트폰이 들려 있지만, 워홀이 마릴린 먼로나 모택동의 색채 반복 이미지를 만들던 시절엔 매체라고는 신문, 잡지 그리고 TV 화면밖에 없었다. 그 제한적인 미디어 시대에서나마 워홀은 미디어에 많이 노출되는 것 자체가 권력이 되고 돈이 된다는 것을 본능적으로 깨달았다. 그의 예상대로 현대는 "나는 보여진다, 고로 나는 존재한다"의 시대가 되었다. 좋은 이미지냐 나쁜 이미지냐도 상관이 없다. 많이 보여질수록 유튜브 광고 수입도 어마어마하게 많아진다. 남들에게 많이 보이는 사람일수록 권력을 많이 갖게 된다는 것은 푸코의 판옵티콘 이론과는 정반대의 개념이어서 흥미롭다.

　그는 또한 민주주의 체제가 대중 시대를 열 것이고, 가장 고급스러운 예술마저 대중화될 것이라는 것도 직관적으로 알았다. "미국은 가장 부유한 소비자와 가장 가난한 소비자가 똑같은 물건을 사는 위대한 나라다. 우린 모두 TV를 보고, 거기엔 코카콜라가 나오고, 대통령도, 리즈 테일러도, 당신도, 나도 코크를 마신다. (…) 돈을 더 많이 준다고 더 좋은 코크를 마시는 것도 아니다"라는 그의 통찰은 정확했고, 대중소비와 대중문화에 대한 찬양도 옳았다. 그가 처음으로 마릴린 먼로 연작을 그린 1960년대 이후 벌써 60여 년이 흘렀지만 오늘날의 대중은 더욱더 그의 작품과 기법에 열광하고 있다.

　　　　　　　　　　　　　　로빈슨 크루소의 사치 다시 읽기

# 올덴버그, 리히텐슈타인

미술은 이제 엄숙한 박물관에서 나와 대중 곁으로 나오게 되었다. 올덴버그는 "그렇게도 오랫동안 황금 토굴 속의 유리관 안에 잠들어 있던 그림이 마침내 바깥으로 나와 수영을 가자고 권유받고, 담배와 맥주를 맛보고, 머리카락이 헝클어지고, 떠밀려서 넘어지고, 웃는 법을 배우고, 온갖 종류의 옷을 입고, 자전거를 타고 (…)"라는 말로 미술의 대중화를 표현했다.

그는 비닐, 케이폭, 플라스틱, 헝겊 등으로 거대한 아이스크림 콘과 햄버거, 밝은 색의 과자들, 채소, 샌드위치, 고기 등을 만들어 옥외의 넓은 공간에 펼쳐 놓았다. 설치작품 〈침실〉(1963)에서는 흰 비닐의 침대 시트, 값싼 직물, 대량으로 인쇄된 추상화 액자, 인조 표범 가죽 등의 싸구려 재료들을 사용했다.

그가 소재로 택한 것은 상류층 문화가 아니라 하류층 문화였다. 번쩍거리는 백화점이 아니라 뉴욕 2번가의 초라한 작은 상점들과 14번가의 싸구려 장신구 따위가 그의 소재였다. 음식물 오브제는 호화로운 큰 식당의 고급 요리가 아니라 싸구려 스낵 코너의 햄버거나 얼음과자 같은 것이었고, 옷은 싸구려 옷가게의 카운터 위에서 여러 사람이 수없이 만지작거렸던 옷들이었으며, 가구는 덤핑 가구 상점에 진열되어 있던 허름한 가구들이었다.

광고나 만화를 소재로 할 때조차 팝아티스트들은 현대의 순수미술을 모방하는 멋진 광고 혹은 수준 높은 세련된 만화는 배제했다. 예를 들어 리히텐슈타인이 사용한 만화는 1950년대의 구식 만화였다. 리히텐슈타인은 일단 소재를 선택하면 거기에 아무런 변화도 가하지 않고 다만 확대경으로 그것을 확대시킨 후, 스크린을 사용해서 벤데이(Ben Day) 망점(網點)을 그려 넣는 것이 고작이었다. 벤데이 망점이란 마치 망사를 종이 위에 얹고 그 위에 물감 칠을 한 후 망사를 걷어내면 보이는 것과 같은 미세한 점들을 말한다. 만화를 인쇄할 때 사용했던 벤데이 프로세스라는 색면제판술은 그 공정에서 화면에 점이 콕콕 찍혀 나온다. 일종의 불완전한 기계적 공정의 산물인데, 화가는 일부러 그것을 그려 넣어 '이것이 만화다'라는 것을 과시했다. 화가에 의해 그려진 작품이 아니라 제판기계로 찍어 낸 제품이다, 라고 짐짓 주장하기 위한 일종의 도발이었던 것이다.


## 흔해 빠진 싸구려의 것일수록 환영받다

팝아트는 비평가들과 미술관을 거치기 전에 이미 수집가들과 일반 대중의 열렬한 호응을 얻었고, 〈라이프〉와 〈레이디즈 홈 저널〉같은 대중잡지들이 앞다투어 소개했다. 아마도 소재나 시각적인 면에서 보기 쉽고 흥미로우며 따라서 긴장할 필요가 없이 편안함을 주었기 때문이었을 것이다.

로빈슨 크루소의 사치 다시 읽기

각종 광고, 신문 잡지의 삽화, 타임스 스퀘어의 웃음거리, 몰취미한 골동품, 저속하게 화려한 가구, 일상적 의복과 음식물, 영화 스타, 핀업 사진, 만화 등 이전에는 예술적 가치는 고사하고 눈여겨볼 가치조차 없다고 여겨졌던 모든 것들을 팝아트는 그림의 대상으로 선택했다. 신성한 것은 외면당했으며, 싸구려의 경멸스러운 것일수록 환영받았다. 전통적인 예술 창작 방법은 완전히 무시되어, 리히텐슈타인과 워홀 등 팝아티스트들은 자신의 이미지를 '창조'하는 것에는 아무 관심도 없었다. 일단 이미지를 선택하고 나면 거기에 아무런 손질도 가하지 않았다. 초현실주의자들의 '발견된 오브제'가 단순히 화가에 의해 선택된 것만으로 예술작품이 되었듯이 팝아티스트들이 선택한 상품이나 만화도 그대로 예술작품이 되었다.

　상류층이 아닌 대중이 "그래, 나는 3류 싸구려 인생이야"라고 당당하게 말하고 나서는 현대의 대중사회를 가장 잘 반영한 것이 팝아트였다. 팝아트의 생명력은 바로 거기에 있었다. 주제의 면에서도 재료의 면에서도 흔해 빠지고 싸구려일수록 환영받았다. 고물, 쓰레기, 폐기물, 아교와 신문지, 강철 솜, 나무뿌리 등이 팝아트의 주재료였다. 호마이카를 비롯하여 크롬, 알루미늄 페인트, 인조 나뭇결 벽지, 값싼 직물, 플라스틱, 자동차용 에나멜, 라커, 네온 등에 이르는 각종 산업용 재료들도 팝아트가 즐겨 쓰던 소재였다. 과거에는 실용적 표지판에서나 쓰였고 본격 미술에서는 사용되지 않던 네온이나 형광 색채들, 그리고 웨인 티보에서 볼 수 있듯이 알록달록한 아이스크림용 인공 색소나 캔디용 색소, 야광 안료 등도 즐겨 사용되었다. 색채 사용에서도 그전에는 장식미술에만 쓰였던 터키 옥색, 피스타치오(담황록색), 모브(엷은 자주색), 라벤더(엷은 보라색), 복숭아색 등이 사용되었다. 순수미술에 적합하지 않은 것으로 여겨졌던 색채들을 그들은 거침없이 사용했다.


## 팝아트에 대한 상반된 평가

앤디 워홀은 태연하게 수프 깡통 아무거나 집어 들고 거기에 서명해 비싼 값에 판매함으로써 미술 전문가들을 조롱했다. 대부분의 사람들에게는 도저히 받아들이기 어려운 천박성이었지만, 작가의 좋은 의도로 평가하는 사람들도 많았다. 그들이 그처럼 하찮은 것들을 관객에게 내놓는 의도는 오로지 현대의 대중문화를 풍자하기 위한 것이려니 하고 좋게 생각했다. 설마 화가가 그런 통속적 이미지를 진지하게 작품으로 생각할까, 라는 의구심 때문이었다. 그러나 또 다른 사람들은 그들이 상업주의적 인기에 편승해서 자신들의 현실순응주의를 그럴듯하게 포장한다고 비난하며, 화가-화상-비평가-수집가로 이어지는 악덕 카르텔에 의해 대중이 사기당하고 있다고 개탄했다.

로빈슨 크루소의 사치 다시 읽기

# 대중예술과 고급예술

## 가장 권위 있는 문화적 아이콘이 된 팝아트

한국의 세계적인 비디오예술가 백남준도 "예술은 사기"라고 말해서 오히려 신뢰감을 주었지만, 전위예술가의 행동에는 얼마간 사기성이 들어 있는 게 사실이다. 아무것도 아닌 것을 예술이라고 우겨 대는 예술가와 거기에 감동하는 사람들의 감탄은 「벌거벗은 임금님」의 우화를 연상시키기도 한다.

그러나 요즘 모든 광고 디자인에 워홀의 반복, 복제 방법이 차용되는 것을 보면 그들의 미학문법이 얼마나 현대인의 감수성에 가까이 와 있는지를 실감하게 된다. 예술사조의 도도한 흐름이 동시대인들의 미적 감수성을 바꾸어 놓은 것인지 아니면 그들이 동시대의 감수성을 잘 간파한 것인지는 알 수 없다.

흔히 팝아트는 가장 미국적인 예술로 간주되고 있다. 성조기에 대한 집착을 포함하여 그들이 선택하는 소재의 면에서도 그렇고, 낙관적·실용주의적·경험주의적 행동의 면에서도 그러하다. 그러나 보드리야르는 팝아트가 미국적이 아니라 현대 전 세계적 현상이라고 말한다. 현대 소비사회에서는 예술 역시 소비의 대상이 될 수밖에 없는데, 그것은 미국적 현상만이 아니라 산업의 발달로 선진화된 모든 사회의 특징이라는 것이다. 보드리야르가 팝아트를 중요하게 다루는 이유가 그것이다. 팝아트는 현대의 모든 문화현상과 마찬가지로 기호와 소비의 논리에 근거한 예술형식이다.

일찍이 발터 베냐민은 『기술복제 시대의 예술작품』에서 대중매체와 기계적 생산의 발달이 20세기의 예술작품 제작에 끼칠 영향을 예견한 바 있다. 반자본주의적 모더니스트였던 베냐민은 변화된 생산방식이 이미지의 소비와 유통을 변화시킨다는 것에 초점을 맞추고, 과거 미술품의 조건이었던 '원본'과 '유일성'의 개념이 대량생산과 복제라는 개념으로 전환될 것이라고 내다보았다.

무제한적으로 원본을 복제하는 것이 가능하게 되면서 예술은 산업적 생산의 시대에 돌입했다. 그러나 원본 복제품의 수도 한계가 있기 때문에 곧바로 그것은 암거래와 투기의 대상이 되고, 여전히 대중의 손에서는 멀리 떨어지게 된다. 대중성을 표방한 팝아트 화가들도 자신의 작품을 한정된 제품의 형태로 보급시키려 하기 때문이다.

슈퍼마켓에 지천으로 널려 있는 캠벨 수프 깡통이나 흔해 빠진 마릴린 먼로의 사진이 단지 워홀의 손길이 가해졌다는 사실만으로 엄청난 고가의 작품이 된다. 그리하여 이 작품들은 여전히 대부분의 사람들에게는 경제적으로나 심리적으로 가까이 할 수 없는 값비싼 귀중품이다. 그것들은 웅장한 박물관에 소장되어 있고, 서민들은 엄두도 못 낼 비싼 값이 매겨져 있다. 싸구려 주제, 싸구려 소재만을 사용하여 하층의 대중에게 가까이 가고자 했지만 지금 그들의 작품은 그 소장자를 상류층으로 만들어 주는 차이 표시 기능의 기호가 되었다. 기존의 권위를 거부하고 대중성을 표방했던 워홀의 반복적 이미지나 리히텐슈타인의 만화 복제 그림이 지금 가장 권위 있는 문화적 아이콘이 되었다는 사실은 매우 아이러니하다.

팝아트는 원래 평범함의 예술이고자 하였다. '파퓰러' 아트(popular art, 대중예술)라는 명칭도 거기에서 나온 것이다. 그런데 과연 팝아트가 대중예술인가 하는 의문도 제기되고 있다. 전통적으로 미술작품은 이 세상에서 유일한 것, 작가의 사인이 들어가 있는 것, 귀족적으로 거래되는 것이었는데, 팝아트는 이 성스러운 미술작업을 탈신성화하려 했다. 그러나 주제에서건 실제 작업에서건 예술을 세속화하려는 그들의 시도는 오히려 더 철저하게 예술의 신성화를 확인시켜 주었다.

그러고 보면 팝아트는 더 이상 대중예술이 아니다. 아마도 대중예술이란 단어 자체가 말의 모순이 아닐까 싶다. 감히 말해 보면 대중예술이란 없다. 모든 예술은 고급예술이다. 고급예술로 편입되기 직전 잠시 동안의 대중적 순간이 있을 뿐이다. 그들이 대중을 표방한 것은 과거의 권위를 타도하기 위한 수단에 불과했다. 마치 비주류와 소외에서 출발한 세력이 일단 권력을 잡으면 특권층이 되듯이, 그러나 순진한 사람들은 아직도 그 특권자를 박해받는 비주류라고 착각하고 있듯이, 일부 순진한 감상자들만이 아직도 그것을 소박한 대중예술이라고 생각할 뿐이다.

# 팝아트의 선구자
# 뒤샹

## 레디메이드

마르셀 뒤샹은 종전에 '미술적'이라고 여겨지던 모든 것들을 하나씩 거부하거나 과격하게 해체했다. 그야말로 반(反)미학적, 반미술적, 반관습적 미술이었다.

이미 1913년부터 그는 특별히 매력적일 것도 충격적일 것도 없는 주변의 일상적 사물들, 즉 자전거 바퀴, 여행가방, 삽, 머리빗, 창틀 등을 가져와 그것을 그대로 작품이라고 주장했다. 소위 레디메이드 오브제다. 생산된 기성품이라는 뜻의 레디메이드(ready-made)가 당당한 미술 용어가 된 것은 뒤샹 덕분이다. 화가가 창조한 것이 아니라

뒤샹, 〈자전거 바퀴〉(1913)

이미 만들어져 있는 물체라는 뜻이다. 더 거칠게 말하면 일상용품을 가져다가 화랑에 전시한 후 이것을 작품이라고 말하면 작품이 된다는 것이다.

자전거 바퀴 하나를 등받이 없는 둥근 의자에 얹어 놓은 〈자전거 바퀴〉(1913)는 관람객이 바퀴를 돌려 볼 수도 있어서 최초의 키네틱

로빈슨 크루소의 사치 다시 읽기

(kinetic, 움직이는) 조각으로 기록된다. 〈여행자용 접이 덮개(Traveler's Folding Item)〉라는 제목이 붙은 언더우드(Underwood) 타자기용 덮개(높이 23cm)는 눈높이에 전시돼 있어서 관람객들이 속에 무엇이 있는지 알고 싶어 끊임없이 아래쪽을 들여다보았다고 한다. 물론 아랫부분만 개방된 입방체형의 이 가죽 덮개 안에는 아무것도 없었다. 나중에 올덴버그가 비닐, 수지(樹脂) 등을 이용해서 부드러운 타이프라이터, 부드러운 햄버거와 얼음과자 등을 만들었는데, 뒤샹의 이 덮개야말로 소프트 조각의 효시라 할 만하다.

뒤샹의 레디메이드 작품 대부분이 그러하듯 언더우드 타자기용 덮개도 그 오리지널은 없어졌다. 그러나 뒤샹은 가끔 그것을 새로운 오브제로 대체시켰으며 갈레리아 슈바르츠로 하여금 그것을 축소한 복제품을 만들도록 허락했다. 1913년에 발표된 〈자전거 바퀴〉도 1951년에 또 복제되었다. 태생적으로 복제된 예술인 작품을 또 복제하여 같은 작품을 다량으로 생산한 앤디 워홀의 원조격이다.

대량생산되어 예술성이 없고 시각적으로도 무관심하게 선택된 기성품이지만 일단 화가가 그것을 작품이라고 주장하면 그 최초의 것이 원본이 되고 그 후에 대체되는 것은 복제품(replica)으로 불리는 관행이 이때부터 시작되었다. 그 오리지널 자체가 이미 무수한 복제품 중의 하나인데 무엇이 원본이고 무엇이 복제품인가? 데리다, 들뢰즈 등의 원본과 복제의 주제가 이미 여기서 싹트고 있음을 볼 수 있다.

## 〈샘〉

뒤샹의 레디메이드 중에서는 남성용 소변기를 90도 돌려 놓은 〈샘 (泉, Fountain)〉(1917)이 가장 큰 논쟁을 불러일으켰다. 똑같이 레디메이드이지만 〈자전거 바퀴〉나 〈여행자용 접이 덮개〉가 물건의 이름을 그대로 제목에 썼다면, 〈샘〉은 보기에도 불쾌감을 주는 물건에 물건 이름과는 전혀 맞지 않는 제목을 썼다는 게 다른 점이다.

뒤샹은 화장실에서 떼어 낸 남성용 소변기에 리처드 머트(R. Mutt)라는 가공의 이름을 서명한 후 뉴욕 그랜드센트럴 화랑에서 열린 아방가르드 독립전에 〈샘〉이라는 제목으로 응모했다. 대부분의 심사위원들은 난색을 표했고, 그중 한 위원만이 변기의 순백색은 고상한 색감을 주고, 위에서 아래로 내려오는 유려한 선이 어떤 곡선보다 아름답다면서 변호했는데 바로 자신이 리처드 머트라는 것을 숨긴 뒤샹이었다. 결국 변기는 전시되지 못하고 원본조차 사라졌고, 1950년대가 돼서야 몇몇 미술관이 〈샘〉의 예술성을 뒤늦게 인정해 뒤샹에게 작품(?)을 다시 의뢰하기 시작했다.

〈샘〉은 예술에 대한 근본적인 정의에 대해 의문을 제기한다. 전통적으로 예술작품은 작가의 손으로 제작된 창작물이어야 하고, 미적 감상의 대상이 되어야 하며, 세상에 단 하나밖에 없어야 하고, 작가의 창의성과 독창성이 표현되어야 한다고 여겨졌다. 그러니까 작가의 노동과 창조는 필수적이고, 아름다움은 절대적 요소이며, 유일성에 의

로빈슨 크루소의 사치 다시 읽기

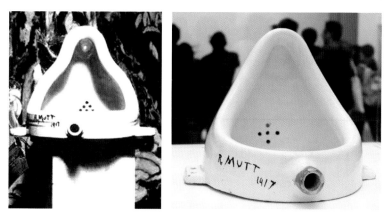

마르셀 뒤샹 〈샘〉(1917)의 원본(?)은 사라지고 사진작가 알프레드 스티글리츠의 잡지 사진으로만 남았다(왼쪽). 오른쪽은 뒤샹 사후 50주년인 2019년 국립현대미술관 서울관 전시에 나온 1950년의 복제품.

한 원본의 개념은 필연적이다. 남성 소변기는 이 중에서 그 어떤 기준도 충족시키지 못한다. 유일한 것도 아니고, 창작물도 아니며, 그 안에서 예술적 감성을 발견하기도 어렵다.

그런데도 변기는 〈샘〉이라는 제목과 함께 작품의 영역에 당당하게 진입했다. 변기를 예술작품이라고 생각할 수 없었던 기존의 비평과 미학은 해체되었다. 더 나아가 이를 바탕으로 권력을 행사했던 예술제도와 엘리트 집단도 타격받았다. 헤겔, 칸트, 하이데거 등 철학자들의 미학이론을 단숨에 날리면서 〈샘〉은 예술가의 선택이 곧 예술작품이라는 새로운 미술사적 흐름의 발원지, 샘이 되었다.

# 04

# 비트코인 시대의
# 예술

## NFT 열풍이 뜨겁다

우리가 흔하게 사용하는, 복사가 자유로운 jpeg 형식의 이미지 파일 하나가 우리 돈으로 800억 원 가까이에 팔렸다. 한국의 팝아트 작가 마리 킴의 〈미싱 앤드 파운드(Missing and Found)〉도 약 6억 원(288 이더리움, ETH)에 팔렸다. 작가가 1년 전 오프라인 개인전에서 판매한 실물 작품 1억 5천만 원의 4배에 해당한다. 2021년 3월 초 현재 세계 시장에서 거래된 NFT 미술품 수는 10만 점 이상이고, 누적 거래액은 약 2,220억 원이다.

NFT란 non-fungible tokens(대체 불가 토큰)의 줄임말로, 작품과 구매자의 정보를 블록체인에 기록해 미술품을 디지털 자산으로 바꾸는 암호화 기술을 뜻한다. 거래 기록이 자동 저장되는 것은 물론, 작품의 위·변조도 불가능하다.

NFT가 사람들의 이목을 끌기 시작한 것은 2021년 3월, 디지털 작품 하나가 6,930만 달러(약 780억 원)에 팔리면서부터였다. 결제 통화는 물론 가상화폐 이더리움이었다. 크리스티 255년 역사상 처음으로 실시된 가상화폐 거래다. 고작 jpeg 형식의 이미지 파일이지만, NFT 기술을 사용해 세상에 단 하나뿐인 파일이 되었다는 이유 하나로 이렇게 높은 가격에 팔렸다. 낙찰가는 터너, 쇠라, 고야를 앞질렀고, 살아 있는 화가로는 제프 쿤스, 데이빗 호크니 다음으로 세 번째다.

작가는 디지털 아티스트 비플(Beeple, 40, 본명 Mike Winkelmann), 제목은 〈나날들: 첫 5천 일(Everydays, First 5000 Days)〉이다. 2007년부터 작가가 하루에 하나씩 그림을 그려 인터넷에 5천 일 동안 올린 작품들을 콜라주한 것이다. 럭셔리 브랜드 루이 비통과 협업하고 팝스타 저스틴 비버나 케이티 페리 등과도 협업하는 매우 힙(hip)한 화가다.

로빈슨 크루소의 사치 다시 읽기

비플, 〈오션 프론트〉. 바닷물에 박힌 나무 기둥 위에 트레일러, 버스, 화물차 등을 얼기설기 쌓아올려 만든 아파트. 컴퓨터 합성 그림이다. 역시 NFT로 전환되어 2021년 3월 600만 달러에 팔렸다. 물론 재미 있는 그림이기는 하지만, "600만 달러라면 이런 허접한 아파트가 아 니라 뉴욕 센트럴 파크의 침실 셋 있는 고급 아파트를 살 수 있다"는 농담이 돌았다고 한다.
OpenSea
https://opensea.io/assets/0x0151834a6997f89eb8372ac54ac
077d79bb4d1e0/32200070001?locale=ko

비플의 또 다른 10초짜리 영상작품 〈교차로〉는 길에 쓰러진 트럼 프 대통령(당시)의 알몸 앞을 행인들이 지나치는 단순한 작품인데, 2020년 10월 한 수집가가 6만 7천 달러(약 7,500만 원)에 사서 몇 달 만에 100배 오른 가격에 되팔기도 했다. 〈오션 프론트(Ocean Front)〉 도 2021년 3월 자선경매에서 600만 달러에 낙찰됐다.

'얼굴 없는 화가'로 알려진 영국의 유명한 낙서화가 뱅크시도 NFT 시장에 뛰어들었다. 블록체인 회사 인젝티브 프로토콜은 그의 그림 〈멍청이(Morons)〉를 NFT로 변환해 경매에 내놓고 진짜 그림은 불태 웠다. "가상과 실물이 병존할 경우 작품의 가치가 실물에 종속되지만, 실물을 없애면 NFT 그림이 대체불가의 진품이 된다"는 이유에서였 다. 불태우는 장면도 유튜브로 생중계했다. NFT로 변환된 이 그림은 가상화폐 228.69이더에 팔렸다. 약 4억 3천만 원, 원본 가격(10만 달 러)의 약 4배다. 〈멍청이〉는 미술 경매장에 모인 구매자를 조롱, 풍자

하는 작품이다. 그림에는 "이런 쓰레기를 사는 멍청이가 있다는 게 믿기지 않는다"는 글귀가 적혀 있다.

캐나다 가수 그라임스(33)도 NFT를 적용한 디지털 그림과 영상 10점을 온라인 경매에 부쳐 20분 만에 65억 원어치를 완판시켰다. 테슬라 창업주 일론 머스크의 여자친구로 유명하지만 유명 화가는 아니다. 비행하는 아기 천사 등 가상 이미지에 배경음악을 입힌 작품들이다.

NFT는 그림만이 아니라 애니메이션도 있고, 음악도 있고, 텍스트도 있다. 트위터 창업자 잭 도시가 15년 전 단어 5개로 쓴 최초 트윗도 경매에서 33억 원에 팔렸다. "방금 내 트위터 설정 완료(just setting up my twttr)"라고 쓴 이 트윗은 잭 도시가 트위터를 창업한 뒤 2006년 3월 21일 서비스를 개시하면서 처음 쓴 것이다. 잭 도시는 경매 수익을 케냐, 르완다 등 아프리카 빈곤 퇴치 활동을 하는 비영리단체에 기부했다. 경매 대금은 가상화폐로 지불됐다. 구매자는 말레이시아의 블록체인 업체인 '브리지 오러클'의 시나 에스타비 최고경영자(CEO)로 확인됐다. 그는 트위터에 "이건 단순한 트윗 하나가 아니다"라며 "몇 년 후 사람들은 〈모나리자〉 그림처럼 이 트윗의 진정한 가치를 깨닫게 될 것이다"라고 썼다.

## 비트코인 앤젤

애니메이션도 있다. 영국 에딘버러 출신 화가 트레버 존스(Trevor Jones, 1970~ )가 17세기 이탈리아 조각가 베르니니(Gian Lorenzo

로빈슨 크루소의 사치 다시 읽기

Bernini)의 〈성 테레사의 법열(Ecstasy of Saint Teresa)〉〈(1652)〉을 패러디하여 만든 애니메이션 작품이다. 제목은 〈비트코인 앤젤(The Bitcoin Angel)〉. 그는 유화작품 〈비트코인 앤젤〉의 NFT로 이미 700만 달러를 벌어들인 바 있다.

베르니니의 〈성 테레사의 법열〉은 로마의 코르나로 예배당에 있다. 황홀경에 빠진 테레사 수녀의 표정도 예사롭지 않지만, 그녀가 남긴 자서전의 다음 구절 때문에 이 조각은 현대 철학자들이 가장 주목하는 작품 중의 하나가 되었다.


나는 천사의 손에 황금으로 된 긴 창이 들려 있는 것을 보았는데, 그 끝의 철제 꼬챙이는 불로 이글거렸다. 이것으로 그는 내 가슴을 여러 차례 찔렀고, 그것은 내 창자까지 관통했다. 그가 이것을 빼내었을 때 창자도 함께 빠지는 듯했다. 그 고통이 너무나 커서 나는 몇 차례 신음소리를 냈지만, 강렬한 고통이 야기하는 달콤함은 너무나 강렬하여 나는 그것이 절대로 멈추지 말기를 원했을 정도였다. 신을 향한 위대한 사랑이 내 몸을 완전히 불태우는 듯했다.

〈성 테레사의 법열〉(부분).

(왼쪽) 베르니니, 〈성 테레사의 법열〉(1652). (오른쪽) 트레버 존스, 〈비트코인 앤젤〉.
OpenSea
https://opensea.io/assets/0xe9be55ffedb6c2a2f3f8eac31c60d7f122f79958/11400
010777?locale=ko

아빌라의 성 테레사(Saint Teresa of Ávila, 1515~1582)는 16세기 스페인의 수녀였다. 라캉은 성 테레사의 자서전과 베르니니의 조각작품을 주이상스(jouissance, enjoyment)의 개념으로 해석한다. 라캉의 주이상스는 일차적으로는 오르가슴이고, 혹은 쾌락 원칙을 넘어서는 고도의 성애적인 죽음 충동이다. 그러나 단순히 성적 의미만은 아니다. 인간에게 쾌락을 줄 수 있는 모든 대상의 소유-향유를 뜻하는 단어다. 결

로빈슨 크루소의 사치 다시 읽기

국 가장 근원적인 인간 욕망의 원형이다. 그는 고통은 곧 궁극의 쾌락이라는 것을 성 테레사의 표정이 증명하고 있다고 말한다.

트레버 존스의 〈비트코인 앤젤〉은 오르간과 합창 소리가 천둥소리처럼 쾅쾅 울리는 음악과 함께 시작한다. 테레사 성녀가 천천히 눈을 떠 방금 꾼 황홀한 꿈을 되살리려 애를 쓴다. 그녀가 머리를 드는 순간 그녀의 꿈속에 나타났던 천사가 황금 화살촉을 들고 그녀 앞에 서 있다. 그리고는 다짜고짜 화살을 그녀의 가슴 깊이 찔러 넣는다. 너무나 심한 고통이 차라리 달콤하게 느껴져, 테레사는 황홀경에 잠긴 채 머리를 뒤로 젖힌다. 순간 화살이 몸에서 빠져나가며 그녀 몸에서 비트코인이 줄줄 흘러내린다.

거리의 화가 뱅크시도 베르니니의 성 테레사 조각을 패러디한 작품을 만들었다. 다만 천사 대신 패스트푸드를 그려 넣었다.


## NFT와 원본 개념

무한 복제가 가능한 디지털 자료는 예술과 잘 맞지 않는다고 여겨졌다. 컴퓨터 파일 형태로 존재하는 디지털 사진이나 문서는 원본이나 복제품의 차이가 없다. 복사 과정에서 손실되는 내용이 없기 때문이다. 디지털 창작물이 수집품으로 제대로 인정받지 못한 이유였다.

그런데 NFT는 블록체인을 이용해 조작 불가능한 '원본 증명서'를 만들어 냄으로써 전통 예술의 원본(original) 개념을 가능케 했다. 블록체인이란 발행과 거래를 기록한 디지털 대장(臺帳, ledger)을 네트워크로 연결된 수많은 컴퓨터에 동시에 저장한다는 개념이다. 이때 서로 다른 컴퓨터에 저장된 대장은 모두 동일하다. 조선시대 사고(史庫)처럼 동일한 원본을 여러 군데에 분산 보관한다는 의미다. 미술에서 NFT는 디지털아트 작품 자체를 토큰 개념으로 발행하는 것이어서, NFT가 사실상 작품 자체다.

## 제작 방법

아티스트가 자신의 디지털 창작물을 NFT에 연결하여 판매하고 싶으면 우선 이더리움 가상화폐 지갑을 NFT 서비스에 연결해야 한다. 그런 다음 자신이 판매하고 싶은 사진, 영상, 음악 등을 업로드하고, 가격과 로열티 비율 등을 설정하면 된다. 실물 작품도 디지털화하면 NFT에 연결할 수 있다. 디지털화 과정을 기록해 공개하고 물리적 작품을 세상에서 제거하면 가치가 더 높아진다. 뱅크시의 디지털 작품을 판 이들이 실물 원본을 불태운 것도 이 때문이다.

## NFT 비판

아무리 '원본'이라 해도 디지털 파일은 여전히 컴퓨터 속의 데이터에 불과하다. 손으로 만질 수도, 벽에 걸어 둘 수도 없다. 그래서 NFT 작품은 '합의된 환각(consensual hallucination)'이라고 말하는 사람도

로빈슨 크루소의 사치 다시 읽기

있다. 희소성이라는 상호 환각 덕에 작동하고 있는 방식이라는 것이다. 온라인에서는 누구나 공짜로 볼 수도 있는데 그 이미지 사용은 어디까지 허용되는지, 종이에 인쇄할 때 저작권 문제는 어떻게 되는지 아직 합의된 게 하나도 없다.

고객이 주로 젊은 MZ세대라는 것도 특이하다. 서울옥션 관계자는 "유형, 무형을 구분짓지 않는 디지털 원주민 2030 MZ세대를 타깃으로 삼았다"고 했다. "미술품 감상이 아니라 그것을 '소유'하고 '인증'하거나 이슈의 중심에 서는 데서 만족을 얻는 새 향유 방식"이라고도 했다. 비플 작품 응찰자의 64퍼센트도 MZ세대였다. 그러므로 예술적 관심보다는 차라리 가상화폐 재테크의 개념에 가깝지 않은가, 라는 비판이 제기될 만하다. 영국의 원로 화가 데이비드 호크니(1937~ )도 비플의 NFT 작품을 "바보 같은 것"이라고 평한 후, NFT 현상을 주도하는 사람들을 "국제 사기꾼들"이라고 잘라말했다.

## 전통 회화를 완전히 대체하게 될 것인가

NFT라는 새로운 방식이 등장했다고 해서 전통 미술이 완전히 사라질 것 같지는 않다.

트레버 존스나 뱅크시 같은 디지털 아티스트들이 베르니니의 〈성 테레사의 법열〉을 패러디했다는 것은 많은 것을 시사한다. 한갓 기술에 불과할 뿐이라는 나름의 열등감 때문에 NFT 미술은 더욱더 전통 회화의 물성(objecthood)에 자신의 권위를 기탁하려 할 것이다. 오랜 과거의 작품에서부터 비교적 최근의 작품에 이르기까지 마티에르 충만한 전통 기법 회화의 가치는 더욱더 올라갈 것이다.


## 이브 클라인, NFT 미술의 선구자?

NFT 미술은 1950년대의 화가 이브 클라인(클랭)을 떠오르게 한다. '비물질적 회화'라는 개념으로 그는 이미 가상현실의 작품을 만들어 냈고, 그것을 상품화해 돈을 벌었다. 〈비물질적 회화 감성대(A Zone of Immaterial Pictorial Sensibility)〉라는 제목의 작품이 그것이다. 소속 화랑인 이리스 클레르(Iris Clert)가 작품을 독촉하자 그는 "내 그림은 보이지 않으니 이것을 사려는 사람은 그저 당신에게 수표를 써 주고 그림을 가져가면 된다"고 말했다. 뜻밖에도 작품을 사겠다는 구매자가 나섰다. 작가와 구매자는 센강변에서 금(金)과 영수증을 교환한 후 구입자는 영수증을 태웠고 이브 클라인은 금의 절반을 강물에 던졌다. 1959년부터 이브 클라인이 사망한 1962년까지 8개의 '감성 존'이 팔렸다.

1958년 파리의 이리스 클레르 화랑에서 열린 〈공(空, The Void)〉이라는 제목의 전시도 물질적 작품이 없기는 마찬가지였다. 관람객이 들어가니 공간은 흰색의 텅 빈 실내였고, 창문은 파란색이었으며, 관람객에게는 파란색의 음료가 제공되었다.

이브 클라인, 〈클라인의 국제적인 푸른 단색화〉(1957). '인터내셔널 클라인 블루'라고 불린 진한 남색의 작품.

비물질적 회화의 개념은 보디 페인팅에서도 잘 드러났다. 파리의 국제현대미술관에서 열렸던 '푸른색 시대의 인체 측정(Anthropometries of the Blue Period)'전(展)이 그것이다.

푸른색 정장을 차려입은 화가가 등장하고, 오케스트라는 그가 작곡한 단일 코드의 음악을 20분 동안 연주했다. 그 후 20분간 아무 동작이나 소리가 없는 침묵 상태가 계속되고, 이어서 세 여자가 나체로 등장하여 푸른색 안료를 바르고 서로 끌거나 뒹굴거나 하면서 커다란 화면 위에 신체의 흔적을 남겼다. 많은 아류들의 모방을 불러온 소위 보디 프린트였다. 사람의 몸을 미술의 도구로 삼는 퍼포먼스의 효시였다.

〈흡혈귀〉(1960), 〈사람들이 날기 시작하다〉(1961) 등도 모두 '인체 측정'의 연작인데, 스프레이를 이용하여 윤곽선을 드러내거나 몸에 직접 안료를 발라 찍어 내는 방식 등으로 화면에 여성의 신체를 다양하게 담아 냈다. 여성의 몸은 그야말로 '살아 있는 붓(living brushes)'이었다. 이브 클라인은 모든 행위가 끝날 때까지 화면에 손을 대지 않았는데, 그것이 작품에 대한 비물질적 거리라고 설명했다.

이브 클라인의 이런 예술작업은 퍼포먼스 혹은 해프닝이라는 현대 미술의 장르로 이어졌다. 비물질성을 극단으로 밀고 나가 결국 그는 아무것도 씌어 있지 않은 정신적인 백지를 회화로 제시하기도 했다.

지금 우리의 눈길을 끄는 것은 '비물질적'이라는 말이다. 손으로 만져지지 않는 것, 요즘 말로 하면 가상현실이다. 물론 NFT 기술이 없던 시절이니 비물질적 회화는 영원히 사라져 없어지고, 그 유명한 '이브 클라인 블루'만 그의 고향인 니스의 박물관에 남아 있다. 그는 처음에는 오렌지색 등의 단색화를 그렸지만 곧 '인터내셔널 클라인 블루(international Klein blue)'라는 진한 남색을 개발하여 주로 청색 화면만을 고집했다. 1962년에 34세로 요절함으로써 전설적인 인물이 되었다. 화가로서는 매우 특이하게 1952년 일본에서 유도를 배운 유도 선수였다.

로빈슨 크루소의 사치 다시 읽기

# 사치의 역동성

15년 전 초판에서 나는 독자들에게 마음 놓고 소비하라고, 사치는 악이 아니라 문화의 근원이라고 썼다. 생명 유지에 꼭 필요한 필수품의 소비가 아닌 잉여의 소비를 우리는 낭비라 부르고, 그 낭비를 사치라고 부르지만, 영어로 소비나 낭비는 똑같이 consume이다. 결국 낭비를 비난할 수 없고, 낭비를 비난할 수 없다면 사치를 비난할 수도 없다. 사치가 없다면 인간의 삶이 아니라 동물의 삶이 될 것이므로.

지금 MZ세대들은 마음껏 소비하고, 마음껏 사치를 즐긴다. 백화점 명품 매장에 줄 서거나 번호표 받고 기다려 비싼 사치품을 사는 것은 모두 20~30대 젊은이들이다. 머리 커트 한번 하는 데 10만 원 하는 미용실에 아무렇지도 않게 디닌디. 농구회 한 켤레가 수십만 원은 보통이고, 명품 브랜드와 콜라보라도 하면 수백만 원이 훌쩍 넘는다. 예외적이긴 해도 수천만 원짜리 운동화도 있다. 나의 책이 계기가 되었나? 우쭐하는 마음이 없지도 않다. 아주 조금이라도 영향을 미치지 않았다고는 말할 수 없을 것이다.

이 현상을 어떻게 보아야 할까? 돈 잘 쓰는 것은 일부 청년일 뿐 대부분의 젊은이들은 돈 없고, 집 없고, 직장도 없어서 미래 없는 암울한 세대라는 게 주류의 관점이다. 그러나 젊은이의 사치가 보편적인 현상은 아니라 하더라도 모든 젊은이들이 그것을 선망한다면, 그리고 자기 능력이 닿는 한 조그만 명품이라도 손에 넣으려 하는 거대한 욕구가 있다면, 럭셔리 추구 현상을 젊은 세대의 보편적 트렌드가 아니라고 할 수는 없다.

MZ세대는 어떻게 이렇게 돈이 많은가? 주식 투자가 보편화되었고, 암호화폐 투기로 한번에 엄청난 돈을 벌었을 수도 있다. 고액의 상속세로 평생 일군 재산을 국가에 다 뺏긴다고 생각하는 조부모 세대가 손자들에게 일찍 상속을 했을 수도 있다. 또는 아예 집도 살 수 없고 결혼도 하기 힘든 암울한 미래라면 지금 당장 있는 돈을 털어 기분 좋게 명품이라도 사자, 라는 심리일 수도 있다. 여하튼 좋고 화려하고 값비싼 물건을 사용하거나 소유하고 싶은 것은 모든 인간의 기본적인 욕구다.

그럼 윗세대는 왜 이런 기본적인 욕구를 거스르며 사치하지 않았을까? 돈이 많은 사람이라도 자기가 힘들게 번 돈이기 때문에 마음 놓

로빈슨 크루소의 사치 다시 읽기

고 쓰지 못했다. 돈 많은 사람의 숫자가 그렇게 많지도 않았다. 결국 요즘 젊은이들이 마음껏 사치할 수 있는 건 우리 사회의 부(富)의 보편성 때문이다. 한마디로 모두 잘살게 되었다는 것이다.

그리고 결정적인 것은, 정보사회가 되었기 때문이다. 사람이란 가장 가까이 눈앞에 보이는 대상을 가장 강렬하게 욕구하고 선망하는 존재다. 인스타그램, 틱톡 등 자극적인 소셜 미디어와 온갖 유튜브, 블로그 등의 매체에 화려한 물건을 소비하고 자랑하는 젊은이들의 모습이 넘쳐난다. 이를 보는 다른 젊은이들이 부러워하고 자극받으며 "돈 벌어야지"라는 의욕을 불태우는 것은 너무나 당연한 일이다.

이들의 행태를 비난해야 할까? 그러나 저축해야 한다느니, 소박한 삶을 살아야 한다느니 하는 과거 시대의 설교조 훈계 소리는 잘 들리지 않는다. 은행 이자 제로 금리로 나아가는 추세에서 저축이란 가난을 자초하는 일이며, 국가가 개인의 재산 거의 절반을 빼앗아 가는 상속세는 대통령, 장관, 도지사, 시장, 국회의원 등 현재 권력자들의 선거자금이 될 뿐이라는 것을 이제 누구나 알게 되었기 때문이다.

게다가 우리는 BTS가 전 세계인의 사랑을 받는 현상이나, 고리타분하게 여겨졌던 국악을 힙합보다 더 힙하게 해석해 내는 젊은이들의 역동성을 주목하게 되었다. 전 세계인들이 코리아라는 나라에 관심을 갖게 된 계기를 만든 아이돌 그룹 열풍과 평범한 한국 젊은이들의 명품 추구 현상은 그 역동성이라는 면에서 결코 서로 다른 이야기가 아니다.

글을 마치며

다만, 자신의 존재를 온전하게 지키는 것이 우리의 실존적 과제이기는 하다. 그 누구도 나의 인생을 살아 주지 않고, 나는 나일 뿐인데, 우리는 너무나 타인의 시선에 나의 존재를 위탁하고 있었다. 정보화 사회, 디지털 사회가 될수록 그 강도는 더욱 더 심해질 것이다.

그리하여 누군가는 미래를 도둑맞았다는 좌절감으로, 또 누군가는 사치품으로도 채워지지 않는 공허함으로 씁쓸해 할 것이다. 위안을 찾기 위해 여러분들은 수많은 책들을 뒤적였는지 모른다. 이 책이 여러분의 'it book'이 되었기를.

편집을 맡아 준 김세중 편집위원과 기파랑 식구들에게 감사드린다.

로빈슨 크루소의 사치 다시 읽기

로빈슨 크루소의 사치 다시 읽기

초판 1쇄 발행_ 2021년 6월 21일

지은이_ 박정자
펴낸이_ 안병훈

펴낸곳_ 도서출판 기파랑
등록_ 2004. 12. 27 │ 제 300-2004-204호
주소_ 서울시 종로구 대학로8가길 56(동숭동 1-49 동숭빌딩) 301호
전화_ 02-763-8996(편집부) 02-3288-0077(영업마케팅부)
팩스_ 02-763-8936
이메일_ info@guiparang.com
홈페이지_ www.guiparang.com

ISBN_ 978-89-6523-587-3  03100